Grundkurs Cultural Studies/ Kulturwissenschaft Großbritannien

Roy Sommer

Ernst Klett Sprachen
Barcelona · Budapest · London · Posen · Sofia · Stuttgart

Bibliographische Information der Deutschen Bibliothek.
Die Deutsche Bibliothek verzeichnet diese Publikation in der
Deutschen Nationalbibliographie; detaillierte bibliographische
Daten sind im Internet über http://dnb.ddb.de abrufbar

1. Auflage A 1 ^{6} ^{5} ^{4} ^{3} ^{2} | 2006 2005 2004 2003

© Ernst Klett Sprachen GmbH, Stuttgart 2003. Alle Rechte vorbehalten.
Internetadresse | http://www.klett-verlag.de
Bildnachweis | Agentur britain on view, Frankfurt
Passport signed by Henry V and Mary Queen of Scots at Lennoxlove House
The London Eye, Southbank London

Redaktion | Margit Künzel
Umschlaggestaltung und Layout | Christine Schneyer
Satz | Steffen Hahn GmbH Medienservice, Kornwestheim
Druck | Gutmann+Co., Talheim. Printed in Germany.
ISBN 3-12-939634-9

Inhalt

Vorwort

In den vergangenen zwei Jahrzehnten hat sich in der Anglistik ein tief greifender Wandel vollzogen: Beinhaltete bis zum Ende der 1980er Jahre ein Studium der englischen Philologie ausschließlich Literatur- und Sprachwissenschaft, so hat sich seither mit der Kulturwissenschaft vielerorts eine dritte Subdisziplin innerhalb der Anglistik etabliert. Dieser Grundkurs gibt einen Überblick über die Grundlagen (Kap. 1), die Entwicklung und die Ausdifferenzierung dieses schnell expandierenden Fachgebiets, das unterschiedliche Forschungsrichtungen einschließt: Das Spektrum reicht von der semiotischen Kulturanalyse der Cultural Studies (Kap. 2), die mittlerweile auch in der deutschen Soziologie und Anglistik ihren festen Platz hat (Kap. 3), über ethnographische, diskursanalytische oder kontextorientierte Ansätze der Literaturwissenschaft (Kap. 4) bis hin zur konstruktivistisch und neohistorisch geprägten Kulturgeschichtsschreibung (Kap. 5).

Kulturwissenschaftliche Anglistik

Von sozialwissenschaftlichen Varianten der Kulturanalyse unterscheidet sich die anglistische Kulturwissenschaft in erster Linie durch die Herangehensweise: Sie versteht sich als eine Textwissenschaft, die – in Anlehnung an die weit verbreitete Metapher von der Kultur als Text – textuelle Manifestationen der britischen Kulturen untersucht. Nach dem heute üblichen, weit gefassten Textbegriff zählen dazu alle Medien bzw. bedeutungserzeugenden Zeichensysteme, also z. B. auch Fernseh- und Kinofilme oder das Internet.

Text- und Medienwissenschaften

Dieser Grundkurs richtet sich in erster Linie an Studierende, die sich in das Teilgebiet Cultural Studies/Kulturwissenschaft einarbeiten, sich auf Prüfungen vorbereiten wollen oder Anregungen für Seminar-, Examens-, Magister- und Diplomarbeiten suchen. Er gibt in verständlicher Sprache einen kompakten Überblick über Prämissen, Entstehung und Forschungsprojekte der anglistischen Kulturwissenschaft, ohne komplexe Sachverhalte allzu sehr zu vereinfachen oder die bewahrenswerte Vielfalt kulturwissenschaftlicher Ansätze in der Anglistik zugunsten einer bestimmten Variante zu ignorieren: Zentrale Konzepte der *Postcolonial Studies* sowie der *Gender Studies* sind ebenso integriert wie die aktuelle Forschung zum kollektiven Gedächtnis und zu nationaler und ethnischer Identität (Kap. 6). Diese theoretischen und methodischen Grundlagen werden ergänzt durch konkrete Tipps zum Theoriedesign kulturwissenschaftlicher Arbeiten sowie einen Überblick über aktuelle Fragestellungen und Forschungsprojekte.

Zielsetzung und Zielpublikum

Beispiele

Dabei gerät die Praxis nie aus dem Blick: Zahlreiche Beispiele von der Analyse des Sony-Walkman aus der Perspektive der Cultural Studies bis hin zur kulturwissenschaftlichen Analyse von Empire-Metaphorik, Geschlechterdifferenz und Weltkriegsliteratur sowie wiederkehrende Hinweise auf den „Think Tank" der anglistischen Kulturwissenschaft, das Journal for the Study of British Cultures, veranschaulichen das Anwendungspotential kulturwissenschaftlicher Ansätze. Die für eine kompakte Einführung recht umfangreiche Bibliographie soll Studierende nicht abschrecken, sondern ihnen die Vorbereitung auf Lehrveranstaltungen oder Prüfungen sowie die Recherche für eigene Haus-, Staats- oder Magisterarbeiten erleichtern. Für das Selbststudium und die eigenständige Vertiefung der hier angesprochenen Themen unmittelbar relevante Forschungsbeiträge sind in Literaturtipps am Ende der entsprechenden Kapitel jeweils besonders hervorgehoben.

Standard-werke

Dass sich dieser Grundkurs immer wieder unbekümmert auf kurze Zusammenfassungen komplexer Sachverhalte beschränken und guten Gewissens auf ein Glossar verzichten kann, liegt an zwei aktuellen Standardwerken, die allen Leserinnen und Lesern dieser Einführung zum Nachschlagen und zur Vertiefung besonders zu empfehlen sind. Dabei handelt es sich um das *Metzler Lexikon Literatur- und Kulturtheorie* (A. Nünning 2001) und das ebenfalls bei Metzler erschienene Handbuch *Konzepte der Kulturwissenschaften: Theoretische Grundlagen – Ansätze – Perspektiven* (Nünning/Nünning 2003), in denen sich Studierende genauer über aktuelle kulturwissenschaftliche Theorien, Modelle und Methoden informieren können.

Danksagung

Den Herausgebern dieser beiden Bände bin ich zu großem Dank verpflichtet: Vera Nünning hat mit dem kritischen Auge einer Anglistin und zugleich ausgewiesenen Historikerin wesentlich dazu beigetragen, dass der kulturgeschichtliche Teil trotz seines einführenden und exemplarischen Charakters dem aktuellen Forschungsstand der britischen Kulturgeschichtsschreibung entspricht. Eventuelle Fehler und Ungenauigkeiten gehen dabei selbstverständlich zu meinen Lasten. Ansgar Nünning hat nicht nur die Anregung zu diesem Buch gegeben, sondern auch dessen Konzeption und Entstehung mit anregenden Kommentaren und wertvollen Hinweisen begleitet, die weit über das übliche Engagement eines Reihenherausgebers hinausgehen und den Leitgedanken der Kollegialforschung mit Inhalt füllen. Danken möchte ich schließlich auch Sophia Romahn für ihre kompetente Unterstützung bei der Recherche, der Zusammenstellung des Anhangs sowie der Endredaktion und Formatierung des Bandes, und ganz besonders Irmgard Kopetzky, die auch dieses Projekt von Beginn an unterstützt hat.

Grundfragen und Entwicklungs-
KAPITEL tendenzen der Kulturwissenschaft

Culture is not only what we live by. It is also, in great measure, what we live for. Affection, relationship, memory, kinship, place, community, emotional fulfilment, intellectual enjoyment, a sense of ultimate meaning: these are closer to most of us than charters of human rights or trade treaties.

TERRY EAGLETON

In einer Welt, in der kulturelle Vielfalt Menschen verunsichert und wo es immer schwieriger erscheint, sich in einer beängstigenden Unübersichtlichkeit zurechtzufinden, kann Kulturwissenschaft helfen, in Studierenden die Fähigkeit zu entwickeln, mit diesen für die Gegenwart typischen Problemen umzugehen, ohne einseitig, radikal oder fundamentalistisch zu werden. In diesem Sinne hat Kulturwissenschaft hohe, aber unentbehrliche aufklärerische Ziele.

BARBARA KORTE, KLAUS PETER MÜLLER, JOSEF SCHMIED

1 Was heißt „Kultur"?

Kultur war und ist ein kontrovers diskutierter Begriff, der ganz unterschiedlich definiert wurde und wird. Die alte Auseinandersetzung darüber, was das begehrte Prädikat ‚kulturell wertvoll' verdient und was nicht, hat eine Vielzahl von Gegensatzpaaren hervorgebracht: So wurden im kolonialen Diskurs dem (vermeintlich) Primitiven die kulturellen Errungenschaften der Zivilisation gegenübergestellt, um Ausbeutung und Unterdrückung zu rechtfertigen. Unter dem Hinweis auf die Überlegenheit der jeweiligen Nationalkultur grenzten sich Staaten voneinander ab; der Marxismus verherrlichte die Arbeiter- und Massenkultur, während das Bildungsbürgertum den Begriff Kultur mit anhaltendem Erfolg für eine exklusive Auswahl an ‚guter' Literatur, ‚schöner' Kunst und ‚klassischer' Architektur reservierte und das Populäre, Unterhaltsame und Volkstümliche als vulgär, seicht und kitschig abwertete.

Reizthema Kultur

Die modernen Kulturwissenschaften vermeiden Wertungen dieser Art. Stattdessen bemühen sie sich darum, kulturelle Phänomene und Entwicklungen zu beschreiben, zu erklären und zu verstehen.

Wissenschaftlicher Kulturbegriff

Ebenso groß wie die Zahl der Disziplinen, die zu den Kulturwissenschaften zählen (Literatur- und Sprachwissenschaften, Geschichtswissenschaft, Sozial- und Politikwissenschaften, Ethnologie, Anthropologie u. a.), ist auch die Zahl ihrer Erkenntnisinteressen, methodischen Ansätze und theoretischen Prämissen. Einigkeit besteht aber in drei zentralen Punkten. Erstens ist Kultur weder eine objektive, vorgegebene Größe noch ein monolithisches Gebilde, sondern ein heterogenes Produkt menschlichen Handelns, das in Symbolen, Riten, Werten und Normen, Verhaltensweisen und kulturellen Artefakten zum Ausdruck kommt. Zweitens gilt, dass nur diese Manifestationen, nicht aber Kulturen an sich, beobachtet und interpretiert werden können: *„Die Kultur einer Gesellschaft zu erforschen heißt somit, ihr mentales Gesamtprogramm zu rekonstruieren, das sich in kulturellen Phänomenen manifestiert."* (A. Nünning 1995: 180) Neben die Heterogenität tritt also ihr Konstruktcharakter als zweites charakteristisches Merkmal der Kultur. Drittens schließlich wird heute zumindest in den zeichen- und symboltheoretisch fundierten Kulturwissenschaften die Unterscheidung der materialen, sozialen und mentalen Dimension von Kultur zugrunde gelegt (vgl. Posner 1991).

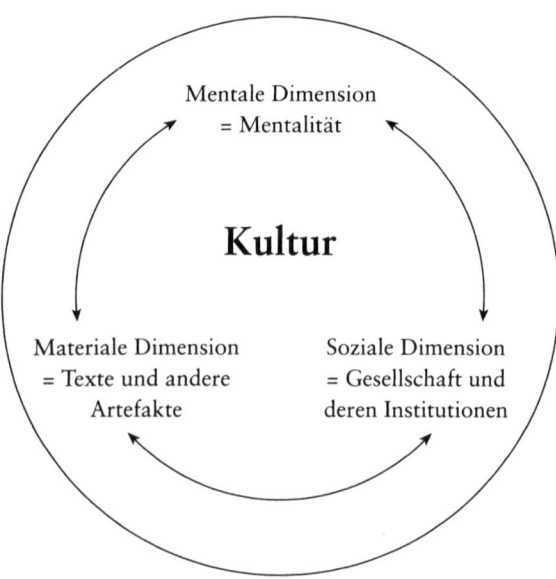

Abb. 1: Die drei Dimensionen von Kultur (vgl. Posner 1991: 54)

KAPITEL **1** Grundfragen und Entwicklungstendenzen der Kulturwissenschaft

Zur materialen Seite der Kultur zählen alle Artefakte, in denen eine Kultur sichtbar wird. Darunter fallen neben den medialen Ausdrucksformen (Kunst, Literatur, Theater, Film und Fernsehen, Internet etc.) auch die Architektur, Kleidung sowie andere Gebrauchsgegenstände und Produkte der sog. ‚Alltags-‘ oder ‚Populärkultur‘. Selbst ein weit gefasster Literaturbegriff kann also die Gegenstände der Kulturwissenschaft nicht vollständig erfassen: Prinzipiell umfasst ihr Gegenstandsbereich – anders als der der Literaturwissenschaft – sämtliche Aspekte der materialen Kultur. Eine wichtige Einschränkung unterscheidet jedoch die anglistische von der ethnographischen oder soziologischen Kulturwissenschaft. Als Textwissenschaft kann sie sich außer-textuellen Phänomenen der materialen (wie auch der mentalen und sozialen) Kultur nur auf zwei Arten nähern: Entweder untersucht sie deren Repräsentation (Darstellung) in Texten oder sie fasst nicht-textuelle Untersuchungsgegenstände auf der Grundlage semiotischer oder ethnographischer Theorien als textanaloge Zeichensysteme auf (vgl. Kap 4).

Materiale Dimension

Die mentale Kultur beinhaltet Mythen, Weltbilder, religiöse und politische Überzeugungen, Werte und Normen sowie kollektiv geteilte Denkweisen und Empfindungen, die unter dem Begriff ‚Mentalität‘ subsumiert werden. Diese geben Aufschluss über die Wirklichkeitsauffassung und das Welt- und Selbstbild einer Gesellschaft. Zugang zu der mentalen Dimension vergangener Epochen erhält die anglistische Kulturwissenschaft über neuere Ansätze der Geschichtsschreibung (New Cultural History), insbesondere den New Historicism und die Mentalitätengeschichte, die die Mentalitäten vergangener Epochen rekonstruiert (vgl. Kap. 4.4).

Mentale Dimension

Die soziale Dimension der Kultur schließt gesellschaftliche Handlungsweisen, Rituale und Kommunikationsformen ebenso ein wie *„die gesellschaftlichen Institutionen bzw. Kulturträger, die die Aneignung und Tradierung des kollektiven Wissens durch die Auswahl und Speicherung von Texten sowie durch die Kommunikation über Texte sicherstellen"* (NÜNNING/JUCKER 1999: 154). Zur sozialen Kultur zählen also das Bildungs-, Kunst- und Wissenschaftssystem sowie das politische System, aber auch nicht institutionalisierte Gruppen, Bewegungen und Prozesse.

Soziale Dimension

Natürlich besteht zwischen diesen drei Aspekten von Kultur keine strikte Trennung. Vielmehr gibt es eine Vielzahl von Zusammenhängen und Überschneidungen zwischen allen Bereichen: Die religiösen Überzeugungen einer Epoche finden ihren Niederschlag in der sakralen Architektur (Kirchen, Kathedralen, Klöster), die Lebensweise z. B. einer Agrarkultur beeinflusst deren Zeitvorstellung und wirtschaftliche Neuerungen wie die industrielle Revolution führen zur Ausbildung neuer sozialer Strukturen.

Zusammenhänge

Zeichen-system

Diese komplexen Zusammenhänge werden von der Kultursemiotik systematisch analysiert. Die Semiotik definiert Kultur in Analogie zur semiotischen Definition von Sprache als Zeichensystem bzw. zeichenorientiertes Kommunikationssystem. Eine Gesellschaft ist demnach durch die Art und Weise der von ihr verwendeten Zeichen sowie den durch Konventionen geregelten Zeichengebrauch bestimmt (vgl. Posner 1991, 2003). Die materiale Kultur erscheint dabei als eine Menge strukturierter Zeichen (‚Texte'), die von Zeichenbenutzern (dies können Individuen, Institutionen oder die Gesellschaft insgesamt sein) im Kommunikationsprozess verwendet werden (soziale Kultur) und deren Bedeutung durch sprachliche und außersprachliche Codes und Konventionen geregelt ist (mentale Kultur).

Zeichen

Das Konzept des Zeichens wird der strukturalistischen Linguistik Ferdinand de Saussures entlehnt. Diese unterscheidet zwei Seiten des Zeichens: Das Bezeichnete oder Signifikat *(signifié)* ist die Vorstellung, die SprecherInnen von ihrem Gegenstand haben, während das Bezeichnende, der Signifikant *(signifiant)*, ein Lautbild, Wort oder Symbol ist, das auf diese Vorstellung verweist. Das sprachliche Zeichen kann also nie mit der Sache, die es bezeichnet, gleichgesetzt werden.

Semiotik

Diese Erkenntnis liegt der Semiotik, der Zeichentheorie, zugrunde. Sie untersucht die Bezeichnungsrelationen zwischen Signifikanten und Signifikaten. Dabei lassen sich unterschiedliche Beziehungen feststellen, die eine typologische Differenzierung der Zeichen ermöglichen. Ein sog. Index steht immer in direkter Beziehung zu einer Sache und erlaubt so das Ziehen kausaler Schlüsse: Das Erröten verweist auf Scham, eine Angel an einem Fluss signalisiert Fischfang. Im Gegensatz zum Index sind sog. Ikone oder ikonische Zeichen nicht durch ihre ‚Zeigefunktion', sondern durch eine Ähnlichkeit von Zeichen und Bezeichnetem charakterisiert. Beispiele hierfür sind Piktogramme wie Hinweisschilder, die bestimmte Assoziationen hervorrufen. Eine dritte Art von Zeichen ist schließlich das Symbol, dessen Bedeutung mit Hilfe kulturell vermittelter Gebrauchsregeln entschlüsselt wird. Die unterschiedlichen Relationen zwischen Zeichen und Bedeutung verweisen darauf, dass Sprache nicht einfach Realität widerspiegelt. Sie ist vielmehr ein auf Konventionen beruhendes, bestimmten Regeln folgendes soziales Phänomen und hat entscheidenden Anteil an der kulturellen Wirklichkeitskonstruktion und Bedeutungsproduktion (Hepp 1999: 26ff.).

	Index	Ikon	Symbol
Beziehung zur Sache	direkt (Teil-Ganzes, kausal, Zweck-Mittel	assoziativ (Ähnlichkeit, Sachfelder)	arbiträr (Konventionalität)
Interpretation	kausales Schlüsse-Ziehen	assoziatives Schlüsse-Ziehen	konventionsbasiertes Schlüsse-Ziehen
Adressierung	kein Urheber/ kein Adressat	Urheber/ Adressat	Urheber/ Adressat
kulturelle Lokalisiertheit	gering (kulturelle Beobachterperspektive bedingt Zeichenhaftigkeit)	mittel (Assoziation setzt kulturelles Wissen voraus)	hoch (kulturelles Zeichensystem als Grundlage des Verstehens)

Abb. 2: Drei Zeichentypen (vgl. HEPP 1999: 28)

Das System dieser Regeln, die von den Mitgliedern einer Sprechergemeinschaft im Sozialisationsprozess erlernt werden, bezeichnet die Semiotik als den Code einer Kultur. Der Begriff des Code umfasst das System von Regeln, Übereinkünften und Zuordnungsvorschriften (Subcodes), das die Zuordnung und Interpretation von Zeichen und Zeichenkomplexen ermöglicht. Bei diesen Subcodes handelt es sich um konventionalisierte Deutungsmuster und Wertschemata, die die kollektive Wirklichkeitswahrnehmung einer Kultur sowie das individuelle Weltbild derjenigen prägen, die sich ihr zugehörig fühlen.

Code

Zu den Codes zählen z. B. gesellschaftlich weit verbreitete Schemata wie Stereotypen, Identitätsentwürfe sowie Zeit- und Raumkonzepte, die die Werte einer Kultur bestimmen. Sie können daher in Anlehnung an ROLAND BARTHES' Konzept der Alltagsmythen (vgl. Kap. 4.3) im Gegenzug auch als „*Manifestationen von Bewertungshierarchien*" (GRABES 1996a: 393) aufgefasst werden. Als solche geben sie Einblick in zentrale Wertvorstellungen einer Gesellschaft, die das kollektive Denken, Fühlen und Verhalten beeinflussen und aus kulturwissenschaftlicher Perspektive von besonderer Bedeutung sind: „*Wenn man bewusst machen kann, was innerhalb der verschiedenen Bereiche einer fremden Kultur besonders geschätzt, nur geduldet, eher abgelehnt oder gar gehasst wird, ist ein entscheidender Schritt hin zu jener ‚interkulturellen Kompetenz' getan, die für die Anglistik in einer Zeit zunehmend wichtiger werdender interkultureller Beziehungen ein angemessenes Lehr- und Lernziel bildet.*" (ebd.)

Werthierarchien

Teilt man die Auffassung, dass Kultur und Werte untrennbar miteinander verbunden sind (vgl. SCHLAEGER 2002), ist Kulturwissenschaft zugleich eine ‚Wertewissenschaft'. Diese wird angesichts der besonders in Krisenzeiten deutlich hervortretenden Mentalitätsunterschiede zwischen den Mitgliedsstaaten transnationaler

‚Wertewissenschaft'

Organisationen (EU, NATO, UN) heute dringend benötigt. Der große Bedarf an professionellen Kultur- und Werteanalysen – und damit auch an gut ausgebildeten anglistischen (und amerikanistischen) KulturwissenschaftlerInnen – ergibt sich aus den (zuletzt im Kontext des Irak-Kriegs deutlich gewordenen) kulturellen Differenzen zwischen Deutschland, Großbritannien und den USA: Das Verständnis für die jeweils andere Haltung und Motivation sowie die Bereitschaft zum interkulturellen Dialog sind Grundlagen des Fremdverstehens. Eine sich als interkulturelle Kultur- und Medienwissenschaft begreifende Anglistik kann viel zum Verständnis der britischen und auch der amerikanischen Werthierarchien und damit zu einer präzisen Kritik an den aus ihnen abgeleiteten ideologischen Positionen und den daraus resultierenden Handlungsweisen beitragen.

Disziplinäre Positionierung

Der semiotische Kulturbegriff hat weitreichende Implikationen für die disziplinäre Positionierung und methodische Orientierung der anglistischen Kulturwissenschaft. Anders als die Kultursoziologie ist die Anglistik eine Textwissenschaft, deren Untersuchungsfeld durch die Sprachlichkeit ihrer Gegenstände – einschließlich der populären Kultur und der nicht-literarischen Medien – bestimmt wird (vgl. GRABES 1996a). Damit wird nicht einem ‚radikalen Textualismus‘ (BODE 1996: 404) das Wort geredet, der der angeblich hegemonialen Literaturwissenschaft von ihren Gegnern vorgeworfen wird. Vielmehr wird eine reflektierte theoretische Fundierung der Anglistik im Bewusstsein ihrer reellen Möglichkeiten angestrebt. Um ihr kulturwissenschaftliches Profil zu schärfen, muss die Anglistik zunächst ihre disziplinären Kompetenzen im Umgang mit kulturellen Codes als sprachlichen Zeichen einsetzen. Die daraus entstehenden Erkenntnisse können dann im Rahmen einer theoretisch fundierten interdisziplinären Kulturwissenschaft ihre Aussagekraft und Anschlussfähigkeit unter Beweis stellen.

2 Grundprobleme und Fragestellungen der Kulturwissenschaft

Sammelbegriff

Bereitet die Definition von Kultur als wissenschaftlichem Gegenstandsbereich schon Schwierigkeiten, so ist eine präzise Bestimmung der theoretischen und methodischen Prämissen der Kulturwissenschaft beinahe unmöglich. Ein Hindernis ist die Vielfalt und Vielzahl der unter dem Begriff Kulturwissenschaft subsumierten Forschungsrichtungen und Tendenzen in den Geisteswissenschaften. Das *Metzler Lexikon Literatur- und Kulturtheorie* spricht daher von einem ‚inflationären Gebrauch' und verweist darauf, dass der Terminus Kulturwissenschaft als Sammelbegriff für einen offenen und interdisziplinären Diskussionszusammenhang fungiert.

Auch wenn es eine allgemein gültige Definition, die dieser Begriffsvielfalt gerecht wird, aufgrund der Multidisziplinarität und Heterogenität der Kulturwissenschaften nicht geben kann, lassen sich doch ihre wesentlichen Merkmale und Aktivitäten wie folgt zusammenfassen: *„Kulturwissenschaft erforscht die von Menschen hervorgebrachten Einrichtungen, die zwischenmenschlichen, insbesondere die medial vermittelten Handlungs- und Konfliktformen sowie deren Werte- und Normenhorizonte. Sie entwickelt dabei Theorien der Kultur(en) und materiale Arbeitsfelder, die systematisch wie historisch untersucht werden. Insofern ist für die Kulturwissenschaft die Kultur als Ganzes sowohl das Objekt als auch der Rahmen für ihre eigenen Operationen."* (BÖHME/MATTUSEK/MÜLLER 2000: 104)

Definition

Diese allgemeine Definition bietet einen guten Ausgangspunkt für eine erste Annäherung an die Theorien, Arbeitsfelder und Operationen der Cultural Studies bzw./und anglistischen Kulturwissenschaft, um die es in dieser Einführung geht. Die anglistische Kulturwissenschaft ist neben der Literatur- und Sprachwissenschaft, der Fachdidaktik und der Sprachpraxis der fünfte Teilbereich der Anglistik. Ihre Wurzeln liegen erstens in der britischen Variante der Cultural Studies (vgl. Kap. 2), die insbesondere als Ergänzung zu einer kulturwissenschaftlich orientierten Literaturwissenschaft sowie als neues Modell einer kulturwissenschaftlichen Landeskunde *(area studies)* das anglistische Studienangebot und Forschungsfeld erweitern (vgl. Kap. 3). Zweitens beruht die anglistische Kulturwissenschaft auf theoretischen und methodischen Anregungen aus einer Reihe innovativer ethnographischer, soziologischer und historiographischer Ansätze, die seit den 1970er Jahren eine kulturelle Wende *(cultural turn)* in den Geistes- und Sozialwissenschaften eingeleitet haben (vgl. Kap. 4). Ein dritter Bezugspunkt ist in der britischen Kulturgeschichtsschreibung zu sehen, zu der die Anglistik wichtige Beiträge leistet.

Anglistik und Kulturwissenschaft

Die Frage danach, was anglistische Kulturwissenschaft ist bzw. nicht ist, zieht sich wie ein roter Faden durch die ersten fünf Kapitel dieses Grundkurses: Was sind ihre Erkenntnisinteressen und Gegenstände, mit welchen Leitkonzepten und Fragestellungen nähert sie sich ihnen, welche theoretischen Prämissen werden dabei zugrunde gelegt und welche Methoden eingesetzt? Im sechsten Kapitel werden schließlich einige der aktuellen Forschungsfelder vorgestellt und anhand exemplarischer Einzelstudien veranschaulicht.

Roter Faden

Wie jeder Wissenschaft liegen auch der Kulturwissenschaft bestimmte Prämissen zugrunde, die immer wieder neu überdacht, diskutiert und

Kulturtheorie

revidiert werden müssen. Die Kulturtheorie ist derjenige Teilbereich der Kulturwissenschaft, der sich dieser grundsätzlichen Fragen annimmt (vgl. ORT 2003). Dazu zählen neben der definitorischen Eingrenzung des komplexen Gegenstandsbereichs ‚Kultur' vor allem prinzipielle Annahmen zum Verhältnis von Kultur und Natur sowie von unterschiedlichen Kulturen zueinander. Erstere hängen in erster Linie mit der Abgrenzung von Natur- und Kulturwissenschaften zusammen, letztere mit der philosophischen Frage nach Bedingungen und Möglichkeiten des Verstehens fremder Kulturen.

Kultur vs. Natur

Kultur und Natur werden im abendländischen Denken traditionell als Gegensätze konzipiert. Bereits die antike griechische Philosophie differenziert *„das Seiende, das von Natur aus ist (physei), von demjenigen Seienden, das sich einem anderen Seienden verdankt (thesei)"* (BÖHME 1996: 48). Letzteres bezeichnet den Bereich der Kultur. Während das Natürliche in utopischen Gesellschaftsentwürfen häufig als paradiesischer Urzustand verklärt wird, herrscht in der Moderne ein negativer Naturbegriff vor: Das Wilde und Primitive muss durch Kultur gebändigt werden, um die Entfaltung des Menschen nicht zu gefährden. Die Kultivierung der Natur als höchste menschliche Errungenschaft wurde denn auch in der Kunst und Literatur immer wieder gefeiert, wie etwa in DANIEL DEFOES Abenteuer- und Zivilisationsroman *Robinson Crusoe* (1719). Die folgende Tabelle zeigt, welche Vorstellungen bis heute mit Kultur und Natur in Verbindung gebracht werden.

Kultur	Natur
das Sesshafte	das Nomadische
bebaute Flur	Wildnis
Téchne	Physis
Ordnung	Chaos
räumliche Ständigkeit	der unständig-hiatische Zeitraum
zeitliche Stetigkeit	das flüchtige Unstete der Zeit
das Dauerhafte	das Ephemere
das Ursprungshafte	das Herkunftslose
das kulturelle Gedächtnis	das Andenkenlose
das Bewahrende	das Verschwindende
das Bildende und Bauende	das Ungebildete und Unbebaute
das Gehörige	das Ungehörige
das Zugehörige (Eigne)	das Unzugehörige (Fremde)

Abb. 3: Kultur – Natur (vgl. BÖHME 1996: 60)

Die historische Semantik vermag das in dieser Tabelle angedeutete Bedeutungsgeflecht aus der Entstehungsgeschichte des Wortes ‚Kultur' zu rekonstruieren. Verfolgt man die Entwicklung der lateinischen Wurzeln ‚colere', ‚cultus', ‚cultura', ‚colonius', ‚colonus' und ‚cultor', die ursprünglich auf Praktiken des Landbaus und durch Bedeutungserweiterung und -wandel schließlich auf Kultivierung im allgemeinen verweisen, so lassen sich ‚Erinnerungsspuren' (Böhme 1996: 51) nachweisen. Die Erinnerung an den Übergang vom Nomadischen zum Sesshaften und an die Ortsgebundenheit des Kultivierten *(agri cultura)* prägt auch in der Folge den Kulturbegriff: *„Ja, das Wort ‚Kultur' ist so unauflöslich mit agrikulturellen Sozialformen verbunden, dass der Schluss naheliegt, die Nomaden seien von den sesshaften Kulturen als ‚barbarisch', ‚wild', ‚unkultiviert' wahrgenommen worden."* (ebd.)

Erinnerungs-spuren

Die Abgrenzung vom Unkultivierten und Barbarischen ist somit in der Geschichte des Kulturbegriffs angelegt, der bis ins 18. Jahrhundert weitgehend synonym mit dem Begriff der Zivilisation gebraucht wurde. Dieser Begriff stammt aus dem Französischen, das bis heute das Wort *civilisation* im Sinne von ‚Kultur' bzw. ‚culture' verwendet. In Deutschland erfährt der Zivilisationsbegriff durch Immanuel Kant allerdings eine abwertende Bedeutungserweiterung: Er bezeichnet ‚äußere', ‚künstliche' Verfeinerung, während der Begriff ‚Cultur' der ‚inneren', ‚organischen' Bildung vorbehalten bleibt. Die Begriffsgeschichte zeigt zum einen deutlich, dass das Kulturkonzept zur Polarisierung und Normierung tendiert. Zum anderen verweist die im 18. Jahrhundert beginnende Verbindung von Kultur und Bildung auf jenes elitäre Verständnis, das bis ins 20. Jahrhundert die Kulturwissenschaften prägt: Kultur wird mit Hochkultur gleichgesetzt.

Zivilisation

Dies ändert sich in Großbritannien mit dem Entstehen der Cultural Studies in den 1950er und 1960er Jahren (vgl. Kap. 2.2): Die Kultur der Arbeiterklasse wird gegenüber der Kultur des Bildungsbürgertums programmatisch aufgewertet. Populäre Formen der Unterhaltung wie die Trivialliteratur, Varietétheater, Musicals und TV-Serien sowie die symbolischen Praktiken der Jugendkultur avancieren zum wissenschaftlichen Untersuchungsgegenstand. Ihnen werden zudem subversives Potential und identitätsstiftende Funktionen zugeschrieben, die der populären Unterhaltung eine politische Dimension verleihen.

Popular culture

Das Wort Kultur impliziert somit stets ein polarisierendes Werturteil: Dem Kultivierten wird das Unkultivierte, der ‚oberflächlichen' Zivilisation die ‚wahre' Kultur und der gehobenen Bildung die ‚seichte' Unterhaltung gegenübergestellt. Dieser Dualismus hat seinen Ursprung im westlichen Verständnis der Natur und Kultur,

Dualismus

die traditionell als Gegensätze konzipiert werden: Die Natur wird als Bedrohung für den Menschen wahrgenommen, der er sich durch fortschreitende Kultivierung zu entziehen versucht. Der Kultur-Natur-Dualismus ist nicht die einzige mögliche Reaktion auf Naturerfahrung, sondern selbst eine kulturspezifische Konstruktion. Diese wird zwar von zivilisationskritischen Bewegungen (Umweltschutz, Naturheilkunde, Neue Spiritualität) in Frage gestellt, prägt aber bis heute entscheidend unser Weltbild.

Kultur- vs. Naturwissenschaft

Das Wissenschaftssystem war maßgeblich an der Aufrechterhaltung und Verfestigung dieses dualistischen Weltbildes beteiligt. Aus wissenschaftsgeschichtlicher Sicht lässt sich der ausgeprägte Natur-Kultur-Dualismus durch das Bestreben erklären, Gegenstandsbereich, Erkenntnisinteressen und Methoden der Naturwissenschaften von denen der Kulturwissenschaft zu unterscheiden. So bezeichnet RICKERT (1986 [1899]: 35) in seiner klassischen Abhandlung *Kulturwissenschaft und Naturwissenschaft* die Natur als den *„Inbegriff des von selbst Entstandenen, ‚Geborenen' und seinem eigenen ‚Wachstum' Überlassenen"*. Demgegenüber steht der Begriff Kultur für *„das von einem nach gewerteten Zwecken handelnden Menschen entweder direkt Hervorgebrachte oder [...] um der daran haftenden Werte willen absichtlich Gepflegte"* (ebd.).

Werte

Dem Wertbegriff kommt für das Verständnis von Kultur somit zentrale Bedeutung zu, denn *„Kultur bedeutet die Codierung und Auratisierung von Normen, Werten und Zielen einer Gemeinschaft"* (BÖHME 1996: 58). Jede Kultur bildet sog. Relevanzhierarchien, d. h. kollektiv akzeptierte und für das einzelne Mitglied der Gemeinschaft relativ verbindliche Wertmuster, die darüber entscheiden, was als wahr und falsch, wertvoll bzw. wertlos oder gut und böse gilt. Durch symbolische Formen, Handlungen und Orte versichert sich die Gemeinschaft immer wieder ihrer gemeinsamen Werte, die in der kulturellen Überlieferung durch Mythen, Legenden und andere identitätsstiftende Erzählungen mündlich oder schriftlich an die Nachwelt weitergegeben werden.

Identität

Zu den identitätsstiftenden Sozial- und Sinnstrukturen innerhalb einer Kultur zählen neben allgemein akzeptierten Hierarchien und Rollenverteilungen auch kollektiv geteilte Werte und Normen, Sitten und Gebräuche sowie religiöse, ethnische und nationale Überzeugungen, die in Ritualen, Mythen und Symbolen zum Ausdruck gebracht werden. Gemeinsam ergeben sie eine kulturelle Ordnung, die das Weltbild und das ‚Wir-Gefühl' einer Gemeinschaft festigt, ihr Selbstbild prägt und sie in ihrer Selbstwahrnehmung von anderen Kulturen unterscheidet.

Erinnerung

Eine wichtige, wenn nicht gar die zentrale Quelle für das Selbst- und Fremdbild von Kulturen ist die Erinnerung: Die Überlieferung,

Deutung und Fortführung der Vergangenheit prägen unsere Wahrnehmung von Gegenwart ebenso wie unsere Vorstellungen von der Zukunft. Der hohe Stellenwert der Vergangenheit für die kulturelle Selbstaffirmation zeigt sich nicht zuletzt an dem Bemühen von ethnischen oder nationalen Kollektiven, eine gemeinsame Herkunft zu (re)konstruieren (vgl. etwa die afro-amerikanische Rückbesinnung auf afrikanische Wurzeln oder die Staaten der ehemaligen Sowjetunion und Ex-Jugoslawiens, die ihre postsowjetische Identität durch den Rückgriff auf die Vergangenheit legitimieren). Der großen Bedeutung der kollektiven Erinnerung für die kulturelle Identität tragen v.a. die kulturwissenschaftlichen Gedächtnistheorien Rechnung (vgl. Kap. 6.2).

Die Stärkung des Selbstbildes geht in der Regel mit der Ausgrenzung anderer Kulturen einher: Der Integration nach innen *(us)* steht die Abgrenzung nach außen *(them)* gegenüber. Das Fremde und Andere wird dem Eigenen als – häufig negativ besetzter – Gegenpol entgegengestellt. Wie bei der eigenen kulturellen Identität handelt es sich auch bei der Alterität, dem Verhältnis von Eigenem und Fremdem (lat. *alter:* anders), um eine kulturspezifische Konstruktion, die bestimmten diskursiven Regeln folgt und in der Regel politisch funktionalisiert ist. Aktuelle Beispiele hierfür sind einerseits die amerikanische Gut-Böse-Rhetorik, die vor und während des Irak-Kriegs die Welt entlang einer ‚Achse des Bösen' in Schurkenstaaten und freiheitsliebende Demokratien unterteilte, sowie andererseits die anti-westlichen Parolen fundamentalistischer Islamisten.

Alterität

Grundsätzlich zeichnet sich in den vergangenen Jahren eine Zuspitzung der Debatte um die Beziehungen zwischen den Kulturen ab: Seit SAMUEL HUNTINGTONS polemischem Bestseller *The Clash of Civilizations* (1996) und insbesondere seit dem Ereignis, das als ‚09/11' bzw. ‚der 11. September' in das kulturelle Gedächtnis der USA eingehen wird, zeichnet sich eine Tendenz zur Verabsolutierung von Fremdheit ab. Das Andere kann aber durchaus auch positiv besetzt sein, wie die zunehmende Hinwendung zu fernöstlicher Naturheilkunde, Meditationslehre sowie Spiritualität in den westlichen Gesellschaften zeigt. Da die Internationalisierung und Globalisierung der Welt das Andere zur ständig präsenten Realität werden lässt, zählen Alterität (unsere Vorstellung vom Fremden) und Interkulturalität, d. h. die Gestaltung der Beziehungen zwischen den Kulturen, zu den zentralen Themen aktueller Kulturwissenschaft.

Interkulturalität

Ein universalistisches Kulturverständnis geht davon aus, dass alle Menschen, unabhängig von der Kultur, der sie angehören, dieselben unveräußerlichen Rechte besitzen. Der Annahme der

Universalismus

grundsätzlichen Gleichheit der Menschen liegen die Werte der Aufklärung zugrunde: Handlungs-, Gewerbe-, Rede-, Meinungs- und Versammlungsfreiheit, ein Recht auf freie Entfaltung im Rahmen einer demokratischen Gesellschaftsordnung und auf körperliche Unversehrtheit – dies waren und sind die Standards, die seit der Allgemeinen Erklärung der Menschenrechte im Jahr 1947 international die fundamentalen Ansprüche des Einzelnen gegenüber der Gemeinschaft festlegen.

Ethnozentrismus

Kritiker einer solchen universalistischen Konzeption von Interkulturalität befürchten, dass unter dem Vorwand der Menschenrechte ein kulturspezifisches Gesellschaftsmodell, nämlich das westliche Verständnis von Demokratie und offener Gesellschaft, exportiert und international durchgesetzt werden soll. Der Vorwurf lautet auf Ethnozentrismus bzw. Eurozentrismus und wird damit begründet, dass die angeblich universellen Menschenrechte lediglich in westlichen Gesellschaften tief verankert sind, während beispielsweise das indische Kastensystem mit seiner Annahme einer grundlegenden, durch die Geburt bestimmten Ungleichheit der Menschen von völlig anderen Voraussetzungen ausgeht. Die Durchsetzung der Menschenrechte wäre somit ein Akt des Kulturimperialismus, der das Recht anderer Kulturen auf die Ausprägung eigener Wertesysteme in Frage stellt.

Kulturrelativismus

Das Gegenteil des Universalismus ist der Relativismus: *„Der Kulturrelativismus postuliert die grundsätzliche Unterschiedlichkeit und Gleichwertigkeit aller menschlichen Kulturformen und steht dem Universalitätsanspruch westlicher Wissenschaft, Philosophie und Rechtsauffassung kritisch gegenüber.“* (WIMMER 1997: 121) Die relativistische Position (Gleichwertigkeit statt Gleichheit) setzt sich zwar nicht dem Vorwurf des Ethnozentrismus aus, droht aber vom kulturellen in einen ethischen Relativismus überzugehen, der jedes Urteil über andere politische und juristische Praktiken sowie jede Form der interkulturellen Einflussnahme ablehnt und in letzter Konsequenz nicht nur verantwortungslos, sondern auch realitätsfern erscheint.

Fremdverstehen

Eine dritte Position in der Interkulturalitätsdebatte, die als Fremdverstehen oder Kulturhermeneutik bezeichnet wird, nimmt eine Mittlerrolle zwischen der universalistischen Leugnung kultureller Unterschiede und der relativistischen Politik des radikalen *laissez-faire* ein. Das Ziel ist es, die fremde Kultur vor dem Hintergrund ihrer eigenen Voraussetzungen zu verstehen. Ist es aber überhaupt möglich, fremde Kulturen zu verstehen? Schließlich verweist ja gerade die Hermeneutik auf die Perspektivengebundenheit des eigenen Verstehens und den Stellenwert der geteilten kulturellen Tradition; sie gilt deshalb als eine primär monokulturelle Verstehenstheorie. Neuere Ansätze des Fremdverstehens betonen aber den Konstruktcharakter des Fremden und die Dialogizität des Verstehens: Letzteres setzt demzufolge immer einen Austausch und Lernbereitschaft auf beiden Seiten voraus. So wird deutlich, dass Interkulturalität zwar ein prinzipiell nie abgeschlossener dialogischer Prozess, die Annäherung an das Fremde aber grundsätzlich möglich und wünschenswert ist.

Universalistische, ethnozentrische und relativistische Positionen des interkulturellen Diskurses reichen über die postkoloniale Literaturkritik und die Debatten des *ethical criticism* auch in die Anglistik hinein. Diese ist als fremdsprachliche Philologie selbst interkulturellen Zielen wie der Vermittlung kulturspezifischer Fachkenntnisse und interkultureller Kompetenz verpflichtet. Wie kulturelle Fragestellungen in die anglistische Forschung und Lehre integriert werden, zeigt der folgende Überblick über das Verhältnis von Kulturwissenschaft und Anglistik.

Anglistische Positionen

3 Anglistik und/oder/als Kulturwissenschaft

Die Kulturwissenschaft wurde aufgrund ihrer zweifelhaften Rolle während des Nationalsozialismus in Deutschland lange Zeit mit Skepsis betrachtet. Schließlich konnte sich die nationalsozialistische Rassenpolitik auf ein stark (ab)wertendes, die Höher- bzw. Unterentwicklung bestimmter Kulturen propagierendes und die planmäßige Vernichtung ganzer Völker legitimierendes Kulturverständnis als wissenschaftliches Fundament der Ideologie berufen. Auch wenn der Vorwurf der nationalsozialistischen Instrumentalisierung vor allem die Volkskunde und natürlich die sog. Rassenkunde betrifft, gibt auch die Rolle der Anglistik in der Kaiserzeit und während des ‚Dritten Reiches' Anlass zu Kritik.

Deutsche Kulturwissenschaft

Diese Kritik richtet sich gegen die landeskundlichen Erkenntnisinteressen und Forschungsziele der sog. Englandkunde oder Realienkunde, die ihre Ursprünge in der Zeit zwischen 1890 und dem Ersten Weltkrieg hatte und die sich in den 1920er Jahren entfaltete. Das angestrebte Verstehen der britischen Kultur war nicht im heutigen Sinne interkulturell begründet, sondern diente der Stärkung der eigenen nationalen Identität: Durch die Orientierung an vorbildlichen Tugenden (etwa dem englischen Imperialismus) sollte ein *„vertieftes Deutschtum"* (KRAMER 1997: 19) ermöglicht werden. Dieses Verständnis von Kulturkunde als intellektuelle Aufrüstung im Kampf um die kulturelle Überlegenheit hatte bekanntlich fatale Auswirkungen: *„Von hier war es zur rassistischen ‚Wesenskunde' der Faschisten und zur*

Kritik

Gleichschaltung des neusprachlichen Unterrichts im Nationalsozialismus (1935) nur noch ein Schritt." (ebd.: 20).

Nachkriegszeit

Von der nationalsozialistischen Vereinnahmung der Englandkunde löste sich die Anglistik der Nachkriegszeit durch die Konzentration auf ,un-ideologische' Literatur- und Sprachforschung und dezidiert ,unpolitische' Ansätze. In der Literaturwissenschaft blieb daher das Primat der textimmanenten Interpretation lange ungebrochen. Die faktenorientierte Landeskunde wurde zur Hilfsdisziplin der Sprach- und Literaturwissenschaft und institutionell im Bereich der Sprachpraxis angesiedelt. Trotz neuer Leitziele der Bildungspolitik (Völkerverständigung, Kulturausgleich, interkulturelle Kompetenz) blieb die kulturwissenschaftliche Komponente der Anglistik bis zur Etablierung rezeptionsorientierter Ansätze in den 1970er Jahren weitgehend ausgeblendet.

Reetablierung

Erst unter dem Einfluss des Poststrukturalismus, der britischen Cultural Studies und der breiter angelegten Amerikanistik ist auch innerhalb der Anglistik eine *„Reetablierung"* (GRABES 1996b: 35) der Kulturwissenschaft zu verzeichnen. Der Begriff der Reetablierung weist bereits darauf hin, dass dabei keine völlig neue Tradition begründet werden muss. Denn wenn man mit HANSEN (2000: 145) davon ausgeht, dass die Sprache der *„herausragende Kohäsionsfaktor"* einer Nationalkultur ist, erscheint die Anglistik, deren wissenschaftliche Schwerpunkte traditionell in der Sprache und Literatur Großbritanniens – heute kommen noch die neuen englischsprachigen Literaturen sowie die Vielfalt anglophoner Kulturen hinzu – liegen, als eine genuin kulturwissenschaftliche Disziplin: *„[D]ie traditionelle Anglistik [ist] gerade aufgrund ihrer Konzentration auf die linguistische Analyse der englischen Sprache in ihren historischen, regionalen und gruppenspezifischen Manifestationen und die literaturwissenschaftliche Interpretation von Sprachtexten im historischen Kontext immer schon in eminentem Maße Kulturwissenschaft"* (GRABES 1996b: 36).

Modernisierung

Dass sich seit Anfang der 1990er Jahre dennoch ein Konsens hinsichtlich des Modernisierungsbedarfs der Anglistik herausgebildet hat, liegt vor allem an vier Gründen. Erstens ist in der wissenschaftlichen Praxis der etablierten sprach- und literaturwissenschaftlichen Teilbereiche eine konsequente kulturelle Perspektivierung bislang keineswegs eine Selbstverständlichkeit. Zweitens werden bedeutende Bereiche der britischen Kultur wie Religion, Geschichte, Erziehung, Politik, Recht und Wirtschaft traditionell ausgeblendet. Drittens ist mit den Cultural Studies in Großbritannien selbst eine primär mediensoziologisch ausgerichtete Forschungsrichtung entstanden, deren zunehmende Rezeption auch in der deutschen Anglistik zu Interessensverschiebungen bzw. -erweiterungen führt. Viertens erfordert die gegenwärtige Neubestimmung des anglistischen Berufsbildes, die in der Institutionalisierung international kompatibler Studiengänge nach dem B.A./M.A.-Modell neben dem Lehramts- und Magisterstudium zum Ausdruck kommt (s. Anhang), auch eine Neukonzeption der Lehrinhalte und Lernziele.

Derzeit kursieren unterschiedliche Bezeichnungen für das Fachgebiet, das sich seit einigen Jahren zwischen den Polen einer anglistischen Philologie mit kulturwissenschaftlicher Perspektive auf der einen und einem interdisziplinär und international konzipierten, berufs- und praxisorientierten Kulturstudium auf der anderen Seite neu konstituiert. Den Studierenden werden Einführungsveranstaltungen in *British Cultural Studies, English Studies* bzw. *British Studies*, Landeskunde Großbritannien oder Kulturraumstudien angeboten. Daneben zählen auch noch *Cultural History* bzw. Kulturgeschichtsschreibung sowie *Postcolonial Studies* und *Gender Studies* zu den Kernbereichen der Kulturwissenschaft.

Terminologie

Die terminologische Vielfalt reflektiert die Vielfalt der kulturwissenschaftlichen Studienangebote innerhalb der Anglistik. Das Spektrum reicht von einzelnen kulturwissenschaftlichen Seminaren, die das sprach- und literaturwissenschaftliche Angebot ergänzen (diese kulturwissenschaftliche ‚Minimalversorgung' scheint heute praktisch an allen Universitäten mit anglistischen Studiengängen gewährleistet zu sein), bis hin zu ‚Kulturwissenschaft' als eigenständigem, der Literatur- und Sprachwissenschaft sowie der Sprachpraxis und Fachdidaktik gleichgestelltem Teilgebiet innerhalb der Anglistik. Manche Universitäten bieten darüber hinaus sogar eigens konzipierte kulturwissenschaftliche Studiengänge mit Schwerpunkt Großbritannien und international kompatiblen Abschlüssen (B.A./M.A. bzw. Master) oder gar spezielle Großbritannien-Zentren an (s. Anhang).

Institutionalisierung

Eine Abgrenzung von der traditionellen Konzeption der englischen Philologie wird vor allem im Rahmen von Diplomstudiengängen angestrebt (vgl. SCHAEFER 1998). Beispiele hierfür sind die *British Studies* des Berliner Großbritannienzentrums (s. Anhang), die anhand von sog. Querschnittsthemen (‚Nation und Identität', ‚Wirtschaft als Wirtschaftskultur', ‚Demokratie und Öffentlichkeit' oder ‚History and Heritage') neue Lehreinheiten entwickeln (SCHLAEGER 1998), der Diplomstudiengang der Justus-Liebig-Universität Gießen, der Anglistik mit einer zweiten Fremdsprache sowie einer berufsqualifizierenden Disziplin wie Betriebswirtschaft verbindet (GRABES 1998), oder das Passauer Modell des Diplomkulturwirts, das eine generalistische Kulturraumkompetenz vermitteln will (DIRSCHERL 1998). Als Alternative zum sprach- und literaturwissenschaftlichen Anglistikstudium verstehen sich auch die politik- und sozialwissenschaftlich orientierten Britischen (und Amerikani-

Modellprojekte

schen) Kultur- und Länderstudien der Technischen Universität Chemnitz (GOHRISCH/KASTENDIEK 1999). Die Liste der Beispiele lässt sich noch weiter fortsetzen (s. Anhang).

Anglistische Kulturwissenschaft

Die Einführung neuer Studiengänge oder eine konsequente gesellschafts- und medienwissenschaftliche Ausrichtung ist bislang die Ausnahme. An zahlreichen Universitäten sind jedoch in den vergangenen Jahren verstärkt kulturwissenschaftliche Lehrveranstaltungen in das anglistische Kursangebot integriert worden, so dass sich vielerorts die anglistische Kulturwissenschaft als neues Teilgebiet neben der Sprach- und Literaturwissenschaft sowie der Fachdidaktik und Sprachpraxis etabliert hat (KAMM 1996). Dabei stellt sich zwangsläufig die Frage nach der Abgrenzung zu den traditionellen Teilbereichen. Während die Frage nach dem Grund für das anhaltende Schweigen der Sprachwissenschaft zu diesem Thema (KORTE 1996: 425) nach wie vor unbeantwortet ist, führt die Literaturwissenschaft seit Jahren lebhafte, zum Teil kontroverse Debatten über Möglichkeiten und Perspektiven einer kulturwissenschaftlichen Erweiterung. Insbesondere im Zuge der Rezeption der britischen Cultural Studies (vgl. Kap. 3.3) wurde in den 1990er Jahren verstärkt die Forderung nach einer Neuorientierung der Anglistik erhoben, weg von literaturwissenschaftlichen hin zu kultursoziologischen oder landeskundlichen Fragestellungen.

Literatur- und/oder/ als Kulturwissenschaft

Das Themenheft „Literaturwissenschaft und/oder Kulturwissenschaft" der Zeitschrift *Anglia* widmet sich 1996 ausgiebig der Frage nach dem Verhältnis von Literatur- und Kulturwissenschaft. Die Beiträge attestieren der bestehenden Praxis der Literaturwissenschaft ein weitreichendes kulturwissenschaftliches Problembewusstsein und favorisieren eine Konzeption von *„Kulturwissenschaft in der Literaturwissenschaft"* (KORTE 1996). Diese Konzeption ist eine Alternative sowohl zur vollständigen Ablösung der Literaturwissenschaft durch die Cultural Studies (vgl. EASTHOPE 1991) als auch zur Gleichsetzung der beiden Disziplinen (vgl. Kap. 3.3). Gemeint sind die kulturwissenschaftliche Öffnung der Literaturwissenschaft (vgl. BROICH 1994), die enge Verbindung von (ästhetischem) Text und (kulturellem) Kontext, die Erweiterung des Kanons, die Integration neuer Fragestellungen in die Literaturwissenschaft *(Gender Studies, Postcolonial Studies, Queer Studies* etc.) sowie die Nutzung eines breiten Spektrums geschichts-, literatur- und kulturwissenschaftlicher Theorien und Methoden (vgl. Kap. 4). Eine so reformierte Literaturwissenschaft versteht sich als integraler Bestandteil der anglistischen Kulturwissenschaft (vgl. Kap. 6), die trotz ihrer Hinwendung zur Kulturgeschichtsschreibung (vgl. Kap. 5) bzw. zur Analyse von Populär- und Medienkultur den Bereich der anspruchsvollen Literatur, der ästhetischen Wortkunst, nicht vernachlässigt.

Die besondere Bedeutung der Auseinandersetzung mit (künstlerisch anspruchsvoller) fiktionaler Literatur erklärt ZAPF (2002) mit Hilfe einer Theorie der kulturellen Ökologie (vgl. FINKE 2003). Diese strebt die Neubestimmung des Verhältnisses von Kultur und Literatur an: Anstatt die Unterschiede zwischen den Diskursen einzuebnen, wie dies der *New Historicism* (vgl. Kap. 4.4) kritischen Stimmen zufolge tut, werden das Spannungsverhältnis zwischen dem literarischen Kunstwerk und seinem kulturellen Kontext sowie die spezifischen Leistungen des literarischen Diskurses für die Gesamtkultur in den Blick genommen: *„Literatur erfüllt so im Haushalt der Kultur die Aufgabe, eindeutige Welt- und Selbstbilder zu subvertieren und auf das von ihnen ausgeblendete Andere zu öffnen; eindimensionale Realitätskonstrukte in mehrdimensionale Bedeutungsprozesse zu überführen; das von dominanten kulturellen Diskursen Ausgegrenzte zu artikulieren und in seiner ganzen Vielgestaltigkeit der symbolischen Erfahrung zugänglich zu machen, d. h. für die Erneuerung kultureller Kreativität zu aktivieren."* (ZAPF 2002: 6)

Kulturelle Ökologie

Trotz dieses ebenso eindrucksvollen wie überzeugenden Plädoyers für die kulturelle Wirksamkeit von Sprachkunst lässt sich andererseits nicht leugnen, dass der Gegenstandsbereich der anglistischen Kulturwissenschaft über Literatur (im weitesten Sinne) hinausreicht. Aktuelle Studien widmen sich beispielsweise der britischen Stadtentwicklung im 20. Jahrhundert (TESKE 1999) oder den Hybridisierungstendenzen in Film, Fernsehen und Internet (KREWANI 2001). Angesichts des breiten Spektrums innovativer Fragestellungen von der Entwicklung, Modernisierung und Konkurrenz verschiedener Medien über deren Einfluss auf Kommunikations- und Wahrnehmungsweisen sowie die Medienökologie bis zu Fragen nach der Nutzung und Interpretation von Medienangeboten zeichnet sich ein Forschungsfeld ab, das die Etablierung eines eigenständigen anglistischen Teilgebiets ‚Medien- und Kulturwissenschaft' nicht nur rechtfertigt, sondern geradezu erfordert (vgl. NÜNNING/NÜNNING 2001).

Medienkulturwissenschaft

Das anglistische Teilgebiet Medien- und Kulturwissenschaft ist komplementär zu einer sich auch als Kulturwissenschaft verstehenden kontextorientierten Literaturwissenschaft: Diese unterschiedlichen Varianten von Kulturwissenschaft konkurrieren nicht miteinander, sondern sind Partner im Projekt einer inneranglistischen Interdisziplinarität, für die KORTE/MÜLLER/SCHMIED (1997) die prägnante Metapher ‚Netzwerk Anglistik' einführen. Die in diesem Netzwerk zusammengefassten Subdisziplinen bringen ihre disziplinären Kompetenzen in die Analyse anglophoner Sprachen, Literaturen und Kulturen der *Terranglia* (PRIEßNITZ 1999) ein.

Netzwerk Anglistik

Während die Sprach- und die Literaturwissenschaft über ein solides theoretisches und methodisches Fundament verfügen, ist die Grundlegung des kulturwissenschaftlichen Teilbereichs im Netzwerk Ang-

Merkmale

listik noch in vollem Gange. Es zeichnen sich aber bereits einige wesentliche Charakteristika dieser neuen Subdisziplin ab. Die fünf Merkmale der anglistischen Kulturwissenschaft sind erstens ihre Interdisziplinarität, zweitens ihre Handlungsorientierung (Beschreibung, Reflexion und interkultureller Vergleich von kulturell akzeptierten Modellen sinnhaften Handelns), drittens ihre Ganzheitlichkeit (möglichst viele Kulturkomponenten sind in die Analyse einzubeziehen), viertens die inneranglistische Komparatistik (die vergleichende Perspektive, die neben Großbritannien auch Irland, die USA und die ehemaligen Kolonien integriert) sowie fünftens die semiotische Prämisse der Zeichenvermitteltheit von Kultur, die nicht Fakten, sondern Prozesse und Praktiken der Bedeutungserzeugung und Sinnstiftung *(signifying processes/practices)* in den Vordergrund stellt.

Außen-perspektive

Ein weiteres wesentliches Merkmal ist die Außenperspektive der anglistischen Kulturwissenschaft, die ja nach wie vor Teil eines Fremdsprachenfachs ist. Die Außenperspektive ist auch einer der Gründe dafür, warum die bislang vornehmlich mit innerkulturellen Fragestellungen beschäftigten *British Cultural Studies* (vgl. Kap. 2.2) nicht mit kulturwissenschaftlicher Anglistik gleichzusetzen sind. Die räumliche und kulturelle Distanz, die die anglistische Außenperspektive mit sich bringt, darf natürlich nicht dazu verleiten, pauschalisierende Antworten auf die zentrale Frage zu akzeptieren, was denn nun *„typisch britisch"* ist oder *„wie die Briten wurden, was sie sind"* – so der (natürlich ironisch gemeinte) Titel von GELFERTs (1995) Studie über *Englishness*. Stattdessen stehen die komplexen Zusammenhänge zwischen nationalen Auto- und Heterostereotypen (Selbst- und Fremdbilder) im Mittelpunkt.

Inter-kulturelle Anglistik

Das eigentliche Betätigungsfeld kulturwissenschaftlicher Forschung und Lehre tut sich jenseits der Nationalstereotypen und Klischees sowie der britischen Kulturstudien auf: Die Selbstbilder anglophoner Kulturen, ihre Manifestationen in semiotischen Zeichensystemen und die sich daraus entwickelnden Verstehensrahmen und Wertesysteme. Deren Bedeutung bringt GRABES (1996b: 37) auf den Punkt: *„Nur wenn ich weiß, was innerhalb verschiedener Bereiche einer Kultur besonders geschätzt, geduldet, abgelehnt oder gehasst wird, kann ich grobe Missverständnisse und Aggressionen im Umgang mit Mitgliedern dieser Kultur vermeiden und gut mit ihnen kooperieren. Dabei stehen die Chancen für eine solche Ermittlung leitender fremder Wertvorstellungen oder gar Wertsysteme gar nicht einmal schlecht, gerade weil wir diese Systeme ‚von außen' betrachten und damit im Bartheschen Sinne nicht ‚Verbraucher' der jeweiligen Mythen sind, sondern zumindest relativ gesehen die analytische Position von ‚Mythologen' einnehmen können."* Gerade ihre Außenperspektive ermöglicht es also der Anglistik, als Fremdkulturwissenschaft die Rolle einer Vermittlerin zwischen der britischen und deutschen Kultur zu übernehmen und zum gegenseitigen Verständnis beizutragen.

Wie wichtig die Bemühungen um interkulturelles Verstehen sind, zeigen die diplomatischen Zerrüttungen im Vorfeld des amerikanischen und britischen Angriffs auf den Irak im März 2003, der von Deutschland als einem der Kriegsgegner und Verfechter des Gewaltmonopols der Vereinten Nationen abgelehnt wurde. Natürlich darf man von der anglistischen Kulturwissenschaft keine Wunder erwarten, doch dass sie sich bislang diesbezüglich in Schweigen hüllt, ist nicht leicht nachvollziehbar: Schließlich sind anglistische KulturwissenschaftlerInnen theoretisch geschulte und praktisch erfahrene ExpertInnen, wenn es um die britische Kultur geht. Als solche können sie sich – entsprechendes Problembewusstsein vorausgesetzt – durchaus selbstbewusst in die öffentliche Debatte einmischen, die von kulturunkundigen Militärstrategen und selbsternannten Terrorismusspezialisten beherrscht wird.

> **Interkulturelles Verstehen**

Die interkulturelle Kompetenz, die seit Jahren in schulischen Lehrplänen sowie anglistischen Positionsbestimmungen (vgl. KORTE/MÜLLER/SCHMIED 1997, KRAMER 1997, NÜNNING/JUCKER 1999) verankert ist, ist heute mehr denn je gefragt: Gerade in Krisenzeiten, in denen das Verhältnis zwischen den USA und Großbritannien auf der einen und Deutschland als Repräsentant des sog. ‚Old Europe' auf der anderen Seite einen historischen Tiefpunkt erreicht, werden mäßigende, vermittelnde und ‚übersetzende' Stimmen schmerzlich vermisst und dringend gebraucht. Wenn die Anglistik ihr selbstgestecktes Ziel einzulösen und ihre Kernkompetenzen öffentlichkeitswirksam darzustellen und in die Debatte einzubringen vermag, dann (und nur dann) erübrigen sich auch die turnusmäßig wiederkehrenden Selbstzweifel am Sinn und Zweck geistes- bzw. kulturwissenschaftlicher Forschung.

> **Interkulturelle Kompetenz**

📖 *Literaturtipps*

Orientierung Kulturwissenschaft: Was sie kann, was sie will
(BÖHME/MATUSSEK/MÜLLER 2000):

Dieser Band rekonstruiert souverän die interdisziplinäre (Erfolgs)Geschichte kulturwissenschaftlicher Ansätze in Deutschland, führt in ihre vielfältigen Arbeitsfelder ein und zeigt Perspektiven für die künftige Entwicklung der Kulturwissenschaften auf.

Konzepte der Kulturwissenschaften
(NÜNNING/NÜNNING 2003):

Das Autorenverzeichnis dieses Sammelbandes liest sich wie ein *Who's Who* der deutschen Kulturwissenschaft, die 16 Beiträge decken alle wichtigen Bereiche der zeitgenössischen Kulturtheorie ab und dem Metzler Verlag gelingt wieder einmal das Kunststück, in einem hart umkämpften Markt ein (künftiges) Standardwerk zu platzieren – weniger Tipp als Pflichtlektüre.

2

KAPITEL British Cultural Studies

1 Die Formierung der Cultural Studies

Ursprung

Die Erfolgsgeschichte der britischen Cultural Studies, die an der internationalen Erneuerung und Belebung kulturwissenschaftlicher Forschung maßgeblichen Anteil haben, nimmt ihren Anfang in der Krise der marxistisch orientierten Linken Mitte der 1950er Jahre. Wie WINTER (2001: 23ff.) in seiner äußerst empfehlenswerten Rekonstruktion der Entstehung und Entwicklung der Cultural Studies zeigt, führten der Suez Konflikt (die englisch-französische Invasion in Ägypten) und die Niederschlagung des Ungarn-Aufstands durch die Sowjetunion zu einer Distanzierung der kommunistisch gesinnten Intellektuellen vom westlichen Imperialismus einerseits und vom politisch und moralisch diskreditierten Stalinismus andererseits. Im Zuge dieser Krise der internationalen kommunistischen Bewegung kam es in Großbritannien zur Bildung einer neuen linken Opposition, der sog. *New Left*.

New Left

Die Neue Linke löste sich von den theoretischen Grundlagen des orthodoxen Marxismus, der davon ausgeht, dass alle Aspekte des Lebens von den materiellen Bedingungen determiniert werden. Die Produktionsverhältnisse werden daher als Basis der Gesellschaft aufgefasst, die den sog. Überbau bedingen, d. h. alle bewusstseinsabhängigen Phänomene wie Religion, Kunst und Philosophie. Kultur erscheint in dieser Sicht lediglich als Widerspiegelung der materiellen Grundlagen der menschlichen Existenz. Wie die Frankfurter Schule und einflussreiche kommunistische Intellektuelle, etwa die Philosophen LOUIS ALTHUSSER und GEORG LUKÁCS, lehnte die *New Left* das starre Basis-Überbau-Modell ab.

Massen-medien

An die Stelle überkommener marxistischer Dogmen traten die Analyse der gesellschaftlichen Veränderungen nach dem Zweiten Weltkrieg, die Neubestimmung der Rolle der Arbeiterklasse und die kritische Auseinandersetzung mit den neu entstehenden Massenmedien, insbesondere dem Radio. Die ideologische Beeinflussung durch die Medien sollte daher später zu einem zentralen Thema linker Gesellschaftskritik im Rahmen der britischen Cultural Studies werden.

Literatur-und Gesell-schaftskritik

Eine Besonderheit der Situation der Linken in Großbritannien war das Fehlen einer starken institutionalisierten Soziologie (vgl. WINTER 2001: 27). Während die Soziologie in Frankreich und Deutschland als eigenständige akademische Disziplin eine lange

Tradition hat, galt die Gesellschafts- und Sozialkritik in Großbritannien seit jeher als ein Anliegen der Literatur und Literaturkritik. Diese enge Verbindung zwischen Literatur- und Gesellschaftskritik erklärt nicht nur, warum mit RICHARD HOGGART und RAYMOND WILLIAMS zwei Literaturwissenschaftler die beiden Vordenker der Cultural Studies waren, sondern auch warum der von ihnen mitbegründete Ansatz der Kulturkritik zunächst auf literatursoziologische Theorien und Methoden zur Analyse und Interpretation kultureller Phänomene setzte. Erst Ende der 1960er Jahre wurde die bis dahin dominant literaturwissenschaftliche Ausrichtung der Cultural Studies zu einer strukturalistisch orientierten Kultursoziologie bzw. Medienwissenschaft ausgebaut.

Aufgrund ihres gesellschaftskritischen Anspruchs und des gemeinsamen Interesses an Massenmedien werden die Cultural Studies häufig mit der Frankfurter Schule der Ideologiekritik und ihren beiden Hauptvertretern, MAX HORKHEIMER und THEODOR ADORNO, in Verbindung gebracht. Auch wenn sich gewisse Berührungspunkte feststellen lassen, sind die Unterschiede doch gravierend: Vor dem Hintergrund ihrer Erfahrungen mit Massenmedien im Dritten Reich (der nationalsozialistische Propagandaminister Goebbels hatte das Radio als das wichtigste der modernen „Massen*beeinflussungs*medien" bezeichnet) und im amerikanischen Exil (Hollywood-System) standen HORKHEIMER und ADORNO der ‚Kulturindustrie' ablehnend gegenüber. Diese Haltung, die unter deutschen Intellektuellen lange Zeit zu einer geradezu habituellen Ablehnung von Populärkultur geführt hat (HEPP 1999: 99f.), kollidiert mit dem Anliegen der Cultural Studies, das Populäre gegenüber der elitären Hochkultur aufzuwerten.

Kritische Theorie

2 Das Centre for Contemporary Cultural Studies: Hauptvertreter und zentrale Konzepte

Die Anfangsphase der Cultural Studies als einer den neuen politischen und ideologischen Verhältnissen der Nachkriegszeit entsprechenden, politisch links stehenden Kulturkritik ist gekennzeichnet durch die Distanzierung von marxistischen Dogmen auf der einen und die Verwurzelung in der britischen Tradition sozialkritischer Literaturwissenschaft auf der anderen Seite. Zu den grundlegenden Überzeugungen der Gründungsväter der Cultural Studies, RICHARD HOGGART, RAYMOND WILLIAMS und E. P. THOMPSON, zählten zum einen der Glaube an die Handlungsfreiheit des Individuums und zum anderen die Auffassung, soziale Gruppen könnten – ohne die vom Marxismus geforderte revolutionäre

Anfänge

Umwälzung der Produktionsbedingungen – gesellschaftliche Änderungen herbeiführen.

Erste Phase

Diese Überzeugungen prägten die erste Phase der Cultural Studies, die WINTER (2001: 74) als *„Analyse der Populärkultur mit den Methoden der Literaturkritik"* bezeichnet. Die damals vorherrschende literaturwissenschaftliche Methode der textimmanenten Kritik, das sog. *close reading*, bestimmte also zunächst auch die Vorgehensweise der Cultural Studies, wobei diese die traditionelle Konzentration auf große Werke der Literatur ablehnten und stattdessen populäre Literatur und journalistische Texte, Werbung, Massenmedien und politische Themen wie die Klassenfrage in den Vordergrund rückten.

CCCS

Das zentrale Ereignis dieser Anfangsphase war die Institutionalisierung der Cultural Studies in einem eigenständigen Forschungszentrum. Das an der Universität Birmingham angesiedelte Centre for Contemporary Cultural Studies (CCCS) wird heute als die bedeutendste institutionelle Kraft innerhalb der Cultural Studies bezeichnet. Im Jahr 1963 nimmt RICHARD HOGGART, bis dahin als Dozent an den Universitäten in Hull und Leicester tätig, einen Ruf als Anglistikprofessor an die Universität Birmingham an und organisiert auf ungewöhnliche Weise die Finanzierung eines Zentrums für Cultural Studies: HOGGART, der in dem berühmten Zensurprozess um den Skandalroman *Lady Chatterley's Lover* für den Verlag Penguin ausgesagt hatte, kann den Verleger Sir Allen Lane als Sponsor gewinnen. Mit dessen finanzieller Unterstützung gründet er 1964 das CCCS, wird dessen erster Direktor und richtet im gleichen Jahr eine Stelle für STUART HALL ein.

Nord-Süd-Gefälle

Die Tatsache, dass die Cultural Studies nicht in einer der an Prestige reichen Universitätsstädte im Süden des Landes, sondern in einer Arbeiterstadt angesiedelt wurden, ist kein Zufall. Denn die junge Forschungsrichtung wurde vom akademischen Establishment mit Argwohn betrachtet und von den etablierten Instituten abgelehnt. An den Hochschulen der Industrieregionen Mittel- und Nordenglands bestanden dagegen weniger Berührungsängste, da hier das Selbstverständnis weniger durch die jahrhundertelange akademische Tradition als durch die sozialen Umstände der Gegenwart geprägt war.

RICHARD HOGGART

Wie die beiden anderen wichtigen Theoretiker der Anfangszeit, RAYMOND WILLIAMS und E.P. THOMPSON, entstammt auch der in Leeds geborene HOGGART (*1918) selbst der Arbeiterklasse, deren Werten und Traditionen er sich auch nach seinem eigenen sozialen Aufstieg weiterhin verpflichtet fühlte. In einer Zeit, in der Großbritannien noch sehr stark von einem rigiden Klassensystem geprägt war und Standesunterschiede kaum überwindbare Barrieren darstellten, hatte er als *scholarship boy*, wie die auf Stipendien angewiesenen Studierenden genannt wurden, die weiterführende Schule und später die Universität in Leeds besucht. Auch nach der Berufung auf den Lehrstuhl in Birmingham leugnete HOGGART seine proletarische Herkunft nicht, sondern machte sie vielmehr zum Ausgangspunkt seiner wissenschaftlichen Interessen und seines akademischen Programms – auch wenn ihm, dem Akademiker und Intellektuellen, seine zunehmende Distanz zur Arbeiterklasse selbst durchaus bewusst war.

HOGGARTs erfolgreiches Hauptwerk, *The Uses of Literacy* (1957), wird im Klappentext der englischsprachigen Taschenbuchausgabe charakterisiert als eine lebhafte und distanzierte Analyse der Überzeugungen, Weltanschauungen und moralischen Prinzipien der Arbeiterklasse in Nordengland und der Art und Weise, in der sie vermutlich durch Zeitschriften, Filme und andere Massenmedien beeinflusst werden. Diese Kurzbeschreibung verweist zum einen auf ein wichtiges historisches Detail, nämlich darauf, dass man zu HOGGARTs Zeiten unter Massenmedien im wesentlichen Printpublikationen, das Kino und das Radio verstand. Das ursprüngliche Interesse an den Massenmedien haben sich die Cultural Studies bis heute bewahrt, doch ihr Untersuchungsgegenstand hat sich erheblich erweitert und schließt nun neben dem Fernsehen auch die Neuen Medien ein. Zum anderen werden hier programmatisch HOGGARTs Verbundenheit mit den Werten der Arbeiterklasse und seine Befürchtung zum Ausdruck gebracht, diese könnten in der von Massenmedien geprägten Popkultur der 1950er und 1960er, der *„bloodless revolution"* (ebd.: 3), unwiederbringlich verloren gehen.

The Uses of Literacy

Worin aber bestehen diese Werte? HOGGART zufolge äußert sich die Zugehörigkeit zur Arbeiterklasse nicht nur in äußeren Merkmalen (Einkommen, Wohnverhältnisse, Bildung oder Familienstruktur), sondern in bestimmten kollektiv geteilten Einstellungen und Lebensanschauungen: die Fixierung auf den sozialen Nahbereich *(community)*, der Hang zur Konformität sowie die Skepsis gegenüber religiösem Fanatismus und politischem Idealismus: *„For the most part their approach is empirical; they are confirmed pragmatists."* (94) Obwohl sich HOGGART um eine differenzierte Darstellung der Arbeiterklasse bemüht, ist seine Darstellung wegen ihrer nostalgischen Grundhaltung, ihrer pessimistischen Bewertung der Popkultur, ihrer normativen Tendenz und ihres homogenisierenden Klassenbegriffs zu Recht kritisiert worden.

Working class

Doch auch wenn aus heutiger Sicht der in *The Uses of Literacy* omnipräsente Kulturpessimismus und die unkritische Verklärung der Arbeiterklasse überholt erscheinen und der Begriff der Klasse

'Us' vs. 'them'

mittlerweile differenzierter betrachtet wird (vgl. MUNT 2000), hat HOGGART mit der Entstehung und Veränderung kollektiver Identitäten eines der zentralen Themen späterer kulturwissenschaftlicher Forschung vorweggenommen. HOGGART hebt die Bedeutung der Abgrenzung von Anderen bei der Konstitution kollektiver Identitäten und die daraus entstehende Opposition von ,Us' (working class) und ,Them' hervor: „The world of ,Them' is the world of the bosses, whether those bosses are private individuals, or, as is increasingly the case today, public officials." (53) Diese bei HOGGART noch positiv konnotierte binäre Opposition von ,Us' und ,Them' ist später von der feministischen und der postkolonialen Kritik aufgegriffen und kritisch hinterfragt worden, da essentialistische Gegenüberstellungen von ,Self' und ,Other' oder Eigenem und Fremdem wesentlich zum Entstehen von rassistischer und patriarchalischer Diskriminierung beitragen.

RAYMOND WILLIAMS

Während HOGGART das Verdienst zukommt, durch die Gründung des CCCS die Institutionalisierung der Cultural Studies vorangetrieben zu haben, gilt der Waliser RAYMOND WILLIAMS (1921–1988) als deren theoretischer Pionier. Diesen Ruf hat sich der produktivste Autor der Gründungszeit – WILLIAMS veröffentlichte über dreißig Monographien, darunter neben zahlreichen wissenschaftlichen Arbeiten auch einige Romane – durch eine Reihe von Studien erworben, von denen einige zu kulturwissenschaftlichen Klassikern avanciert sind. Dies unterscheidet ihn von STUART HALL, dessen vergleichsweise unsystematischer Beitrag zur Theoriedebatte im wesentlichen aus separat publizierten Aufsätzen besteht. WILLIAMS' Arbeiten bauen aufeinander auf und zeichnen sich durch prägnante Formulierungen, verständliche Darstellungen und nachvollziehbare Argumentationen aus. Dies erklärt ihre anhaltende Popularität und ihre große wissenschaftsgeschichtliche Wirkung z. B. im Kontext der postkolonialen Orientalismusdebatte (vgl. Kap. 5.3), aber auch ihre große Bedeutung für die weitere Entwicklung des CCCS.

Zweite Phase

WILLIAMS' Arbeiten, die sich dem zentralen Thema ,Kultur' immer wieder aus verschiedenen Richtungen näherten, trugen wesentlich zur Erneuerung bzw. Erweiterung der theoretischen und methodischen Grundlagen des CCCS bei. Während in der literatursoziologisch beeinflussten Gründungsphase noch das Verfahren des *close reading* dominierte, gingen die Mitglieder des Zentrums bald auf die Suche nach neuen Grundlagen für die Analyse sozialen Handelns und die Untersuchung von Institutionen als objektivierten Strukturen von Bedeutung (vgl. WINTER 2001: 76ff.). Rezipiert wurden u. a. die Arbeiten von MAX WEBER, WILHELM DILTHEY, GEORG SIMMEL, EMILE DURKHEIM, PETER BERGER und THOMAS LUCKMANN. Die zweite Phase der Etablierung des CCCS ist also durch eine umfassende Neuorientierung gekennzeichnet: Die ursprünglich literaturwissenschaftliche Ausrichtung trat hinter soziologische und ethnologische Ansätze zurück. Die intensive Auseinandersetzung mit unterschiedlichen Theorien und deren Integration in die eigene kritische Position ist bis heute eines der Markenzeichen der britischen Cultural Studies geblieben.

In der Schlussbetrachtung zu *Culture and Society* (1958) erklärt WILLIAMS das wachsende Interesse am Kulturbegriff in den 1950er Jahren mit dem tiefgreifenden Wandel des gesellschaftlichen Lebens. Den Repräsentanten aller gesellschaftlichen Klassen geht es darum, die Kontrolle über die neuen, veränderten Lebensverhältnisse zu erlangen. Die wissenschaftliche Auseinandersetzung mit Kultur versteht sich selbst als Teil dieser politischen Kontroverse. Dies ist ein weiteres Merkmal der britischen Cultural Studies, das sie bis heute von der anglistischen Kulturwissenschaft unterscheidet. Wie schon HOGGART ergreift auch WILLIAMS unmissverständlich Partei für die Arbeiterklasse und fordert ihre Partizipation am kulturellen Diskurs. Allerdings stellt er bereits hier die Unterschiede zwischen den Cultural Studies und der ideologischen Position des Marxismus heraus: Der strikten Trennung zwischen bürgerlicher und proletarischer Kultur begegnet WILLIAMS mit dem Argument, dass die Kultur einer Generation stets mehr beinhaltet als die Kultur einer einzigen Klasse. Zwischen den sozialen Klassen und ihren Kulturen gibt es fließende Übergänge und Verbindungen. Auf das intellektuelle und literarische Erbe dürfen alle Klassen Anspruch erheben. Die kulturelle Tradition erscheint damit eher als gesellschaftliches Bindeglied denn als trennende Grenze zwischen den Klassen. An die Stelle des marxistischen Klassenkampfes tritt der Begriff der Solidarität, den WILLIAMS als die wahre Basis der Gesellschaft bezeichnet.

Culture and Society

Der Titel des im Jahr 1976 erschienen Glossars *Keywords: A Vocabulary of Culture and Society* verweist auf eine methodische Besonderheit: Ausgangspunkt von WILLIAMS' Kulturtheorie ist die linguistische Analyse der Genese zentraler Begriffe und ihrer semantischen Beziehungen. Bereits in *Culture and Society* verweist er auf den engen Zusammenhang zwischen sprachlicher Standardisierung – einer Entwicklung, der die Vorherrschaft des Oxford English im BBC Radio Vorschub leistet, – auf der einen und der Zuschreibung kultureller Werturteile auf der anderen Seite. Dazu kommt der Bedeutungswandel, der gerade in der Kriegs- und Nachkriegszeit eine zuvor nicht gekannte Beschleunigung erfuhr. Wie WILLIAMS in der Einleitung zu *Keywords* anmerkt, überraschte ihn als Kriegsheimkehrer nach nur viereinhalbjähriger Abwesenheit die Bedeutungserweiterung des Kulturbegriffs, *„a use which*

Sprache

made it almost equivalent to society: a particular way of life – ‚Ameri-can culture', ‚Japanese culture' " (ebd.: 10).

Historische Semantik

In der Folge wird die historische Semantik für WILLIAMS zum bevor-zugten Werkzeug der Kulturanalyse. Um die gesellschaftlichen Veränderungen zu verstehen und einen Ansatz für eine klassen-bewusste Kulturkritik jenseits überholter marxistischer Dogmen zu entwickeln, untersucht er Bedeutungswandel bzw. –erweite-rung von Schlüsselkonzepten wie Kultur und Gesellschaft, Demo-kratie und Klasse oder Ideologie und Kunst. Eine Sammlung von ausgewählten, kritisch kommentierten Grundbegriffen, die ur-sprünglich als Appendix zu *Culture and Society* konzipiert gewesen war, veröffentlichte WILLIAMS Jahre später unter dem Titel *Keywords*. Aus heutiger Sicht ist dieser einflussreiche Vorläufer aktueller Lexika wie des *Dictionary of Cultural and Critical Theory* (PAYNE 1996) oder des *Metzler Lexikon Literatur- und Kulturtheorie* (A. NÜNNING 2001) weniger als Nachschlagewerk von Interesse, sondern viel-mehr als wissenschaftsgeschichtlich relevantes Dokument der Anfangsphase der Cultural Studies: Die von WILLIAMS definierten Schlüsselbegriffe steckten das Terrain der neu entstehenden Dis-ziplin ab und umrissen das kulturwissenschaftliche Forschungs-programm.

Cultural materialism

Zu den von WILLIAMS in die kulturwissenschaftliche Debatte eingeführten Konzepten zählen seine Theorie des kulturellen Materialismus *(cultural materialism)* sowie die Auffassung von kol-lektiven Empfindungsweisen *(structures of feeling)*. *Cultural materi-alism* definiert WILLIAMS (1977: 5) als *„a theory of the specificities of material cultural and literary production within historical materialism"*. Im Mittelpunkt des materialistischen Ansatzes der Kulturanalyse stehen die Prozesse und Praktiken, durch die kulturelle Erzeugnisse (Texte und andere Artefakte) geschaffen werden, die Bedingungen und Mittel ihrer Produktion, die Beziehungen zwischen Pro-duzenten und Rezipienten von Kulturerzeugnissen sowie die Semantisierung und Funktionalisierung kultureller Objekte durch Marketingstrategien, aber auch ihre Verwendungskontexte: So können Jugendkulturen durch den spezifischen Gebrauch von Konsumgütern deren ursprüngliche Bestimmung durch nicht intendierte Verwendungsweisen neu definieren. Ein Beispiel sind die Ursprünge der Techno-Bewegung, die in der bewusst subkul-turellen Herstellung von Musik mit Hilfe überholter und daher billiger Musiktechnologie sowie in der Entwicklung alternativer Verbreitungsmechanismen (*live*, Selbstverlag) liegen und damit die Produktions- unf Distributionsstrukturen der Musikbranche umgehen.

Da sowohl die ProduzentInnen als auch die RezipientInnen kultureller Erzeugnisse mit Bedeutungszuschreibungen operieren, die Dingen erst ihren kulturellen Wert verleihen, der über den tatsächlichen Gebrauchswert hinausgeht (z. B. Marken als Statussymbole), konzentrieren sich Analysen des *cultural materialism* auf Prozesse der Semantisierung und Funktionalisierung als bedeutungsgebende soziale Praktiken *(signifying practices)*. Welche Aspekte bei einer kulturwissenschaftlichen Analyse dieser Praktiken besonders relevant sind, zeigt das in diesem Teilkapitel dargestellte Beispiel des Sony Walkman.

Signifying practices

Ein weiteres zentrales Konzept in WILLIAMS' Theorie ist der Begriff ,*structure of feeling*', der wie viele seiner Definitionen einerseits *„notoriously slippery"* (TURNER 1996: 53), andererseits aber äußerst einflussreich ist: *„*WILLIAMS *suggests that all cultures possess a particular sense of life, a ,particular and characteristic colour': ,this structure of feeling is the culture of a period.'"* (ebd.) Seine Wirkung entfaltet dieser Begriff insbesondere in EDWARD SAIDS richtungsweisender Imperialismus- und Orientalismuskritik, die ihn übernimmt, präzisiert und erweitert: SAIDS in *Culture and Imperialism* (1993) expliziertes Konzept ,*structures of attitude and reference*' verweist auf die essentialisierenden, auf stereotypem Wissen beruhenden Annahmen über fremde Kulturen, die wesentlicher Bestandteil der kulturellen Topographie und der Ideologie des britischen Imperialismus sind.

Structure of feeling

Von zentraler Bedeutung für das Verständnis der Cultural Studies ist die dort zugrunde gelegte Auffassung von Kultur. Für WILLIAMS (1989: 13) hat der Kulturbegriff zwei einander ergänzende Bedeutungen. Zum einen definiert er Kultur als *„whole way of life, material, intellectual and spiritual"*, d. h. als Gesamtheit aller Lebensweisen, zum anderen als *„artistic and intellectual activities"*. Zu letzteren zählt er alle bedeutungsgebenden Praktiken *(signifying practices)* – von der Sprache über die Künste und die Philosophie bis hin zu Journalismus, Mode und Werbung. Diese Position, die in den 1960ern am CCCS vertreten wurde, bezeichnet man aufgrund der zentralen Stellung der Erfahrung des Einzelnen sowie der umfassenden Reichweite des Kulturbegriffs auch als empiristisch bzw. ,kulturalistisch'. Die Bezeichnung *culturalism* geht zurück auf STUART HALL, der WILLIAMS' humanistisches Konzept ablehnte und in Abgrenzung dazu einen strukturalistischen Kulturbegriff entwickelte.

Kulturalismus

Obwohl EDWARD P. THOMPSON (1924–1993) als Sozial- und Kulturhistoriker einen anderen akademischen Hintergrund hatte als die Literaturwissenschaftler HOGGART, WILLIAMS und HALL und er nicht direkt in die Arbeit des CCCS involviert war, zählt er heute zu den einflussreichsten Theoretikern der Anfangszeit. Mit *The Making of the English Working Class* hatte er bereits 1963 einen Klassiker der

EDWARD P. THOMPSON

Sozialgeschichtsschreibung vorgelegt. Besonders große Wirkung entfaltete jedoch seine umfangreiche Rezension von WILLIAMS' Monographie *The Long Revolution* (1961). Darin kritisiert er zum einen, dass WILLIAMS' Analyse zu theoretisch bleibe und nicht zu politischen Aktivitäten wie der Stärkung der unabhängigen Presse animiere. Zum anderen wendet er sich gegen den von WILLIAMS propagierten humanistischen Kulturbegriff.

STUART HALL

Während THOMPSON nie institutionell in die Arbeit des Zentrums eingebunden war, übernahm STUART HALL (*1932) nach dem Weggang von HOGGART (der später u. a. Generaldirektor der UNESCO wurde) als zweiter Direktor die Leitung des CCCS. HALLs kulturpolitisches Engagement, das sich vor allem gegen den Konservativismus der Thatcher-Ära (*The Politics of Thatcherism*, 1983) und gegen die rassistisch motivierte Ausgrenzung ethnischer Minderheiten in Großbritannien wendet, ist biographisch bedingt: Als Jugendlicher erlebte er das Ende der kolonialen Ära in Jamaika, als Immigrant das Anderssein in England und die intensiven politischen Diskussionen der Exilanten (vgl. HALL 2000).

Biographie

Der in Jamaika geborene und aufgewachsene HALL kam im Alter von 19 Jahren zum Studium nach Oxford. Als Mitglied der Neuen Linken und Sympathisant der kommunistischen Partei lernte er in den 1950er Jahren einflussreiche Intellektuelle wie den Philosophen CHARLES TAYLOR, den Kulturwissenschaftler RAPHAEL SAMUEL und RAYMOND WILLIAMS kennen und war zwei Jahre lang als Redakteur der Zeitschrift *Universities and Left Review* tätig. Danach unterrichtete er Medien, Film und Populärkultur am Chelsea College (London), bevor er schließlich 1964 von HOGGART als Mitarbeiter an das CCCS berufen wurde. Dort war er in der Folge als Geschäftsführer (1968–1972) und, nach HOGGARTS Ausscheiden, als Direktor (1972–1979) tätig. Von 1979 bis 1997 hatte er schließlich eine Professur an einem weiteren Reformprojekt inne, nämlich der 1971 eröffneten Open University in Milton Keynes.

Dritte Phase

Unter HALLs Leitung erlebte das CCCS während der 1970er Jahre einen weiteren Theorieboom, der durch die Aneignung des westlichen Marxismus und des Strukturalismus gekennzeichnet ist (vgl. WINTER 2001: 82ff.). Durch die Auseinandersetzung mit GEORGE LUCÁCS, der Frankfurter Schule und SARTRE wurden marxistische Konzepte von Kultur und Gesellschaft entwickelt, die die Zusammenhänge zwischen kulturellen, ökonomischen, ideologischen und politischen Praktiken und Institutionen in den Vordergrund rückten. Natürlich war dieser intellektuelle Marxismus der „*Berufsphilosophen*" (ebd.: 83) weit von den Dogmen des Ostblock-Kommunismus und deren Umsetzung im real existierenden Sozialismus entfernt. Auch mit der Arbeiterbewegung gab es nur wenige Berührungspunkte, da sich das Interesse weniger auf ökonomische Zusammenhänge als auf Fragen der Philosophie, Ästhetik und Kultur richtete. Letztere wurde weder als bloße Spiegelung der Produktionsbedingungen im marxistischen Sinne noch wie bei WILLIAMS als Erfahrung und Lebensweise aufgefasst. Vielmehr wurde der Kulturbegriff unter Rückgriff auf die Anthropologie neu definiert, und zwar als Gefüge historisch bedingter kultureller Praktiken. Damit rückten Begriffe wie Macht, Herrschaft, Regulation und Widerstand in den Vordergrund.

STUART HALLS Arbeiten sind von einem theoretischen Jargon geprägt, der es bisweilen erschwert, seine Argumentation nachzuvollziehen. Für Verwirrung sorgt z. B. der in HALLS Ideologietheorie zentrale Begriff der Artikulation (*articulation*). Dieser spielt mit der Doppelbedeutung des englischen Wortes *articulation* (*‚expression‘*, aber auch *‚connection‘*): *„Ich gebrauche immer das Wort Artikulation, obwohl ich nicht weiß, ob die Bedeutung, die ich ihm gebe, genau verstanden wird. [...] Es hat die Bedeutung von ausdrücken, Sprache formen. Aber wir sprechen auch von einem verkoppelten (articulated) Lastwagen: Ein Lastwagen, bei dem das Führerhaus mit einem Anhänger verkoppelt sein kann, aber nicht muss [...]. Eine Artikulation ist demzufolge eine Verknüpfungsform, die unter bestimmten Umständen aus zwei verschiedenen Elementen eine Einheit herstellen kann. Es ist eine Verbindung, die nicht für alle Zeiten notwendig, determiniert, absolut oder wesentlich ist.“* (HALL 2000: 65)

Artikulation

Zur Beschreibung von Prozessen medialer Kommunikation stellt HALL in den 1970er Jahren das sog. Encoding/Decoding-Modell der Medienanalyse vor. Dieses Modell der Produktion (*encoding*) und Rezeption (*decoding*) medialer Texte verbindet sozialwissenschaftliche und semiotische Ansätze zur Untersuchung der Kommunikationsprozesse der Massenmedien. HALL geht von der Prämisse aus, dass mediale Texte stets in spezifischen institutionellen Zusammenhängen entstehen, die als Bedeutungs- oder Sinnstrukturen (*meaning structures*) die Botschaft beeinflussen: *„Zuerst muss das Ereignis zu einer Geschichte werden, bevor es zum kommunikativen Ereignis werden kann.“* (HALL in BROMLEY et al. 1999: 94)

Encoding

HALLS Modell geht nicht davon aus, dass die kodierte Botschaft von ihrem Empfänger entsprechend der Absicht des Produzenten dekodiert wird bzw. werden muss. Letzterer kann zwar eine bevorzugte Lesart anstreben (und tut dies in der Praxis auch), aber weder Missverständnisse noch ein bewusst anderes, ‚subversives‘ Lesen können ausgeschlossen werden. HALL (ebd.: 107f.) unterscheidet hypothetisch drei Positionen: Das Fernsehpublikum kann erstens die konnotierte, intendierte Bedeutung einer Nachricht voll und ganz übernehmen und damit innerhalb des dominan-

Decoding

ten Kodes agieren. Zweitens besteht die Möglichkeit des Aushandelns von Bedeutung: Das Publikum akzeptiert im Großen und Ganzen die intendierte Lesart, ohne auf eine eigene Position zu verzichten. HALL (ebd.: 109) führt als Beispiel einen Arbeiter an, der im Grunde die in medial geführten Debatten betonte Notwendigkeit von Sparmaßnahmen (Inflationsbekämpfung, Lohnsenkung) anerkennt, aber dennoch zu einem Streik dagegen bereit ist, um seine eigenen Interessen durchzusetzen. Die dritte Alternative ist eine oppositionelle Rezeptionshaltung, die die Nachricht zwar entsprechend der Intention zu dekodieren vermag, sie aber bewusst ablehnt. HALLS bis heute viel zitierte Typologie ist in der weiteren Entwicklung der Cultural Studies ausdifferenziert worden (vgl. HEPP 1999: 118).

Die 1980er Jahre

Die zunehmende Institutionalisierung der Cultural Studies mündet in den 1980er Jahren in die Überführung des Birmingham Centre in ein Department of Cultural Studies mit soziologischer Ausrichtung. Während in der Anfangszeit der Schwerpunkt der Birmingham School in der postgraduierten Forschung lag, wird seither ein grundständiges Studium der Cultural Studies angeboten. Die Arbeit des Department wird in einem Journal mit dem Titel *Cultural Studies from Birmingham* (http://artsweb.bham .ac.uk/bccsr/journal.htm) dokumentiert, in dem Studierende und Lehrende Einblicke in aktuelle Forschungsprojekte geben. Diese online-Publikation des Department führt die Tradition des Berichtens über *work in progress* fort, die am Birmingham Centre mit der Zirkulation kopierter Arbeitspapiere *(stencilled papers)* gepflegt wurde.

Theorie und Praxis

Über der (zum Verständnis der Besonderheit der britischen Kulturwissenschaft notwendigen) Debatte um Kulturalismus und Marxismus darf nicht vergessen werden, dass trotz aller Theoriedebatten gerade bei den britischen Cultural Studies seit jeher die konkrete Anwendung der entwickelten Methoden zur kritischen Analyse kultureller Phänomene im Vordergrund stand. Wie eine Kulturanalyse in der Tradition des CCCS in der Praxis aussieht, lässt sich am besten an einem Beispiel verdeutlichen. Die hier gewählte kulturwissenschaftliche Fallstudie zum Sony Walkman von einem Forscherteam um PAUL DU GAY und STUART HALL eignet sich dazu in besonderem Maße, weil sie in einem von der Open University herausgegebenen Studienband dokumentiert ist (vgl. DU GAY et al. 1997). Dieser verdeutlicht in wünschenswerter Klarheit die Anwendung zentraler Konzepte und Analysekriterien und löst zugleich den Anspruch der Cultural Studies ein, trotz ihrer ursprünglich literaturwissenschaftlichen Prägung unterschiedlichste Erscheinungsformen der Massenkultur zu untersuchen.

Die Entstehungsgeschichte oder kulturelle ‚Biographie' des Walkman als einem typischen Produkt der zeitgenössischen Massenkultur ist deshalb von besonderem Interesse, weil sie den Blick auf deren Funktionsweise freigibt. Zu den Charakteristika der Kultur, die den Walkman hervorgebracht hat, zählen die Konzentration der Produktionsmittel in der Hand weniger supranationaler Konzerne, der ungebrochene Siegeszug der Unterhaltungselektronik sowie das komplexe System kultureller Bedeutungen, in das Erzeugnisse wie der Walkman von der Werbeindustrie, aber auch durch die Konsumenten eingebettet werden. Die kulturwissenschaftliche Analyse eines (scheinbar) unbedeutenden Gegenstandes erfordert daher mehrere Schritte: „*[T]o study the Walkman culturally one should at least explore how it is represented, what social identities are associated with it, how it is produced and consumed, and what mechanisms regulate its distribution and use.*" (DU GAY et al. 1997: 3)

Fallbeispiel Walkman

Diese fünf kulturellen Prozesse – *representation, identity, production, consumption* und *regulation* – sind zentrale Stationen im sog. Kreislauf der Kultur, die jedes kulturelle Erzeugnis durchläuft. Daher fungieren sie bei Kulturanalysen als Leitbegriffe. Die Pfeile in der Abbildung verweisen darauf, dass diese Prozesse sich nur theoretisch trennen lassen, in der Praxis aber in vielfacher Weise miteinander verknüpft sind. Die Reihenfolge, in der die beteiligten kulturellen Prozesse beschrieben und interpretiert werden, spielt daher keine Rolle. Allerdings wird ihre Auswahl als für den briti-

Circuit of culture

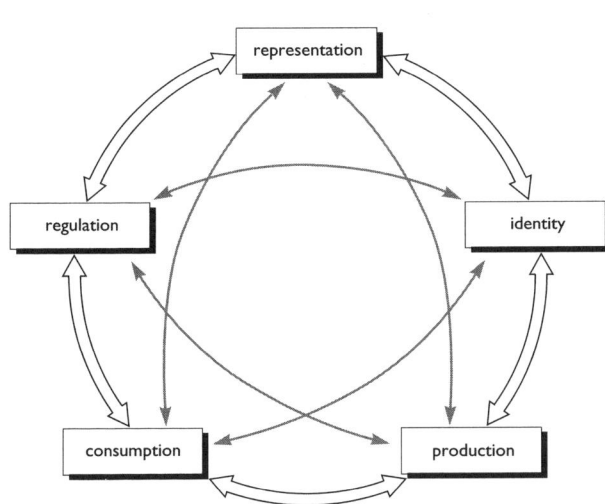

Abb. 4: The Circuit of Culture (DU GAY et al. 1997: 3)

schen Ansatz verbindlich angesehen: „*[T]hey are the elements which taken together are what we mean by doing a ‚cultural study' of a particular object.*" (ebd.: 4) Auch wenn diese Anleitung zur ‚korrekten' Kulturanalyse aufgrund ihrer präskriptiven Tendenz sicherlich nicht ganz unproblematisch ist, zeigt sie doch sehr deutlich die systematische Vorgehensweise der Cultural Studies.

Repräsentation und Identität

Zu welchen Ergebnissen kommt die Analyse der kulturellen Produktion und Rezeption des Sony Walkman? Unter ‚Repräsentation' verstehen DU GAY et al. den Prozess der sprachlichen und visuellen Bedeutungszuschreibung: Durch seine Darstellung in der Werbung wird der Walkman, an sich ein lebloses Gerät ohne jede inhärente Bedeutung, zum Symbol für technischen Fortschritt, Mobilität und einen jugendlichen Lifestyle. Diese symbolhafte Darstellung generiert wiederum bestimmte Identitätsvorstellungen – nicht jede(r) benutzt einen Walkman, sondern nur diejenigen, die sich von dem durch die Repräsentation in der Werbung zum Symbol erhobenen Objekt angesprochen fühlen und sich mit dem durch das Gerät repräsentierten Lebensgefühl identifizieren: „*We become, in our mind's eye, typical ‚Walk-men' and ‚Walk-women'.*" (ebd.: 25)

Culture of production

Der Bereich der Produktion wird von DU GAY et al. nicht im marxistischen Sinne gleichgesetzt mit den Arbeitsbedingungen, unter denen der Walkman hergestellt wird. Der Fokus der Analyse liegt vielmehr auf den ‚weichen' Faktoren der Firmenpolitik, -philosophie und -kultur. Wie entsteht die Idee ‚Walkman', wie wird sie zur Firmenstrategie ausgebaut und schließlich zum Aushängeschild für einen globalen Konzern erkoren? Wie hängen die Produktion und weltweite Vermarktung der als kosmopolitisch etikettierten Unterhaltungselektronik und das Konzept der Globalisierung zusammen? Den Zugang zu diesen spannenden Fragen sucht die Kulturanalyse weniger über ökonomische Zahlen und Daten, sondern über die Deutung der ‚*Sony narrative*', eines Konglomerats meist retrospektiv entworfener Deutungen der Firmengeschichte. Dazu zählen v.a. die Mythisierung der Pioniere innerhalb des Sony-Konzerns (etwa des ‚Vaters' des Walkman, AKIO MORITA) sowie der Rolle von Sony im Verhältnis zwischen Japan und den USA sowie die Glorifizierung des nationalen Klischees vom Japan der familiär strukturierten Großkonzerne. Das heterogene Textkorpus von Zeitungsartikeln, Firmendarstellungen und Erinnerungen der Beteiligten mit ihren teilweise widersprüchlichen Erzählungen und unterschiedlichen Versionen von bewussten Entscheidungen oder glücklichen Umständen gibt Einblick in den komplexen Prozess der textuellen Produktion oder narrativen ‚Erfindung' einer neuen Jugendkultur.

Eine der von Marx übernommenen Prämissen der Cultural Studies ist, dass sich die soziale Bedeutung eines Gegenstandes stets im Wechselspiel zwischen Produktion (im oben beschriebenen Sinne einer Kultur der narrativen Erfindung) und Konsum (Art und Weise sowie Kontext der Verwendung) entfaltet. Beide Bereiche sind daher eng miteinander verbunden, so dass die Dynamik dieser Verbindung – the articulation of production and consumption – im Vordergrund steht. Von besonderem Interesse sind die Art und Weise, in der die (imaginäre) jugendliche Zielgruppe des Walkman geschaffen und angesprochen wurde, Marketingaspekte wie die Namensgebung sowie die Reaktionen der BenutzerInnen. Ein Beispiel für den engen Zusammenhang zwischen Produktion und Konsum ist die technische Modifizierung des Walkman Mk2: Obwohl das Original über zwei Kopfhörerausgänge verfügte und als Gerät zum gemeinsamen Musikgenuss vermarktet wurde (u. a. mit Werbekampagnen, die Liebespaare oder Tandemfahrer portraitierten), stellte die Marktforschung schnell einen Trend zur Individualisierung fest: Der Walkman wurde benutzt, um sich in der Öffentlichkeit Privatsphäre zu schaffen. Dieser Aspekt der Nutzung, der die soziale Bedeutung des Walkman neu definierte, wurde durch das Weglassen des zweiten Kopfhörerausgangs erfolgreich betont.

Konsum

Diesem Akt der Bedeutungszuschreibung und Aneignung (*appropriation*) durch die KonsumentInnen messen die Cultural Studies besondere Bedeutung bei, da er ein Gegengewicht zu der Einflussnahme der Produktionsseite und damit ein soziales Regulativ im Kreislauf der Kultur darstellt. Die Analyse solcher Aneignungspraktiken steht im Mittelpunkt zahlreicher Arbeiten aus dem Bereich der Cultural Studies. Besonders jugendliche Subkulturen wie *Rockers, Teddies* und *Punks* in den 1970ern, *Wave* und *New Romantics* in den 1980ern oder *Hip Hop* und *Techno* in den 1990ern zeigen ein enormes kreatives Potential bei der Umdeutung bestehender Produkte, Symbole und Praktiken.

Appropriation

Auch wenn die – gelegentlich von der Kulturkritik beschworene – völlige Autonomie der VerbraucherInnen in den Bereich des Utopischen gehört und die Glorifizierung des Populären durch die Cultural Studies oft kritisiert wird (vgl. Kap. 3.2), zeigt die Omnipräsenz von Aneignungsprozessen, dass KonsumentInnen als ‚kulturelle Experten‘ aktiv und produktiv am Kreislauf der Kultur teilhaben. Dessen letzte Station ist der Bereich der Regulierung der wirtschaftlichen und kulturellen Aspekte von Produktion und Konsum. Der Walkman fungiert in diesem Zusammenhang als Symbol für die zunehmende Individualisierung der Gesellschaft. Hier kommt die ‚linke‘ Position der Cultural Studies vielleicht am deutlichsten zum Vorschein, da die Kritik an der Privatisierung und Individualisierung des öffentlichen Raumes eng mit der Ableh-

Regulation

nung der Politik der THATCHER-Regierung verbunden ist, zu der führende Vertreter der Cultural Studies explizit auf Distanz gingen (vgl. HALL 1997).

Bedeutung

Die bei der Analyse des Kulturprodukts ‚Sony Walkman' zugrunde gelegten Kategorien – *representation, identity, production, consumption* und *regulation* – sind aus Sicht der Cultural Studies die zentralen Stadien der Bedeutungszuschreibung. Jedes Kulturprodukt, das diesen Kreislauf durchläuft, wird dabei mit Sinn ‚angereichert'. Die Cultural Studies gehen also, im Unterschied zu klassischen Interpretationslehren, davon aus, dass Sinn und Bedeutung kulturellen Erzeugnissen nicht inhärent sind, sondern dass sie durch den jeweils spezifischen Verwendungszusammenhang stets neu konstruiert werden: *„Cultural texts and practices are not inscribed with meaning, guaranteed once and for all by the intentions of production; meaning is always the result of an act of ‚articulation' (an active process of ‚production in use'). The process is called ‚articulation' because meaning has to be expressed, but it is always expressed in a specific context, a specific historical moment, within a specific discourse(s). Thus expression is always connected (articulated) to and conditioned by context."* (STOREY 1996: 4)

Ideologie

Diese von STUART HALL entwickelte ‚Artikulations'-Theorie der wechselseitigen Abhängigkeit und Beeinflussung kultureller Produktions-, Aneignungs-, Verwendungs- und Sinnstiftungsprozesse bildet nach wie vor die Grundlage der Ideologiekritik der Cultural Studies: Bedeutung wird nicht von den Kulturproduzenten bestimmt, sondern in dem komplexen Beziehungsgefüge des *circuit of culture* sozial konstruiert. Da immer mehrere (Be)Deutungsmöglichkeiten realisiert werden können, ist jedes kulturelle Erzeugnis in einem Kräfte- und Spannungsfeld situiert, in dem unterschiedliche, ideologisch geprägte Bedeutungszuschreibungen miteinander konkurrieren und in Konflikt geraten. In diesem Konflikt geht es um kulturelle Hegemonie (Vorherrschaft): Diejenige Ideologie, die sich in dieser Auseinandersetzung durchsetzt, kann die ‚Deutungshoheit' für sich in Anspruch nehmen.

Hegemonie

Ihr politischer Anspruch verpflichtet die Cultural Studies dazu, in dieser kulturellen Auseinandersetzung den Rändern der Gesellschaft zu Wort zu verhelfen und der herrschenden Ideologie ihre Deutungshoheit und hegemoniale Dominanz streitig zu machen. Die Cultural Studies stützen sich in diesem Zusammenhang auf den griechischen Begriff der Hegemonie in seiner von dem italienischen Kulturkritiker und Philosophen ANTONIO GRAMSCI (1891–1937) geprägten marxistischen Bedeutung. Die Metapher der Hegemonie verweist auf die Dominanz einer bestimmten ideologischen Auffassung, welche nicht durch Zwang, sondern im Einverständnis mit den Mitgliedern der dominierten Klasse durchgesetzt wird. Voraussetzung für eine akzeptierte Vorherrschaft und den Fortbestand der dominanten Ordnung ist ein gesellschaftlicher Konsens, der durch Zugeständnisse der herrschenden Klasse erreicht wird. Dem reinen Antagonismus des auf Klassenkampf abzielenden Marxismus mit seiner teleologischen, d. h. auf ein bestimmtes Ziel (die Vergesellschaftung der Produktionsverhältnisse im Arbeiter- und Bauernstaat) hin ausgerichteten Geschichtskonzeption setzen die Cultural Studies mit GRAMSCIS Hegemoniekonzept einen komplexeren Gesellschaftsentwurf entgegen: Zu der militärischen und politischen Führung tritt gleichbedeutend die intellektuell-moralische Vorherrschaft. Damit tragen die Intellektuellen – GRAMSCI prägt den Begriff des ‚großen' oder ‚organischen' Intellektuellen – besondere Verantwortung.

Neue Arbeitsformen

Die besondere Bedeutung kritischer intellektueller Arbeit kommt auch in der Forschungspraxis der in Birmingham angesiedelten Cultural Studies zum Ausdruck. Das CCCS, eine Art ‚alternative Universität' (HALL 2000: 29), setzte sich nicht nur mit den Inhalten und Zugangsvoraussetzungen traditioneller akademischer Disziplinen kritisch auseinander, sondern erprobte auch innovative Arbeitsformen. Bei der neu eingeführten Gruppenarbeit standen der Abbau der hierarchischen Distanz zwischen Lehrenden und Studierenden sowie die Ersetzung des traditionellen Frontalunterrichts im Vorlesungsstil durch Forschungskolloquien im Vordergrund. In diesen auf die Interessen und Bedürfnisse von *postgraduate students* zugeschnittenen Veranstaltungen wechselten sich Diskussionen zentraler Texte und Präsentationen von *work in progress* aus den Reihen der Teilnehmenden ab. Diese informellen Arbeitsformen erleichterten die Bildung von Netzwerken und projektbezogenes Arbeiten. Die Ergebnisse wurden in den vom Zentrum herausgegebenen *Working Papers* dokumentiert. Mit diesen neuartigen Unterrichts- und Forschungsformen haben die Cultural Studies auch in didaktischer und methodischer Hinsicht wichtige Vorarbeit geleistet.

Andere Zentren

Der Vollständigkeit halber ist abschließend darauf hinzuweisen, dass neben dem CCCS eine Reihe weiterer Einrichtungen die Hinwendung zu den Cultural Studies und ihren zentralen Themen – Massenmedien und populäre Kultur – vollzog (vgl. TURNER 1996). Dazu zählen das Centre for Television Research in Leeds (1966), der erste britische Lehrstuhl für Filmwissenschaft an der University of London (1967), das an der University of Leicester angesiedelte Centre for Mass Communication Research (1966) und die Glasgow Media Group der University of Glasgow (1974–1982). Ein weiterer Meilenstein in der Institutionalisierung alternativer Kulturstudien war das Graduiertenprogramm ‚Popular Culture'

(1982–1987) an der Open University, wo seit 1979 mit Stuart Hall einer der Mitbegründer des CCCS lehrte. Insgesamt geben die Kurse der Open University bis heute ein lebendiges Bild aktueller kulturwissenschaftlicher Forschung in Großbritannien.

Zentrale Aspekte der Kulturanalyse

Trotz ihrer Heterogenität zeichnen sich die diversen Ansätze der Cultural Studies bis heute durch den Versuch aus, drei zentrale Aspekte der Kulturforschung zu verbinden. Dies ist erstens die gelebte Erfahrung (*lived experience*), die für die jeweilige Subkultur spezifisch ist und jeweils eigene Weisen der Sinnstiftung (*structures of meaning*) hervorbringt, zweitens die Produktion (*encoding*) und Rezeption (*decoding*) der symbolischen Formen und Praktiken, in denen sich eine Kultur textuell und medial manifestiert, sowie drittens die Entstehung und Wirkung sozialer Strukturen, ideologischer Konflikte und hegemonialer Verhältnisse innerhalb der Kultur.

Ausblick

Über die Zukunft der Cultural Studies wird viel spekuliert. Die Transformation vom oppositionellen akademischen Diskurs am Rande des universitären Systems zu einem regulären Hochschulinstitut, von einem auf *postgraduate research* abzielenden Forschungszentrum zu einem grundständigen Studiengang ‚Cultural Studies‘ und von einer intellektuellen Reaktion auf die spezifischen britischen Gesellschaftsverhältnisse der 1950er und 1960er Jahre zu einem verkaufsträchtigen Label im internationalen Wissenschaftsmarketing hat ihre Spuren hinterlassen. Auch wenn der ‚Ausverkauf‘ längst begonnen hat, hat die Grundidee der Cultural Studies jedoch nach wie vor nichts von ihrer Anziehungskraft eingebüßt: Der unkonventionelle Blick auf kulturelle Phänomene und die kritische Reflexion der eigenen akademischen Tätigkeit sind für viele nach wie vor Markenzeichen innovativer kulturwissenschaftlicher Forschung.

3 Cultural Studies heute

Erweiterung

In den 1980ern und 1990ern gehen die britischen Cultural Studies eine Vielzahl von Verbindungen mit anderen Ansätzen der Kulturkritik ein. Sie wandeln sich damit von einem literatursoziologischen Ansatz der Medienanalyse zu einem im weiteren Sinne kulturwissenschaftlichen Forschungsprogramm, das mittlerweile zum akademischen Mainstream zählt: *„Nichts ist mehr geblieben aus der Zeit, als die Cultural Studies noch ein klar umrissenes akademisches Projekt darstellten, das seine Gegner kannte und sich seine Nischenexistenz mühsam erkämpfen musste.“* (Engelmann 1999: 25) Besonders eng sind die Beziehungen zu den *Postcolonial Studies* und den *Gender Studies*. Diese Forschungsansätze stellen wie die Cultural Studies die Analyse der Zusammenhänge von Macht, Herrschaft und Gesellschaft in den Vordergrund.

Wie der Arbeiterklasse wurde auch ethnischen Minderheiten und Frauen der Zugang zu bestimmten gesellschaftlichen Bereichen lange Zeit systematisch verweigert. Die feministisch und postkolonial orientierten Cultural Studies verstehen sich als politisch engagierte Kulturkritik. Sie analysieren patriarchalische und rassistische Strukturen, entwickeln alternative, gesellschaftskritische Visionen und bereiten so politischen und sozialen Veränderungen den (intellektuellen) Boden. Während die Internationalisierung der Cultural Studies in den vergangenen Jahren und die damit verbundene Pluralisierung der Untersuchungsgegenstände, Theorieanleihen und Analysemethoden die Rekonstruktion einer kohärenten Schule unmöglich machten, lässt sich als kleinster gemeinsamer Nenner aller Arbeiten in diesem Bereich ihr ideologie- und gesellschaftskritischer Anspruch hervorheben: Cultural Studies begreifen sich nach wie vor als eine praxisorientierte, auf gesellschaftliche Veränderungen abzielende, engagierte Form von Kulturwissenschaft, die die Anliegen außeruniversitärer Bewegungen vom Postkolonialismus über den Feminismus bis hin zur Globalisierungskritik aufgreift und sich explizit zu der politischen Dimension wissenschaftlichen Handelns bekennt.

Ideologie- und Gesellschaftskritik als gemeinsamer Nenner

Neben dem klassischen Konzept der sozialen Klasse (*class*) sind in den vergangenen Jahren die Begriffe ‚*race*' und ‚*gender*' zu zentralen Konzepten der Kulturkritik avanciert. Eine der Strategien ist die Umdeutung und positive Besetzung traditionell negativ besetzter, abwertender Begriffe – also ein klassischer Akt der Inbesitznahme (*appropriation*) im Sinne der Cultural Studies. Aufgrund seiner essentialistischen Konnotationen und seines Missbrauchs in der nationalsozialistischen Ideologie wird der Begriff der ‚Rasse' in Deutschland nach wie vor mit Unbehagen und in Anführungszeichen gebraucht, auch wenn die postkoloniale Debatte rassistische Zuschreibungen (*black, race*) bewusst positiv konnotiert und in den Mittelpunkt des afro-amerikanischen Identitätsdiskurses stellt. Aus deutscher Sicht ist aus den genannten Gründen jedoch der unbelastete Begriff der Ethnizität vorzuziehen.

,Race'

Der aus der Sprachgrammatik entlehnte Begriff *gender* (Genus, Geschlecht) dient in der feministischen Theorie zur Bezeichnung soziokultureller Zuschreibungen von Weiblichkeit (*femininity*). Diese sind, so die Prämisse der *Gender Studies* (vgl. Kap. 5.4), nicht kausal durch biologische Geschlechtsmerkmale (*sex*) bedingt, sondern kulturell konstruiert: Was als weiblich gilt, bestimmt die Gesellschaft. Diese Grundannahme kann sich auf anthropologi-

Gender

sche Befunde stützen, die die kulturelle und historische Variabilität von Weiblichkeitsvorstellungen belegen. Die Vorstellung einer klaren Trennung zwischen den Geschlechtern und einer eindeutigen Beschreibung der Machtverhältnisse in der von Männern dominierten Gesellschaft wird insbesondere aus der Sicht des postmodernen Feminismus als vereinfachend zurückgewiesen: Geschlechterdifferenz ‚gibt' es nicht ‚an sich', sie wird von Menschen ‚gemacht' bzw. konstruiert. Folgerichtig wird auch das natürliche Geschlecht (*sex*) als kulturelle Konstruktion betrachtet, und der Gegensatz zwischen unveränderlichen biologischen und wandelbaren sozialen Aspekten von Männlichkeit und Weiblichkeit wird in Frage gestellt: Jede Interpretation des Körpers ist aus poststrukturalistischer Sicht immer bereits diskursiv geprägt und damit Macht- und Herrschaftsstrukturen unterworfen.

Identität

Soziale Klassenhierarchie, Ethnizität und *Gender* können nach wie vor als theoretische Schwerpunkte der Cultural Studies betrachtet werden, deren Bedeutung sich z. B. in den zentralen Themenbereichen der Zeitschrift *The European Journal of Cultural Studies* (u. a. ‚*youth culture and class relations'*, ‚*gender'*, ‚*constructions of identities'*, ‚*cultural citizenship'*, ‚*migration'*, ‚*the body'*, ‚*post-colonial criticism'* und ‚*sexualities'*) niederschlägt. Dabei scheint sich in jüngster Zeit eine Fokussierung auf Fragen der personalen, sozialen, kulturellen und nationalen Identität herauszukristallisieren.

Anschluss-möglich-keiten

Titel und Themenwahl aktueller Überblicksdarstellungen der British Cultural Studies bestätigen den Eindruck, dass sich mit dem Leitkonzept der Identität ein neues Forschungsparadigma abzeichnet: So setzt sich die überwiegende Mehrheit der Beiträge in MORLEY/ROBINS (2001) mit Fragen des kulturellen Erbes und der neuen Identität Großbritanniens auseinander, und der Band von STORRY/CHILDS (2002) trägt den richtungsweisenden Titel *British Cultural Identities*. Die Fokussierung von Identität schafft neue Berührungspunkte zwischen den British Cultural Studies und der anglistischen Kulturwissenschaft (vgl. Kap. 6.3) und lässt für die Zukunft neue Anschlussmöglichkeiten und eine stärkere Vernetzung der Ansätze kulturwissenschaftlicher Forschung in Großbritannien und Deutschland erwarten.

📖 *Literaturtipps*

Cultural Studies: Grundlagentexte zur Einführung
(BROMLEY/GÖTTLICH/WINTER 1999):

Die Herausgeber legen mit bio-bibliographischen Angaben versehene Grund-lagentexte der Cultural Studies (u. a. von HOGGART, WILLIAMS, THOMPSON, HALL und FISKE) in deutscher Übersetzung vor, die zwar die Lektüre der Originaltexte nicht ersetzen können, zur Einführung und als Ausgangspunkt für ein vertiefendes Selbststudium aber durchaus zu empfehlen sind.

Doing Cultural Studies. The Story of the Sony Walkman
(DU GAY et al. 1997):

Ein für Studierende konzipierter, auch zum Selbststudium hervorragend geeigneter Band, der von führenden Vertretern der britischen Cultural Studies herausgegeben wird und anhand eines konkreten Fallbeispiels (Walkman) zeigt, wie kritische Kulturanalysen die Zirkulation von Konsumgütern im *circuit of culture* untersuchen.

British Cultural Studies: Geography, Nationality and Identity
(MORLEY/ROBINS 2001):

Dieser Reader gibt in 30 Beiträgen einen Überblick über den aktuellen Stand der Cultural Studies in Großbritannien, der längst über die ursprünglichen Themen des Birmingham Centre (*working class,* Marximus, Massenmedien) hinausgeht und unterschiedliche Konzeptionen von *Britishness*, das Verhältnis von kultureller Tradition und Gegenwart sowie gegenwärtige Trends (Lifestyle, Subkulturen, Kulturpolitik) einschließt.

3 Die deutsche Rezeption der Cultural Studies

KAPITEL

Mit der Übernahme des Labels ‚Kulturstudien' erhofft so mancher sich den dringend benötigten Modernisierungsschub, eine Art eierlegende Wollmilchsau für das Behandeln kulturtheoretischer, medientheoretischer, soziologischer, literaturwissenschaftlicher und feministischer Fragestellungen. Je nach Gusto der deutschen Importeure dominiert dabei entweder der Wunsch nach einer interdisziplinären ‚Bastard'-Disziplin oder das Phantasma eines vampirhaften Diskurses, der die angestammte Fächerlandschaft infizieren möge.

JAN ENGELMANN

Die Cultural Studies haben sich in der deutschsprachigen Anglistik im Laufe der letzten Jahre als eigenständiger Studienbereich etabliert, der dem Lehramts- wie Magisterstudium neue Impulse gegeben hat.

DORIS TESKE

1 Nationale Traditionen der Kulturwissenschaften

Bedingungen

Wissenschaft entsteht zum einen stets in einem spezifischen kulturellen und sozialen Umfeld, das nicht nur ihre institutionellen Formen, sondern auch ihre Erkenntnisinteressen prägt. Zum anderen sind ihre Gegenstände immer auch durch spezifische disziplinäre und nationale Traditionen mit bestimmt. Daher verwundert es nicht, dass sich vor dem Hintergrund der unterschiedlichen sozialen, politischen und wirtschaftlichen Bedingungen in der zweiten Hälfte des 20. Jahrhunderts auch die Kulturwissenschaften in Deutschland und Großbritannien eigenständig entwickelten: Hier wurden die Auseinandersetzung mit dem Dritten Reich sowie der Holocaust, dort die den Krieg überdauernde Stabilität des restriktiven britischen Klassensystems zu erkenntnisleitenden Motivationen und zentralen Themen sozial- und kulturwissenschaftlicher Forschung. Zudem begünstigte das Fehlen einer institutionalisierten Soziologie in Großbritannien die Ausbildung einer neuen, literatursoziologisch und sozialwissenschaftlich orientierten Form von Kulturwissenschaft, der Cultural Studies.

Cultural Studies

Im Gegensatz zu der eher akademischen, ideologiekritischen und dominant theoretischen Ausrichtung der Kulturwissenschaften in Deutschland setzten sich die britischen Cultural Studies ursprünglich die Emanzipierung der Arbeiterklasse zum Ziel. Ihre Hauptanliegen waren erstens die Aufwertung der Alltagskultur in Auseinandersetzung mit den offiziellen ‚Hütern' des kulturellen Erbes (BBC, Monarchie, ein konservatives Verlagswesen), zweitens die sog. ‚*third revolution*' (RAYMOND WILLIAMS), d. h. die Öffnung des Bildungswesens für die unterprivilegierten Schichten und die Demokratisierung des Mediensystems, sowie drittens die Abkehr vom national geprägten Großmachtgedanken (*imperial Englishness*), der auch nach dem Beginn der Dekolonisierung das britische Selbstbild entscheidend prägte.

Worin besteht nun aber das typisch Britische der Cultural Studies? Im Gegensatz zu den verschiedenen Ausprägungen der anglistischen Kulturwissenschaft in Deutschland, die sich allesamt als Fremdkulturwissenschaften verstehen und sich der britischen Kultur aus der Außenperspektive nähern, beschränken sich die Cultural Studies im wesentlichen auf das Verstehen der eigenen Kultur und ihrer Organisationsprinzipien (KAMM 2000: 20). Zudem ist für die ‚*British tradition*' (TURNER 1996) ein relativ klar umrissener Kern an Hauptvertretern, Konzepten und Werken aus dem Umfeld des Centre for Contemporary Cultural Studies in Birmingham charakteristisch.

British tradition

Eine weitere Besonderheit der britischen Cultural Studies ist die Anbindung an die lebensweltliche Erfahrung (*lived experience*). Damit widersprechen sie der üblichen Praxis, die Erfahrungswelt des Wissenschaftlers und seine Vorannahmen nicht zu thematisieren. Der erfahrungsorientierte Ansatz, der die Werte der Arbeiterklasse in den Mittelpunkt stellt, bedeutet aber nicht notwendigerweise eine grundsätzliche Ablehnung der Hochkultur. Vielmehr richten sich die Cultural Studies gegen die elitäre Abschottung des Kanons und die ‚Deutungshoheit' der traditionellen Geisteswissenschaften: „*Man könnte auch sagen, dass es für* WILLIAMS *und* HOGGART *keine elitäre Kultur, sondern nur einen elitären Umgang mit Kultur gibt.*" (LINDNER 2001: 14)

Experience

Im Gegensatz zu Großbritannien steht in Deutschland die Ideologiekritik der Nachkriegszeit, verkörpert durch die Frankfurter Schule, den Massenmedien aufgrund der Erfahrungen mit der Propaganda der Nationalsozialisten grundsätzlich skeptisch gegenüber. Die gesamte Kulturdebatte steht unter dem Eindruck des Versagens der Kultur im Dritten Reich und des Schreckens des Holocaust. ADORNOS berühmte Überlegung, unter welchen Bedingungen nach Auschwitz Dichtung überhaupt noch möglich sei, bringt die Haltung zur Literatur auf den Punkt: Es geht hier um die Perspektiven von hochkultureller Wortkunst, die populären Massenmedien stehen dagegen prinzipiell unter Ideologieverdacht. Der Abstand zur britischen Debatte um *popular culture* könnte größer kaum sein.

Deutsche Ideologiekritik

Andere Ausgangslage	Doch nicht nur hinsichtlich der Inhalte, sondern auch bezüglich der institutionellen Verankerung der Sozialwissenschaften und der soziokulturellen Ausgangslage bestehen erhebliche Unterschiede. Denn anders als in Großbritannien kann hierzulande die Soziologie als wissenschaftliche Disziplin nicht nur auf eine eigenständige Tradition zurückblicken, sondern hat mit der Kultursoziologie auch einen wichtigen Forschungszweig hervorgebracht. Zudem ist festzuhalten, *„dass Deutschland keine solch (selbst-)bewussten Klassenstrukturen wie Großbritannien kennt und den exzessiven amerikanischen Umgang mit Populärkultur heute noch nachholt"* (ENGELMANN 1999: 27).
Spezifische Problemhorizonte	Auch nach der kulturellen Wende der Philologien in den 1990er Jahren lassen sich die Problemhorizonte von Cultural Studies und deutscher Kulturwissenschaft daher nicht ohne weiteres gleichsetzen: *„Es ist freilich zu bezweifeln, ob die gesellschaftlichen Problemkonstellationen, auf welche die Cultural Studies in Großbritannien und in den Vereinigten Staaten antworten, in gleicher Weise in Deutschland anzutreffen sind. Deshalb ist hier auch die Neigung zu beobachten, die Cultural Studies zu verwissenschaftlichen und zu versachlichen."* (SEEBER 1996: 308f.) Die Tatsache, dass die Anglistik als Fremdsprachenphilologie nicht die eigene Kultur zum Gegenstand hat und dass sie die britische Zielkultur aus der Außenperspektive betrachtet, schlägt sich auch in den anders gelagerten Erkenntnisinteressen und der Auswahl der theoretischen und methodischen Ansätze nieder.
Rezeption	Dennoch ist seit den 1990er Jahren auch in Deutschland eine verstärkte Auseinandersetzung mit den Cultural Studies zu verzeichnen. Dabei lassen sich zwei Rezeptionslinien unterscheiden, die im folgenden kurz nachgezeichnet werden: die soziologische und medientheoretische Diskussion auf der einen und die anglistische (literaturwissenschaftliche und landeskundliche) Rezeption auf der anderen Seite.

2 Cultural Studies in der Soziologie und Medienwissenschaft

Cultural Studies und Soziologie	Seit Mitte der 1990er Jahre kommen regelmäßig neue deutschsprachige Einführungen in die Cultural Studies auf den (diesbezüglich mittlerweile recht gesättigten) Markt. Einige aktuelle Beispiele sind KRAMER (1997), BROMLEY/GÖTTLICH/WINTER (1999), ENGELMANN (1999), HEPP (1999), HÖRNING/WINTER (1999), LINDNER (2000), HEPP/WINTER (1999), LUTTER/REISENLEITNER (2001), GÖTTLICH/MIKOS/WINTER (2001), WINTER (2001) und TESKE (2002). Inter-

essanterweise stammt die Mehrzahl dieser Veröffentlichungen aus dem Bereich der Sozialwissenschaften, und mit RAINER WINTERS *Die Kunst des Eigensinns* (2001) findet sich darunter sogar eine (auch für AnglistInnen uneingeschränkt empfehlenswerte) soziologische Habilitationsschrift.

Anders als in der Anglistik, die das Verhältnis von Cultural Studies, anglistischer Literaturwissenschaft und britischer Landeskunde im Kontext der sich formierenden anglistischen Kulturwissenschaft nach wie vor kontrovers diskutiert, scheinen sich die sozialwissenschaftlichen Sammelbände und Monographien – soweit man dies aus der anglistischen Perspektive beurteilen kann – bereits auf einen methodischen Kanon oder zumindest auf eine Reihe zentraler kultursoziologischer Fragestellungen und Analyseansätze verständigt zu haben: Von den Cultural Studies werden insbesondere die medientheoretischen Überlegungen STUART HALLS sowie deren Anwendungen in Studien zur Populärkultur, zur Medienkultur und zur Jugendkultur (JOHN FISKE, LAWRENCE GROSSBERG, SIMON FRITH, IEN ANG u. a.) übernommen.

Kanon

Der Titel des von HEPP und WINTER (1999) herausgegebenen Bandes *Kultur – Medien – Macht* signalisiert bereits die Prämisse einer kultursoziologischen Medienanalyse: Kultur erscheint als ein Kampf um Bedeutungen, als anhaltender Wertkonflikt, der in den Medien ausgetragen und über sie vermittelt wird. Theoretische Grundlage ist das von STUART HALL entwickelte Encoding/Decoding-Modell (vgl. Kap. 2.2), das anders als vereinfachende Sender-Empfänger-Modelle nicht von einer Korrespondenz zwischen den encodierten Bedeutungen und ihren Wirkungen in der Rezeption ausgeht: *„Kulturelle Dominanz darf nun nicht so verstanden werden, dass sie keine Gegenposition mehr zuließe, dass sie allmächtig und in sich geschlossen wäre. Vielmehr prägt ein zentrales System von Bedeutungen unsere sozialen Wirklichkeitskonstruktionen und konstituiert unseren Sinn für Realität."* (WINTER 2001: 167).

Kritische Medienanalyse

Die Medienproduzenten können sich also nicht sicher sein, dass das Publikum sich den von ihnen bevorzugten Lesarten tatsächlich anschließt und die mediale Botschaft nur im intendierten Sinne decodiert. Dies erscheint aus Sicht der Dekonstruktion als eine logische Konsequenz aus der Unbestimmbarkeit sprachlicher Zeichen. Die Arbitrarität des Zeichens führt dazu, dass sich weder die Semantik der Zeichen noch die Bedeutung des Textes, den sie konstituieren, fixieren lässt. Diese These DERRIDAS greift der britische Medienwissenschaftler JOHN FISKE im Rahmen seiner auf STUART HALLS Modell und MICHEL FOUCAULTS Diskurstheorie rekurrierenden Analyse des Populären auf (ebd.: 163ff.).

Dekonstruktion

JOHN FISKE	FISKE, der in Cambridge studierte und danach in Australien und den USA lehrte, gehört zwar nicht zum engen Kreis der Birmingham School, er gilt aber dennoch als einer der erfolgreichsten Vertreter einer Kultursoziologie des Populären. Zu seinen wichtigsten Arbeiten zählen Studien zur Fernsehkultur, in denen er seit den 1970er Jahren die Trennung zwischen *low culture* und *high culture* aufzuheben versucht, aber auch seine Studien zu Sportfans, Elvis-Anhängern und medialen Inszenierungen von Gewalt sowie diskursanalytische Untersuchungen zu Medien-Events der 1990er Jahre wie etwa das Rodney-King-Video, das die rassistisch motivierte Misshandlung eines Afroamerikaners durch amerikanische Polizisten zeigt. Zentrales Thema dieser Arbeiten sind die Zusammenhänge von Medien, Alltagskultur, Ideologie und Politik.
Television Culture	In seiner Monographie *Television Culture* (1987) untersucht FISKE das Fernsehen als zentrales Medium der Kultur. Im Gegensatz zu ideologiekritischen Ansätzen, die die narrativ-realistische Ästhetik der Hollywood-Produktionen zu unterminieren suchen und innovativen Filmen der Avantgarde aufgrund ihrer Durchbrechung von Sehgewohnheiten durch Identifikationsverweigerung und illusionsstörende Selbstbezüglichkeit einen besonderen didaktischen und kulturellen Wert zuschreiben, geht FISKE von der Realität der Massenkultur aus. In dieser lassen sich weder die Mechanismen der Kulturindustrie und ihre Nähe zur dominanten Ideologie noch der Einfluss des Publikums über Einschaltquoten und Konsumverhalten einfach ausblenden.
Oppositioneller Diskurs	FISKE vertritt die These, dass auch für ein Massenpublikum produzierte Kino- und Fernsehfilme oppositionelle Diskurse enthalten und damit subversives Potential besitzen können. Dies gilt etwa für Serien und Filme wie *Cagney and Lacey* (mit zwei weiblichen Polizisten als Protagonistinnen) oder *Thelma and Louise* (die beiden Protagonistinnen rächen sich an einem Vergewaltiger und werden zu Outlaws), die stereotype Geschlechterrollen durchbrechen und so auf feministische Diskurse reagieren. FISKES Analyse textueller Merkmale fiktionaler Fernsehsendungen (Ironie, Metaphern, Gags, Widersprüche, Übertreibungen) sollen die Vieldeutigkeit des Populären belegen, das subversive Lesarten jenseits der intendierten Bedeutung zulässt und sich damit der semantischen Festlegung und ideologischen Kontrolle entzieht (vgl. WINTER 2001).
Sozialer Gebrauch	Im Gegensatz zur semiotischen Konzeption UMBERTO ECOS, der zufolge das sprachliche Kunstwerk als polysemer Text durch semantische Offenheit charakterisiert ist, geht FISKES Konzeption nicht vom Text, also von den Fernsehsendungen oder Filmen, aus, sondern von dessen sozialem Gebrauch. Das Publikum ist nicht verpflichtet, sich

an die intendierte Lesart zu halten, sondern kann sich den Fernsehtext durch einen Akt der *appropriation* im Sinne der Cultural Studies zu eigen machen und ihm dabei neue Bedeutungen zuschreiben: „*FISKES Hauptinteresse gilt also den jeweiligen Sinnproduktionen der Zuschauer, die das Fernsehen als semiotische Ressource verwenden, um abweichende und abirrende Bedeutungen zu erzeugen. In der Interaktion von medialem Text und Zuschauer hängt es von den Diskursen, vom Wissen und von den Kompetenzen des Zuschauers ab, welche Bedeutung er dem Text und auch sich selbst zuschreibt.*" (ebd.: 189)

Populismus

Diese Konzeption der Fernsehkommunikation, die dem Publikum eine aktive und kompetente Rolle zuweist und die auch FISKES Haltung zur *popular culture* insgesamt kennzeichnet, ist in den 1990er Jahren wiederholt als kultureller Populismus kritisiert worden. Schließlich lässt sich nicht von der Hand weisen, dass die Zuschauer trotz ihrer Möglichkeit zur Verweigerung der intendierten Lesart den ‚Medienmachern' stets unterlegen sind. Denn sie haben nicht die Möglichkeit, ihrerseits alternative ‚Texte' in das Mediensystem einzubringen und so das semantische System der Medienkultur zu beeinflussen.

Glorifizierung des Populären

FISKE gilt aufgrund seiner Widerspruch provozierenden, pauschalisierenden Äußerungen zur Populärkultur als der wohl umstrittenste Vertreter der aktuellen Cultural Studies (BROMLEY/GÖTTLICH/WINTER 1999: 237). Ihm werden eine pauschalisierende Vereinfachung des Verhältnisses von populärer und dominanter Kultur sowie die Glorifizierung des Populären vorgeworfen, die den Konsumenten der Massenkultur ein zu großes Maß an Eigensinn attestieren: „*Nicht jede Leserin eines Romans von Rosamunde Pilcher und nicht jeder Zuschauer von ‚Wetten, dass ...' leistet aber Widerstand.*" (WINTER 2001: 205). Aus der ideologiekritischen Perspektive der Frankfurter Schule erscheint FISKES für die Mediensoziologie der Cultural Studies charakteristische Position zu einseitig, da sie verkennt, dass auch populäre Kultur ‚von oben' kommt und ihren Konsumenten nur vorgefertigte Botschaften offeriert. Insgesamt, so die Kritik, wird die Massenkultur aus dieser Perspektive zu positiv bewertet.

Zwei Methoden

Dennoch haben die Arbeiten FISKES und anderer anglo-amerikanischer KritikerInnen der deutschen Kultursoziologie wichtige Anregungen gegeben. Gerade im Bereich der Medienanalyse gehen von den Cultural Studies neue Impulse aus. Auch wenn sich die Cultural Studies aufgrund ihrer interdisziplinären Offenheit prinzipiell nicht auf einen verbindlichen Kanon allgemein akzeptierter Methoden festlegen lassen, werden die kultursoziologischen Studien der 1980er und 1990er Jahre von zwei Ansätzen beherrscht: zum einen von der kritischen Ethnographie, zum anderen von der kritischen Diskursanalyse (HEPP 1999: 256ff.).

Kritische Diskursanalyse	Richtungsweisend sind hier wiederum die Arbeiten von FISKE, der sich nicht nur theoretisch, sondern auch methodisch am französischen Poststrukturalismus orientiert: FOUCAULTS Diskursanalyse, mit ihrem Fokus auf der Analytik der Macht, übt einen entscheidenden Einfluss auf die kultursoziologische Medienanalyse aus. Dieser manifestiert sich z. B. in dem von FISKE geprägten Begriff des Medienereignisses *(media event)*. Damit bezeichnet er *„medial konstituierte Ereignisse, die nicht als mediale Repräsentation von wirklichen Ereignissen fassbar sind, sondern ausschließlich in ihrem medienvermittelten, diskursiven Konstitutionsprozess, an dem eine Vielzahl von Medientexten ‚beteiligt' sind"* (ebd.: 267). Wie FISKES Analyse der medialen Inszenierung der Verfolgungsjagd von O.J. SIMPSON im Jahr 1994 nachweist, werden gesellschaftliche Auseinandersetzungen (in diesem Fall ein rassistischer Normalismus) in der diskursiven Konstruktion solcher Medienereignisse sichtbar.
Kritische Ethnographie	Die zweite dominante Methode ist ein von der australischen Medienwissenschaftlerin IEN ANG als kritische Ethnographie bezeichneter Ansatz, dessen Ursprünge in den kultursoziologischen Studien zur Jugendkultur und der Rezeptionsforschung der Cultural Studies liegen. Im Mittelpunkt steht hier eine besondere Art der Fragestellung und Herangehensweise, die sowohl Mikroprozesse (die individuelle Aneignung von Medienprodukten durch Fernsehzuschauer, Modekonsumenten etc.) als auch Makroprozesse (den Gesamtkontext der Kulturproduktion) berücksichtigt und aufeinander bezieht: *„Eine ethnografische Arbeit in dem von IEN ANG beschriebenen perspektivischen Rahmen ist durchaus mittels verschiedener qualitativer Methoden möglich, d. h. kritische Ethnografie setzt nicht zwanghaft eine spezifische Methode der Materialerhebung voraus."* (ebd.: 260)
Beispiele	Beispiele für ethnographische Kultursoziologie, gelegentlich auch als ‚Ethno-CS' tituliert, finden sich in der Forschung zur Rezeption und Aneignung von Fernsehserien, insbesondere der täglich ausgestrahlten Episoden von *soap operas*. Einflussreiche Arbeiten sind etwa IEN ANGS Studie zur Dallas-Rezeption in den Niederlanden *(Watching Dallas*, 1985) oder MARIE GILLESPIES Untersuchung zum Fernsehkonsum Jugendlicher aus ethnischen Minitäten im Londoner Stadtteil Southall *(Television, Ethnicity and Cultural Change*, 1995).
TV und kulturelle Identität	Letztere widmet sich der Rezeption und Aneignung der australischen Seifenoper *Neighbours* durch Jugendliche indischer, aber auch englischer, irischer und afrokaribischer Herkunft. Der Austausch über die Geschehnisse in der Serie wirkt demnach für die Gruppe stabilisierend, da so individuelle Ansichten und Wertvorstellungen diskutiert werden können, ohne dass es zu einer Aus-

einandersetzung untereinander kommt – das Fernsehen wirkt hier als Projektionsfläche und Katalysator. Zudem erlaubt der Bruch von Tabus im westlich geprägten Fernsehen, etwa die Darstellung sexueller Kontakte Unverheirateter, eine offenere Auseinandersetzung unter den Jugendlichen über Themen wie Familienehre und kulturelle Normen. Nicht das Fernsehen selbst, sondern das Sprechen über das Fernsehen und das diskursive Aushandeln von Identitätsvorstellungen und Wertkonflikten stehen also im Zentrum der ethnographischen Aneignungsstudie.

Die zitierten Ansätze der sozialwissenschaftlichen Rezeption der Cultural Studies in Deutschland kritisieren zwar die Vernachlässigung der Hochkultur und ihrer gesellschaftlichen Bedeutung in den britischen Kulturstudien. Insgesamt überwiegt jedoch die Anerkennung für deren innovativen Charakter: Das britische Verständnis von Soziologie als Kulturwissenschaft führt zu einer *„Revitalisierung"* (WINTER 2001: 349) der Sozialwissenschaften und wird so zu einem neuen Paradigma der Kultursoziologie und Medientheorie der Gegenwart. Die zentralen Parameter ‚Kultur', ‚Medien' und ‚Macht' bestimmen WINTER (ebd.: 282) zufolge das Erkenntnisinteresse und die Methodik kulturwissenschaftlicher Sozialforschung: *„Semiotische Analysen von Videoclips oder qualitative Zuschauerforschung ohne Bezug zum Verhältnis von Kultur und Macht sind noch keine Cultural Studies."* Inwieweit sich diese enge, d. h. an den ursprünglichen Absichten des CCCS angelehnte Bestimmung in der deutschen Soziologie durchsetzen kann und welche Fallstudien hierzulande auf der Grundlage des gesellschaftskritischen britischen Ansatzes entstehen, bleibt abzuwarten.

Neues Paradigma

3 Cultural Studies in der Anglistik zwischen Literaturwissenschaft, Landeskunde und Großbritannienstudien

Die diesem Kapitel vorangestellten Zitate von ENGELMANN (1999) und TESKE (2002) markieren zwei entgegengesetzte Positionen, die in der deutschen Rezeption der Cultural Studies immer wieder vertreten werden: Auf der einen Seite werden Tendenzen zur Reduzierung der Cultural Studies auf ein verkaufsträchtiges Label im Wissenschaftsmarketing und ihre Stilisierung zum Allheilmittel für disziplinäre Probleme kritisiert; auf der anderen Seite werden die positiven Impulse des britischen Theorieimports hervorgehoben. Diese unterschiedlichen Auffassungen charakterisieren auch die anglistische Diskussion um die Verortung der Cultural Studies im Forschungs- und Studienangebot. Während manche Vertre-

Cultural Studies in der Anglistik

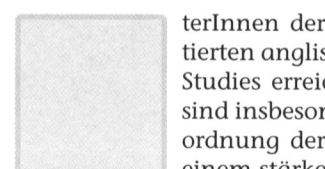

terInnen der ohnehin weitgehend kulturwissenschaftlich orientierten anglistischen Literaturwissenschaft den durch die Cultural Studies erreichten zusätzlichen ‚Mehrwert' als gering einstufen, sind insbesondere in den neuen Bundesländern im Zuge der Neuordnung der Anglistik nach der Wende die Cultural Studies in einem stärkeren Maße institutionell verankert worden.

Drei Konzeptionen

So widmet sich seit einigen Jahren ein Arbeitskreis ‚British Cultural Studies in den Neuen Bundesländern' der Erweiterung der bisherigen Forschungs- und Lehrinhalte der deutschen Anglistik um kulturwissenschaftliche Problem- und Fragestellungen, Inhalte und Themen, Theorien und Methoden. In einem Beitrag zum 11. Treffen dieses Arbeitskreises stellen SEBASTIAN BERG und HANS KASTENDIEK (2002) dreizehn Thesen zur Diskussion. Kern ihrer Konzeption des Verhältnisses von British Cultural Studies und Anglistik ist die Unterscheidung von drei fachlichen bzw. fachpolitischen Orientierungen: Cultural Studies als innovativ-ergänzender Ansatz der Literatur- und Sprachwissenschaft, als eine neue Teildisziplin der Anglistik, die die traditionelle Landeskunde ersetzt, oder als Teil einer neuen Teildisziplin, den kultur- und sozialwissenschaftlich ausgerichteten Großbritannienstudien. Diese drei Orientierungen sollen im folgenden diskutiert und dann zu diversen alternativen Konzeptionen von Cultural Studies und Anglistik bzw. anglistischer Kulturwissenschaft in Beziehung gesetzt werden.

Cultural Studies als innovative Ergänzung

Betrachtet man Geschichte, Fragestellungen und Konzepte der Cultural Studies in Großbritannien (vgl. Kap. 2), so wird sehr schnell deutlich, dass diese mit den Theorien, Modellen und Methoden der Literaturwissenschaft nur wenig zu tun haben. Zwar wird von Kritikern der Cultural Studies zu Recht darauf verwiesen, dass eine kulturwissenschaftliche Öffnung innerhalb der Literaturwissenschaft längst gängige Praxis sei: *„Wer würde ein Seminar über den viktorianischen Sozialroman halten, ohne auf die sozialen Fragen und die Kulturkritik der Zeit einzugehen? Wer würde ein Shakespeare-Seminar veranstalten ohne die obligatorischen Sitzungen zur elisabethanischen Gesellschaft, zum elisabethanischen Weltbild, zur elisabethanischen Bühne? Es scheint mir nachgerade absurd so zu tun, als ob die deutsche anglistische Literaturwissenschaft sich mehrheitlich oder gar als Ganzes als besonders strenge Textwissenschaft verstehe, die sich systematisch weigere, ihre Gegenstände auch in kulturwissenschaftlicher und kulturgeschichtlicher Hinsicht zu entwerfen."* (BODE 1996: 403). Dabei darf allerdings nicht vergessen werden, dass das Spektrum der Literaturwissenschaft neben kultur- und kontextorientierten Ansätzen nach wie vor auch rein text- oder sprachzentrierte Varianten umfasst, die nicht als kulturwissenschaftlich gelten können.

Dass auch innerhalb der anglistischen Literaturwissenschaft die Cultural Studies seit den 1990er Jahren mit zunehmendem Interesse rezipiert und diskutiert werden, hängt erstens mit der von ihnen propagierten Erweiterung des Gegenstandsbereichs um Erscheinungen der Populär- und Medienkultur zusammen, die viele AnglistInnen begrüßen: Man will sich auch mit Pop und Trash oder der Londoner U-Bahn (KREWANI 2002) beschäftigen dürfen. Zweitens hängt das gestiegene Interesse mit der Attraktivität des von den Cultural Studies praktizierten Methodenpluralismus zusammen, der die Verbindung vermeintlich inkompatibler theoretischer Versatzstücke als zeitgemäße Form der Theoriebildung legitimiert. Drittens hat dies auch mit der Legitimationskrise der deutschen Geisteswissenschaften zu tun, die der (selbst gestellten) Frage nach ihrer Existenzberechtigung zunehmend ratlos gegenüberstehen.

Interesse

Die zweite Konzeption sieht die Cultural Studies nicht als Ergänzung, Erweiterung oder neues Fundament der anglistischen Literaturwissenschaft, sondern als Ersatz für die traditionelle Landeskunde. Diese fristet neben der Literatur- und Sprachwissenschaft sowie der Fachdidaktik als ungeliebte Hilfsdisziplin an anglistischen Instituten traditionell ein Außenseiterdasein: Entweder liefert sie – als unsystematischer Exkurs in literaturwissenschaftlichen Seminaren – das zum Verständnis der Lehrinhalte benötigte Hintergrundwissen, oder sie fällt in den Bereich der Sprachpraxis. Die Vermittlung kultureller ‚Fakten' dient dort primär der Verbesserung der Konversationsfähigkeit und wird nicht systematisch genutzt, um kulturgeschichtliche Entwicklungen und Zusammenhänge deutlich zu machen. Denn diese Veranstaltungen werden in der Regel von muttersprachlichen LektorInnen unterrichtet, die oft nicht über ein kulturwissenschaftliches Profil verfügen und deren primäre Aufgabe in der Vermittlung von Sprachkenntnissen besteht.

Cultural Studies als neue Form der Landeskunde

Eine neue Konzeption von Landeskunde in Form kulturwissenschaftlicher *area studies* kann von den Cultural Studies wichtige theoretische Impulse erhalten. Die Probleme der Landeskunde und der daraus resultierende Modernisierungsbedarf sind seit längerem bekannt. Zum einen deckt sie einen beinahe unübersehbaren Themenbereich ab – *„a demoralizingly broad field of inquiry and an equally dauntingly wide range of topic areas"* (KASTENDIEK 1994: 9): Das Spektrum landeskundlicher Themen reicht von der historischen Entwicklung des britischen Staates, den Grundstrukturen der Gesellschaft, dem politischen System und der wirtschaftlichen Entwicklung über Aspekte des Zentralismus und der Devolution und aktuelle politische Fragen (*New Labour, Marketing Britain, special relationship*) bis hin zu neueren kulturellen Entwicklungen (*Britpop, Millenium, Internet*). Die thematische Unüber-

Modernisierungsbedarf

sichtlichkeit, die jede Auswahl beliebig erscheinen lässt, geht zum anderen einher mit einem Mangel an theoretischen und methodischen Grundlagen: *„It has been extremely difficult for Landeskunde to cut analytically and methodologically secured paths through the veritable jungle of topics."* (ebd.: 10).

British/ Cultural Studies

Angesichts dessen scheint der Vorschlag vielversprechend, die anglistische Landeskunde mit den britischen Cultural Studies zu einem Teilgebiet ‚British/Cultural Studies' (GOHRISCH/KASTENDIEK 1999) zu verschmelzen. Diese in den neuen Bundesländern entwickelte und praktizierte Form der Institutionalisierung von Cultural Studies als *„Landeskunde im neuen Gewand"* (LENZ 1995) verfolgt ähnliche Lehrziele wie die komparative Landeskunde und macht diese methodisch an die Kultursemiotik der Cultural Studies anschließbar: *„Die Absolventen anglistischer Lehrer-, Magister- oder Diplomstudiengänge sollen mit Bezugssystemen vertraut gemacht werden, die es ihnen ermöglichen, andere Kulturen und Gesellschaften zu verstehen, zu analysieren und zu interpretieren. Schlüsselqualifikationen sollen entwickelt werden, die sowohl sprachliche Fähigkeiten und Fertigkeiten als auch ein Bewusstsein für nationale Prägungen englischsprachiger Kulturräume beinhalten."* (ebd.: 114)

Modell- projekte

Die ostdeutschen Modellprojekte der anglistisch-amerikanistischen Kultur- und Länderstudien sind sicher nicht einfach auf andere Universitäten übertragbar. Dies liegt zum einen daran, dass jede Hochschule sich durch spezifische, gewachsene Strukturen auszeichnet – eine Vielfalt, die einen qualitätssichernden Wettbewerb unter den Hochschulen und eine eigenständige Profilbildung anglistischer Institute erst ermöglicht. Zum anderen sind auch die British/Cultural Studies der neuen Länder kein homogenes Modell, sondern ein Verbund ähnlich ausgerichteter, im einzelnen aber dennoch unterschiedlicher Studiengänge.

Aktualität

Die wohl wichtigste Herausforderung für eine an den Cultural Studies orientierte Landeskunde liegt jedoch – hochschul- und länderübergreifend – in ihrer Aktualität. Veraltete Darstellungen, die überholtes Faktenwissen präsentieren, sollten als (später sicher wieder aufschlussreiche) kulturwissenschaftliche Studienobjekte in die Archive wandern. Neben veralteten Darstellungen gibt es aber auch veraltete Darstellungs*weisen*. Die ‚Klassiker' der Landeskunde suggerieren mit einem Sammelsurium an Tabellen, Listen und Zahlenkolonnen zum einen, dass sich Kultur katalogisieren lässt, und zum anderen, dass ein solcher Katalog irgendeinen Erkenntnisgewinn verspricht. Hier bieten die Überblicksdarstellungen und Einzelstudien der Cultural Studies (DU GAY 1997, MORLEY/ROBINS 2001, STORRY/ CHILDS 2002) eine gute Alternative. Zudem lassen sich die jahrzehntelang praktizierten (wenngleich nicht bewährten) Formen der Aufbereitung landeskundlichen Wissens durch die Nutzung des Internets ergänzen oder gar weitgehend ablösen. Das Internet als Spiegel der Kultur bzw. virtueller Kulturraum kann als das landeskundliche Medium schlechthin bezeichnet werden: *„Bei angemessener Betrachtungsweise ist der im Internet verbreitete ‚garbage' unserer Zivilisation erkenntnisträchtiger als manch ein trocken geschriebenes Buch zur Landeskunde."* (NEUMANN IN BÖKER/HOUSWITSCHKA 2000: 344).

Eine kulturwissenschaftlich reformierte Landeskunde, d. h. eine Form der British/Cultural Studies, die mit einem hohen Grad an Professionalität und Aktualität die Gegenwart in den Blick nimmt, sich dabei der historischen Dimension von Kulturthemen bewusst ist und explizit den Bezug zu kulturwissenschaftlichen Konzepten herstellt, wäre in mehrfacher Hinsicht eine Bereicherung des Studiums. Zum einen erfordert eines der zentralen Ziele der Anglistik, die Vermittlung interkultureller Kompetenz mit Blick auf die englischsprachigen Länder der Terranglia, auch eine kompetente Kenntnis der aktuellen politischen, wirtschaftlichen und sozialen Verhältnisse. Zum anderen ist nicht außer Acht zu lassen, dass viele Studierende später als Lehrende in der Schule selbst landeskundliches Wissen vermitteln werden. Das dazu nötige Grundwissen ist nur durch eine konsequente Vernetzung der theoretischen und methodischen Fähigkeiten, kulturwissenschaftlichen Konzepte und landeskundlichen Kenntnisse zu erreichen.

Kulturwissenschaftliche Landeskunde

Eine dritte Konzeption des Verhältnisses von Anglistik und Cultural Studies integriert letztere in eine neue Teildisziplin mit der Bezeichnung Großbritannienstudien. Damit ist eine Kombination kultur- und sozialwissenschaftlicher Ansätze gemeint, die deutlich über die traditionelle philologische Ausrichtung der Anglistik hinausreicht, die Landeskunde einschließt und insgesamt auf eine interdisziplinäre Analyse der britischen Gesellschaft abzielt. Zur Erklärung kultureller Prozesse sollen nicht nur deren diskursive Repräsentationen herangezogen werden, sondern auch institutionelle und strukturelle Aspekte. Diese Konzeption der *British Studies* überschreitet die disziplinären Grenzen der Anglistik in Richtung der Soziologie, wie die folgende Abbildung zeigt. Eine solche interdisziplinäre Großbritannienwissenschaft erfordert neue Studienmodelle, wie sie derzeit an einigen wenigen Universitäten und Zentren angestrebt und zum Teil bereits erprobt werden (s. Anhang).

Cultural Studies und Großbritannienstudien

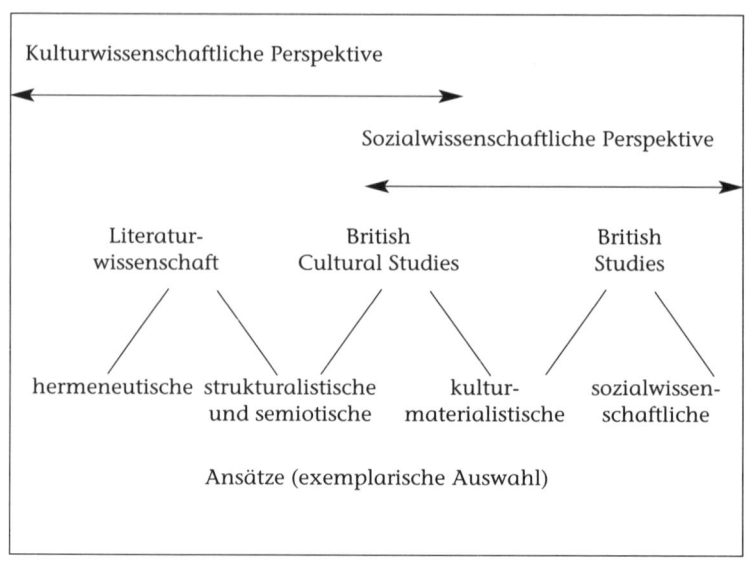

Abb. 5: Kultur- und sozialwissenschaftliche Ansätze in der Anglistik (Kastendiek/Berg 2002)

Broad church

Die vorangegangene Skizze dreier unterschiedlicher Konzeptionen des Verhältnisses von Anglistik und Cultural Studies soll jedoch nicht den Eindruck erwecken, dies seien die einzig denkbaren Konstellationen. Nach wie vor handelt es sich bei den kulturwissenschaftlichen Ansätzen innerhalb der Anglistik wie auch bei der *Cultural Studies Association* um eine „broad church" (Kastendiek/Berg 2002). Exemplarisch werden im folgenden drei aktuelle Beiträge zur Debatte vorgestellt: Kramers unterrichtsorientiertes Modell der British Cultural Studies (1997), Kamms systematischer Überblick über Theorie und Praxis der Großbritannienstudien (2000) sowie Teskes Einführung in die Ziele, Methoden und Projekte anglistischer Cultural Studies (2002).

Beispiel 1: Kulturstudien Großbritanniens

Kramers Einführung *British Cultural Studies* (1997) ist der erste Versuch, in einer Monographie das Verhältnis von Anglistik und Cultural Studies zu bestimmen. Im Anschluss an eine theoretische Darstellung entwirft Kramer in der zweiten Hälfte des Bandes ein innovatives Curriculum für einen flexiblen Grund- bzw. Einführungskurs „Kulturstudien Großbritanniens/British Cultural Studies". Dieser modular aufgebaute Kurs soll sich weitgehend an die Bedürfnisse der Studierenden (‚Minimalversorgung' vs. Schwerpunktbildung) anpassen lassen. Das Konzept verfolgt vier Ziele, nämlich die Rekonstruktion der fremden Kultur und Lebenswelt, das Herausstellen von Gemeinsamkeiten und Differenzen, die Reflexion über Kriterien der Auswahl der Lehrinhalte und das exemplarische Lernen durch Konzentration auf theoretisches und methodisches Wissen. Das Kurskonzept beinhaltet neben einer Reihe von Schwerpunktthemen (,*Middle Passage*', ,*Luddites – Old and New*', ,*Democracy in Britain*') auch ein ausführliches Projekt ,*Cultural Analysis*', in dessen Rahmen die Grundlagen einer Kulturanalyse im Stil der British Cultural Studies vermittelt werden.

Schwerpunkte

KRAMERS Grundkurs ist in ein breiter angelegtes Modell der ,Kulturstudien Großbritanniens' eingebettet. Die Auswahl der Lehr- und Lernziele für kulturwissenschaftliche Lehrveranstaltungen orientiert sich prinzipiell an vier inhaltlichen Schwerpunkten mit historischer, theoretisch-methodischer, thematischer und kommunikationsorientierter Ausprägung: ,*Re/constructions of History*', ,*Theories & Methods*', ,*Themes & Topics*' sowie ,*Modes of Communication*'. Diese vier Schwerpunkte lassen sich anhand von Schlüsselkategorien (*class, gender, generation, ,race', ethnicity, locality, nation* und *region*) erschließen und in das Kursprogramm integrieren (KRAMER 1997: 75).

Selektionskriterien

Zur Strukturierung von Lehrveranstaltungen schlägt KRAMER fünf Selektionskriterien vor. Dies sind erstens die Themenorientierung (besonders relevante gesellschaftliche Sachverhalte und Entwicklungen der Gegenwart) und die exemplarische Hinführung zum Verständnis komplexer Sachverhalte, zweitens die Historisierung und Kontextualisierung der analysierten Themen, drittens ein programmatischer Methodenpluralismus (die Themen sollen nach Möglichkeit mit mehreren Methoden und aus der Perspektive unterschiedlicher Disziplinen erschließbar sein), viertens die Konzentration auf den Aspekt der Repräsentation (sprachliche und mediale Darstellung der Gegenstände) bei der Analyse von Kommunikationsmitteln und fünftens die Strukturierung der Themen mit Hilfe der oben genannten Schlüsselkategorien.

Bildungsanspruch

Den Bildungsanspruch der anglistischen Cultural Studies fasst KRAMER in drei didaktischen Zielen zusammen. Erstens geht es ihm um die Vermittlung fachspezifischer Kompetenzen: Die Studierenden erfassen zentrale Aspekte der britischen Kultur, lernen aber auch generell, wie man sich Wissen über fremde Kulturen aneignet. Zweitens sollen die Studierenden die britische Kultur vor dem Hintergrund ihrer eigenen Kultur kennen lernen: Die Beschäftigung mit dem Fremden trägt somit zu einer tieferen Selbsterkenntnis und –reflexion bei. Drittens schließlich soll neben Fachwissen und Reflexionsbereitschaft auch Handlungskompetenz vermittelt werden, „*damit – vereinfacht gesagt – aus Wissen Verantwortung und aus Verantwortung die Kraft zur politischen Intervention erwachsen kann.*" (ebd.: 73)

Beispiel 2: Großbritannienstudien	Mit einem eigenständigen Fachgebiet ‚Großbritannienstudien' skizziert KAMM (2000) eine zweite Variante anglistischer Kulturstudien. Zu den Voraussetzungen dieser anglistischen Subdisziplin zählen erstens ein weit gefasster Kulturbegriff, der auch die politische Kultur, Unternehmenskulturen, Rechtskultur und Wissenschaftskultur mit einschließt und der somit den Gegenstandsbereich der Anglistik signifikant erweitert. Die zweite Voraussetzung ist – in Anlehnung an die Tradition des Natur-Kultur-Dualismus – die *„Unterscheidung zwischen Natur als dem wertfreien Dasein der Dinge und Kultur als dem Produkt menschlichen Handelns und der Verwendung dann nicht mehr wertfreier Dinge (sog. ‚Inwertsetzung') mit dem Ziel sinngebender Orientierung menschlichen Daseins"* (ebd.: 23). Drittens wird die Vorstellung von ‚einer' britischen Kultur aufgegeben. Stattdessen rücken unterschiedliche Bereiche kulturellen Handelns (hegemoniale Kulturen, Sub- und Gegenkulturen, Minoritätenkulturen etc.) in den Blick.
Kulturelle Kompetenz	Das Ziel der Großbritannienstudien ist die Vermittlung von (inter)kultureller Kompetenz bzw. von Toleranz gegenüber der fremden und kritischer Distanz zur eigenen Kultur. Voraussetzung dafür sind die Beschäftigung mit den Strukturen der sozialen Organisation in Großbritannien, die Analyse und Bewertung kultureller Varianten und die Untersuchung von Heterostereotypen (z. B. deutsche Nationalstereotypen über GB). KAMM (ebd.: 26) identifiziert vier Parameter, die den Gegenstandsbereich der Großbritannienstudien weiter abgrenzen: 1) Großbritannien als geographischer Kulturraum; 2) die Menschen, die diesen Kulturraum in unterschiedlicher Form für sich kulturell genutzt haben; 3) die historische Zeit als eine Geschichte der Kultur, in der sich die Entwicklung der geographischen ‚Inwertsetzung' durch Menschen entfaltet hat, und 4) die historischen und zeitgenössischen Kommunikationsformen, mit deren Hilfe sich die Menschen innerhalb ihres Kulturraums über dessen ‚Inwertsetzung' verständigt und dabei ihre jeweils spezifischen Wirklichkeitswelten kulturell erschaffen haben.
Forschung und Lehre	Den Forschungs- und Lehrgegenstand der Großbritannienstudien und die sich daran angliedernden Forschungsrichtungen veranschaulicht das folgende Diagramm. Es zeigt deutlich die vier *„Eckpositionen"* (KAMM) des Raumes, der Zeit, der Menschen und ihrer Kommunikation, die den Zugang zur britischen Kultur eröffnen.

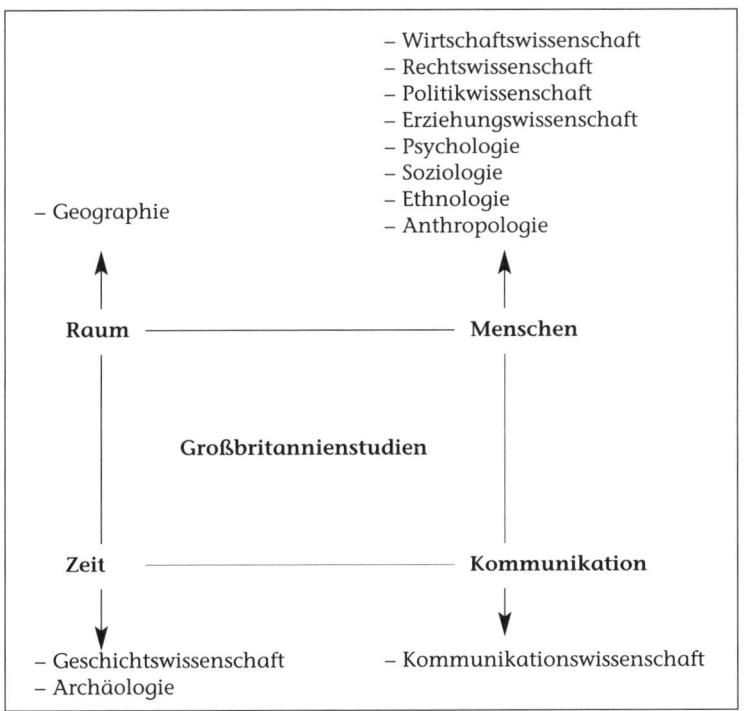

```
                          – Wirtschaftswissenschaft
                          – Rechtswissenschaft
                          – Politikwissenschaft
                          – Erziehungswissenschaft
                          – Psychologie
                          – Soziologie
                          – Ethnologie
   – Geographie           – Anthropologie

          ↑                        ↑
                                   |
   Raum  ————————————————  Menschen
                                   |

          Großbritannienstudien


          |                        |
   Zeit  ————————————————  Kommunikation
          |                        |
          ↓                        ↓
   – Geschichtswissenschaft    – Kommunikationswissenschaft
   – Archäologie
```

Abb. 6: Forschungs- und Lehrgegenstand der Großbritannienstudien (KAMM 2000: 27)

TESKES Einführung *Cultural Studies: GB* (2002) dokumentiert den Fortschritt in der Verankerung der britischen Kulturstudien als Teilbereich des Anglistikstudiums: Musste KRAMER (1997) im Vorwort noch für die Akzeptanz dieses neuen Teilbereichs werben, kann TESKE bereits konstatieren, dass sich die Cultural Studies mittlerweile als eigenständiger Studienbereich etabliert haben.

Beispiel 3: Cultural Studies

Allerdings ist dieses neue Teilgebiet der Anglistik nach wie vor durch eine besondere Heterogenität gekennzeichnet. Dieser theoretischen und methodischen Vielfalt, die seit der Gründung des CCCS charakteristisch für das Projekt der Cultural Studies ist, will Teske Rechnung tragen, indem sie keine einheitliche Darstellung anstrebt, sondern auf Fallstudien aufbaut. Diese sind als ‚Einfallswinkel' konzipiert, d. h. sie eröffnen exemplarisch Zugänge zu bestimmten Aspekten der britischen Kultur wie etwa der Jugendkultur, der Multikultur und dem nationalen Kulturmarketing (z. B. Millenium Dome). Auf diese Weise wird im Einklang mit aktuellen Kulturtheorien ein dynamisches Bild von Kultur entworfen, das bewusst auf eine einheitliche, homogenisierende Syn-

Einfallswinkel

these verzichtet, dafür aber Abstriche bei der Kohärenz der Darstellung in Kauf nehmen muss.

Zeit, Raum, Identität

Die von TESKE vorgestellten Fallbeispiele orientieren sich an den Kategorien Zeit, Raum und Identität. Diese verweisen auf kulturell geprägte Geschichtserfahrungen und –vorstellungen, nationale Selbstbilder, Traditionen und Mythen, Raumentwürfe und kulturelle Topographien. Mit auf Studierende zugeschnittenen Verständnisfragen, Checklisten und Lektüretipps empfiehlt sich TESKES Einführung als Studienbuch, das in erster Linie Anregungen zum Selbststudium im Bereich der Cultural Studies vermittelt.

Study of British Cultures

Die hier exemplarisch vorgestellten Konzeptionen einer kulturwissenschaftlichen Anglistik können längst nicht alle ‚Gemeindemitglieder‘ der *broad church* Cultural Studies berücksichtigen. Daher sollen zum Abschluss wenigstens abrissartig weitere wichtige Stationen der anglistischen Rezeption und Institutionalisierung der Cultural Studies rekapituliert werden. Im Jahr 1989 hat der Anglistentag dem Thema ‚Cultural Studies‘ erstmals eine eigene Sektion gewidmet. Ein Jahr später wurde die Cultural Studies Conference gegründet, die seither jährlich stattfindet und von einer Reihe weiterer Initiativen (Arbeitskreis Cultural Studies in den Neuen Bundesländern, Arbeitskreis Deutsche Englandforschung, Centre of Curriculum Development an der Universität Dortmund u. a.) begleitet ist.

British Studies Portal

Besondere Erwähnung verdienen das ‚British Studies Portal‘ des British Council (www.britishstudies.de) sowie die im Jahr 2002 in Bochum gegründete Deutsche Gesellschaft für das Studium Britischer Kulturen (www.britcult.de). Diese versteht sich selbst nicht zuletzt als Unterstützungsorgan für das *Journal for the Study of British Cultures,* das sich seit dem Erscheinen der ersten Ausgabe (1994) als zentrales Forum für kulturwissenschaftliche Debatten innerhalb der Anglistik etabliert hat.

Wichtige Impulse

Wie dieses Kapitel gezeigt hat, verdanken sowohl die deutschen Sozial- und Medienwissenschaften als auch die Anglistik den britischen Cultural Studies wichtige Impulse. Auch wenn die Blütezeit des Birmingham Centre schon einige Jahre zurückliegt, ist das Interesse an den dort entstandenen Arbeiten nach wie vor ungebrochen – sie sind ein fester Bestandteil des theoretischen Programms der kulturwissenschaftlichen Anglistik. Diese lässt sich jedoch nicht auf die Cultural Studies reduzieren: Wie das folgende Teilkapitel zeigt, liegen ihre Wurzeln auch in der französischen und amerikanischen Kulturwissenschaft und Kulturgeschichtsschreibung, insbesondere in der Semiotik, der Diskursanalyse, dem New Historicism und der Mentalitätengeschichte.

📖 *Literaturtipps*

British Cultural Studies (KRAMER 1997)

KRAMERS Studienband war die erste und lange Zeit die einzige anglistische Einführung in die British Cultural Studies in Buchlänge und ist nach wie vor als Textgrundlage und zum Selbststudium uneingeschränkt zu empfehlen.

Cultural Studies: GB (TESKE 2002):

Diese aktuelle Einführung in die British Cultural Studies stellt einen wichtigen Teilbereich der anglistischen Kulturwissenschaft vor und illustriert an zahlreichen Beispielen die Erkenntnisinteressen und Vorgehensweisen der kritischen Kulturanalyse.

Die Kunst des Eigensinns: Cultural Studies als Kritik der Macht (WINTER 2001):

Das sozialwissenschaftliche Pendant zu TESKES anglistischer Einführung in die Cultural Studies gibt einen äußerst kompetenten Überblick über die Vorgeschichte und Entstehung des Centre for Contemporary Cultural Studies und veranschaulicht dessen Bedeutung für die Kultursoziologie der Gegenwart.

Theoretische und methodische Grundlagen der anglistischen Kulturwissenschaft

KAPITEL 4

> Auf die ‚Explosion der (möglichen) Inhalte' [...] gibt es nur eine ange-
> messene Antwort: den Akzent nicht auf Inhalte zu setzen. Wer seinen
> Studierenden ‚Inhalte' beibringt statt Verfahren und Methoden
> anhand von Inhalten, *versagt als akademischer Lehrer wie derjenige,*
> *der das unterrichtet, was außerhalb der Universitäten vermeintlich*
> ‚gebraucht' wird. Weil das, was ‚gebraucht' wird, schon in wenigen Jah-
> ren etwas anderes sein wird, programmiert er systematisch Arbeits-
> losigkeit vor.

CHRISTOPH BODE

1 Kulturwissenschaften im Netzwerk Anglistik

Netzwerk

Die breite Rezeption der Cultural Studies in Deutschland hat wesentlichen Anteil an der kulturwissenschaftlichen Öffnung der Anglistik. Diese kulturelle Wende manifestiert sich in neuen Teilbereichen und Studiengängen, die das alte Erscheinungsbild der ehrwürdigen Englischen Philologie gründlich und nachhaltig verändert haben. Um in dieser Zeit des disziplinären Umbruchs den Überblick nicht zu verlieren, bieten sich dynamische Netzwerkmetaphern an (KORTE/MÜLLER/SCHMIED 1997). Elemente dieses Netzwerkes sind die Literaturwissenschaft, Sprachwissenschaft, Sprachpraxis, Fachdidaktik und Landeskunde, die im vorangegangenen Kapitel dargestellten Teilbereiche Großbritannienstudien (entsprechend der interdisziplinären Konzeptionen von BERG/KASTENDIEK und KAMM) und Cultural Studies (KRAMER, TESKE) sowie die anglistische Kulturwissenschaft, deren theoretische und methodische Grundlagen in diesem Kapitel vorgestellt werden.

Cultural Studies und Kulturwissenschaft

Auch wenn die sehr ähnlichen Bezeichnungen suggerieren, dass ‚Cultural Studies' und ‚Kulturwissenschaft' Synonyme und die Forschungsansätze, die sie bezeichnen, identisch sind, handelt es sich doch um zwei ‚ungleiche Geschwister' (MUSNER 2001): Die Cultural Studies stehen in der britischen, soziologisch orientierten Tradition der Kulturwissenschaft. Die anglistische Kulturwissenschaft versteht sich dagegen als Fremdkulturwissenschaft und historisch orientierte Medienkulturwissenschaft (vgl. Kap. 1.3). Zudem ist sie – anders als die Kultursoziologie – eine Textwissenschaft (GRABES 1996b, NÜNNING/JUCKER 1999).

Wie der Überblick über die Entstehung der Cultural Studies gezeigt hat (vgl. Kap. 2.2), liegen ihre Wurzeln – wie die der anglistischen Kulturwissenschaft – in der Literaturwissenschaft. Während sich allerdings die britischen Kulturstudien zu einer Medien- und Kultursoziologie mit einem Schwerpunkt in der empirischen Rezeptionsforschung weiterentwickelt haben (vgl. Kap. 3.2), versteht sich die anglistische Kulturwissenschaft als Textwissenschaft. Sie ist kompatibel zur Literaturwissenschaft, die sich mit den spezifischen Formen und Funktionen fiktionaler Literatur befasst, beschäftigt sich jedoch auch mit nicht-literarischen Texten unterschiedlicher Art. Die disziplinären Kompetenzen der Kulturwissenschaft liegen in der semiotischen und hermeneutischen Beschreibung, Analyse und Interpretation kultureller Narrative und *signifying practices*. Zwar zählen im Zuge der kulturwissenschaftlichen Öffnung der Anglistik auch nichtliterarische Phänomene wie Fernsehfilme, Cyberpunk, *soap operas* oder Popmusik zum anglistischen Gegenstandsbereich (NÜNNING/JUCKER 1999: 146). Diese werden aber als Zeichensysteme aufgefasst, die analog zur Funktionsweise von Texten Bedeutung erzeugen und vermitteln. All diese ‚Texte' sind als Symbolsysteme wiederum in komplexe diskursive Zusammenhänge eingebunden.

Textwissenschaft

Was dies in der Praxis bedeutet, lässt sich am Beispiel der Architektur veranschaulichen: „*In one sense the term ‚architext' refers to a building as text, i.e. as a semiotic system which generates meaning [...] and invites a dramatic communication between itself and a respondent observer. In a second sense the term ‚architext' designates the written representation and the inevitable interpretation of a building's meaning by an individual observer.*" (KAMM 2002: 6) Gebäude können aus der Sicht der anglistischen Kulturwissenschaft prinzipiell als ‚Architexte', also als architektonische Zeichensysteme, konzipiert und analysiert werden. Häufiger praktiziert wird jedoch der zweite von KAMM genannte Ansatz der Analyse diskursiver Repräsentationen von Architektur. Beispiele hierfür sind TESKES (1999) Studie zur ‚Vertextung' Londons in der postmodernen Literatur oder, bezogen auf ein epochales Ereignis, MERSMANNS (2001) vielschichtige Rekonstruktion der diskursiven Repräsentation der ersten Weltausstellung *(Great Exhibition)* in London im Jahr 1851.

Architektur als ‚Architext'

Die große Reichweite der anglistischen Kulturwissenschaft, die sich nicht auf die Interpretation literarischer Werke beschränkt, sondern sämtliche in der britischen Kultur zu beobachtenden *signifying practices* sowie kollektive Ideen, Gefühle und Werte einbezieht, erklärt ihren gestiegenen Theoriebedarf: Zusätzlich zu den Modellen und Methoden der Literaturwissenschaft werden seit den 1980er Jahren verstärkt theoretische und methodische Ansätze anderer kulturwissenschaftlicher Disziplinen, insbesondere der

Theoriebedarf

Ethnographie, der Soziologie und der Geschichtswissenschaft, rezipiert, diskutiert und adaptiert. Diese zunehmende interdisziplinäre Verflechtung der Geistes- und Sozialwissenschaften erlaubt es, spannende neue Fragestellungen zu verfolgen, größere kulturelle Zusammenhänge in den Blick zu bekommen und über den eigenen disziplinären Tellerrand hinauszublicken.

Kulturwissenschaftliche Kompetenzen

Die Fokussierung auf Theorien und Methoden in der anglistischen Kulturwissenschaft, aber auch in den Cultural Studies, bewirkt eine Qualitätssteigerung der Lehre. Schließlich geht es für Studierende darum, grundsätzliche und vor allem transferierbare Erkenntnisse und Einsichten zu gewinnen, da angesichts der Vielzahl der relevanten Kulturthemen und Einzelphänomene sowie der raschen kulturellen Veränderungen, die jedes Faktenwissen schnell veralten lassen, ein exemplarisches und paradigmatisches Lernen unerlässlich ist: *„Im Gegensatz zur traditionellen Landeskunde geht es den meisten kulturwissenschaftlichen Ansätzen also nicht bloß um eine Vermittlung von kulturellem Hintergrund- oder Sachwissen, sondern um eine Ausbildung von übertragbaren Analyseverfahren und von interkulturellen Handlungs- und Kommunikationskompetenzen."* (NÜNNING/JUCKER 1999: 147)

Kanonisierung

Nach einer Phase der hektischen Theoriebildung und der in immer kürzeren Abständen proklamierten Paradigmenwechsel in den 1990er Jahren zeichnet sich allmählich ein Kanon zentraler kulturwissenschaftlicher Leitbegriffe, Konzepte und Modelle ab. Aktuelle Nachschlagewerke (A. NÜNNING 2001) und Überblicksdarstellungen (DANIEL 2002) erleichtern Studierenden die Aneignung theoretischer und methodischer Grundlagen und dienen als Diskussionsgrundlage für die weitere Entwicklung und innerdisziplinäre Kooperation der kulturwissenschaftlichen Ansätze innerhalb der Anglistik.

Wegweiser und Appetitanreger

Die folgende Kurzdarstellung ethnographischer, semiotischer und diskursanalytischer sowie historiographischer Theorieansätze ist als eine Orientierungshilfe für Studierende gedacht, die sich einen ersten Überblick über relevante Konzepte verschaffen wollen oder methodische Anregungen für Haus-, Magister- oder Staatsarbeiten suchen. Sie versteht sich nicht nur als Wegweiser durch den Theoriedschungel, sondern auch als Appetitanreger für die weiterführende Lektüre – Theorien regen zu eigenständigem, kreativem Denken an und erschließen Zusammenhänge zwischen scheinbar unverbundenen Einzelphänomenen.

2 Ethnographische und anthropologische Ansätze: Kultur als Text, symbolische Form und soziale Praxis

Die anglistische Kulturwissenschaft verdankt ihre Entstehung neben dem maßgeblichen Einfluss der Cultural Studies auch einer Reihe programmatischer Anregungen aus anderen kulturwissenschaftlichen Disziplinen. Wichtige Impulsgeber für die kulturwissenschaftliche Neuorientierung der Literaturwissenschaft sind die amerikanische Ethnographie und Anthropologie der 1960er und 1970er Jahre (JAMES CLIFFORD, CLIFFORD GEERTZ). Diese knüpfen ihrerseits an die Kultursemiotik der 1920er Jahre (FERDINAND DE SAUSSURE, ERNST CASSIRER) an und führen die vor dem Zweiten Weltkrieg begonnene ‚symbolische Wende' der Kulturwissenschaften fort.

Programmatische Anregungen

Wenn man eine übergreifende Entwicklung in der Kulturtheorie des 20. Jahrhunderts benennen kann, die unterschiedliche Theorien und methodische Ansätze in zahlreichen Disziplinen stark beeinflusst hat, so ist dies der Übergang von einem naiven Essentialismus hin zu einem symbolzentrierten Kulturverständnis: Die menschliche Kulturtätigkeit wird als ein umfassendes System der Symbolbildung begriffen. Diese Hinwendung zum Symbolischen (*symbolic turn*), die in der Philosophie durch KANTS Unterscheidung von dem Wesen der Dinge und ihren Erscheinungsformen und in der Linguistik durch DE SAUSSURES einflussreiche Zeichentheorie vorbereitet ist, wird vor allem mit dem Kulturphilosophen ERNST CASSIRER in Verbindung gebracht, der der Kultursemiotik maßgebliche Impulse gegeben hat (vgl. DANIEL 2002: 90–101).

Symbolische Wende

ERNST CASSIRER (1874–1945), ein jüdischer Philosoph, Kultur-, Geschichts- und Kunstwissenschaftler, musste 1933 unter dem Druck des Nazi-Regimes emigrieren. Dennoch setzte er seine an der Universität Hamburg begonnene akademische Tätigkeit in Oxford, Uppsala, Göteborg und den USA (Yale, New York) fort. Dort entstand die philosophische Schrift *Versuch über den Menschen* (1990 [1944]), in der CASSIRER seine Symboltheorie zusammenfassend darlegt: *„Die Philosophie der symbolischen Formen geht von der Voraussetzung aus, dass, wenn es überhaupt eine Definition des ‚Wesens' oder der ‚Natur' des Menschen gibt, diese Definition nur als funktionale, nicht als substantielle verstanden werden kann [...] Das Eigentümliche des Menschen, das, was ihn wirklich auszeichnet, ist nicht seine metaphysische oder physische Natur, sondern sein Wirken."*

ERNST CASSIRER

Philosophie der symbolischen Formen	Seine von einer ungewöhnlich breiten Kenntnis der europäischen Philosophiegeschichte zeugende Kulturphilosophie hat CASSIRER in dem dreibändigen Hauptwerk *Philosophie der symbolischen Formen* (1923–1929) entwickelt. CASSIRERS zentrale These ist, dass der Mensch symbolische Kategorien benötigt, um seine Erfahrung zu strukturieren. Alle Lebensbereiche einer Kultur – Mythos, Religion und Sprache, aber auch Geschichte, Kunst, Recht, Technik, Wirtschaft und Wissenschaften – lassen sich in diesem Sinne als Zeichensysteme oder ‚symbolische Formen' beschreiben, deren Sinn darin besteht, die Wirklichkeit zu erfassen.
Animal symbolicum	Das Wesen des Menschen lässt sich nur über seine Tätigkeit, sein Tun, bestimmen. Dieses Tun besteht CASSIRER zufolge im beständigen Bilden von Symbolen. Der Mensch ist auf sie angewiesen, wenn er sich in der Wirklichkeit orientieren, sie erkennen und verstehen will. Die Realität erschließt sich nur über ein ‚artifizielles Medium'. Dies ist das vom Menschen geschaffene System von Symbolen, das die Welt vermittelt, ihr Bedeutung und Sinn verleiht. Die Symbolbildung ist von so großer Bedeutung, dass CASSIRER den Menschen als ‚*animal symbolicum'* bezeichnet.
Wirkung	Zu Lebzeiten blieb CASSIRERS philosophisches Werk, wohl bedingt durch Vertreibung und Emigration, weitgehend unbeachtet. Aber auch später kam die Rezeption nur langsam in Gang, so dass DANIEL (2002: 90) ironisch von einer *„grandiosen wissenschaftsgeschichtlichen Vergessensleistung"* spricht, *„die heute das Lesen CASSIRERS zu einem intellektuellen Aha-Erlebnis macht"*. Zwar wird CASSIRER erst in den letzten Jahren im Zuge der kulturwissenschaftlichen Theoriebildung und Quellensuche die verdiente Aufmerksamkeit zuteil. Seine Symboltheorie ist jedoch bereits in den 1940er Jahren von der amerikanischen Philosophin SUZANNE K. LANGER (*Philosophy in a New Key*, 1942) und später von ihrem Kollegen NELSON GOODMAN (*Ways of Worldmaking*, 1978) aufgegriffen worden. In Deutschland knüpft HANS BLUMENBERGS (1998 [1960]) Metaphorologie an CASSIRER an. Dieser wiederum verdankt die komparatistische Imagologie, eine kulturwissenschaftliche Methode zur Analyse nationenbezogener Selbst- und Fremdbilder (vgl. Kap. 4.5), wichtige Impulse.
Ethnologie	Noch bedeutender erscheint aus heutiger Sicht allerdings der große Einfluss CASSIRERS auf CLIFFORD GEERTZ, der sich bei seiner folgenreichen Neukonzeptualisierung der Ethnographie ebenfalls auf die Symboltheorie stützt. Die Ethnologie, die systematische Erforschung fremder Völker und Kulturen, konstituierte sich erst gegen Ende des 19. Jahrhunderts als eigenständige wissenschaftliche Disziplin (vgl. DANIEL 2002). In der Gründungsphase ging die Ethnologie von einem evolutionistischen Kulturmodell aus, das die Kulturen in vermeintlich höhere und niedrigere Entwick-

lungsstufen innerhalb eines universalistischen Modells der Menschheitsentwicklung einteilte.

,Teil-
nehmende
Beobach-
tung'

Wesentlichen Anteil an der ersten Modernisierungs- und Professionalisierungswelle der jungen Wissenschaft und ihrer dauerhaften Verankerung im Kanon der universitären Fächer hatte der gebürtige Pole Bronislaw Malinowkski (1884–1942). Der spätere Begründer der britischen *social anthropology* leitete in den 1920er Jahren die ,empirische Wende' ein. Im Gegensatz zu den sog. Lehnstuhl-Ethnologen der Anfangszeit, die sich nur auf von Reisenden, Kolonialbeamten und Missionaren gesammelte Beobachtungen stützten, sollten die Wissenschaftler nun selbst Daten erheben. Dazu entwickelte Malinowski die Methode der ,teilnehmenden Beobachtung', ein Verfahren zur Objektivierung der in der Feldforschung gewonnenen Erkenntnisse. Damit leistete er einen wesentlichen Beitrag zur wissenschaftlichen Ausdifferenzierung und institutionellen Etablierung der ethnographischen Forschung. Diese ist in der Folge nicht mehr diachron, auf die Menschheitsgeschichte hin, ausgerichtet, sondern konzentriert sich auf die synchrone Analyse sozialer Strukturen sowie kollektiv geteilter Überzeugungen und Weltanschauungen.

Repräsen-
tation des
Anderen

Die Methode der ,teilnehmenden Beobachtung' soll dazu beitragen, die fremde Kultur aus ihrer eigenen Sicht zu beschreiben. Da aber in ethnographischen Berichten dem Fremden keine eigene Stimme eingeräumt, sondern seine Perspektive immer nur über die Beschreibung des Ethnographen, also indirekt, vermittelt wird, ergibt sich ein „*konstitutives Paradox*" (Berg/Fuchs 1995: 36): „*[D]ie Standpunkte der Anderen, ihre Sichtweise werden zwar zentral, doch sie kommen außer in gelegentlichen Belegzitaten nicht selbst zu Wort, sie werden repräsentiert.*" Die Repräsentation des Anderen bleibt damit stets ein Akt der Fremdzuschreibung, der die Beobachteten nicht in die Kulturbeschreibung einbezieht und so auch deren Innensicht und Selbstwahrnehmung als mögliches Korrektiv der wissenschaftlichen Beobachtung ausklammert.

Interpreta-
tive Wende

Vor dem Hintergrund der interpretativen Wende des Faches ist das ursprüngliche Objektivitätsstreben der Ethnologie kritisiert worden. Erstens gilt die Auffassung, der Ethnologe könne aus der Perspektive des beteiligten Außenseiters die Funktionsweise der anderen Kultur vollständig durchschauen, als ethnozentrisch. Zweitens trägt der Kritik zufolge die ethnographische Beschreibung durch Distanzierung und Objektivierung des Anderen *(othering)* eher zur Konstruktion von Fremdheit und Exotik als zu einer neutralen Darstellung der fremden Kultur oder gar zum interkulturellen Dialog und Fremdverstehen bei. Drittens schließlich droht eine Überschätzung der eigenen Leistungsfähigkeit: „*Der Andere sieht nur*

seine Welt, [...] während der Ethnologe sich den Über-Blick über viele Welten, unterschiedliche Kulturen anmaßt und zutraut. Die Sicht des Eingeborenen auf die Welt (das Auftreten) des Ethnographen wird, ohne einen weiteren Gedanken, ausgeblendet." (BERG/FUCHS 1995: 37)

CLIFFORD GEERTZ

Hier setzt die Wissenschaftskritik des amerikanischen Ethnologen und Kulturanthropologen CLIFFORD GEERTZ (*1926) an. GEERTZ verlagert das Gewicht von der Beobachtung und systematischen Beschreibung fremden Verhaltens auf das Verstehen des Fremden und regt an, die Analyse kultureller Praktiken analog zur kritischen Lektüre eines Textes als hermeneutischen Akt der Interpretation aufzufassen. Damit leitet er einen ethnographischen Paradigmenwechsel ein, von einer nach Objektivität strebenden, empirischen hin zu einer interpretierenden, hermeneutischen Wissenschaft.

Interpretation of Cultures

Deren Voraussetzungen beschreibt GEERTZ in *The Interpretation of Cultures* (2001 [1973]), einer Sammlung seiner wichtigsten Forschungsbeiträge, die er auf Anregung des Verlegers zusammengestellt und in einem einleitenden Aufsatz kommentiert hat. In diesem wegweisenden Aufsatz, der den Titel „Thick Description: Toward an Interpretive Theory of Culture" trägt und zu den meistzitierten Beiträgen zur kulturwissenschaftlichen Theoriedebatte zählt, legt GEERTZ (ebd.: 5) seine Auffassung von Kultur und (ethnographischer) Kulturanalyse dar: *„The concept of culture I espouse, and whose utility the essays below attempt to demonstrate, is essentially a semiotic one. Believing, with MAX WEBER, that man is an animal suspended in webs of significance he himself has spun, I take culture to be those webs, and the analysis of it to be therefore not an experimental science in search of law but an interpretive one in search of meaning."*

‚Dichte Beschreibung'

Das Ziel der semiotischen und interpretativen Kulturanalyse, das ‚selbstgesponnene Bedeutungsgewebe' einer Kultur zu verstehen, will GEERTZ durch die ethnographische Methode der ‚dichten Beschreibung' (*thick description*) erreichen. Der Begriff stammt von dem Philosophen GILBERT RYLE, die Idee aus der Hermeneutik: Je mehr man über einen Text weiß, desto genauer kann man seine Bedeutung erkennen und seinen Sinn entschlüsseln. Der ‚Text' der Ethnographinnen und Ethnographen ist semantisiertes (d. h. mit Bedeutung aufgeladenes) Verhalten, der Sinn, der sich dahinter verbirgt, ist die Vielzahl vernetzter, kollektiv geteilter und die sozialen Diskurse bestimmender konzeptueller Strukturen, mit deren Hilfe sich jede Kultur auf die ihr angemessene Weise die Welt erklärt.

Kultur als Text

Für die große interdisziplinäre Wirkung der Methode der ‚dichten Beschreibung' – des Versuchs, *„Beobachtungen unter sorgfältiger Berücksichtigung von Details und ihrem Kontext ‚dicht', wohl besser:*

ver-dichtet (im Sinn von inhaltlich ‚auf den Punkt gebracht' und formal ‚ansprechend gestaltet') zu beschreiben und zu interpretieren" (KRAMER 2000: 108) – lassen sich zwei Gründe anführen: Erstens bekennt GEERTZ sich offen zu einer ‚weichen' Ethnographie, die keine ‚*science*' im naturwissenschaftlichen Sinn sein kann und will, weil ihre Phänomene nicht Naturgesetze, sondern menschliche Konstrukte sind. Zweitens ‚importiert' er die literaturwissenschaftliche Methode der hermeneutischen Textinterpretation in die Ethnographie, deren Gegenstand, die Kultur, er metaphorisch als Manuskript bezeichnet, das es zu rekonstruieren, zu entschlüsseln und zu interpretieren gilt. Dadurch wertet er nicht nur die (oft wegen ihrer vermeintlichen Unwissenschaftlichkeit kritisierte) Hermeneutik auf, sondern liefert der Literaturwissenschaft auch eine theoretische Begründung für die ohnehin angestrebte Erweiterung ihres Gegenstandsbereichs: Wenn die Kultur ein Text ist, sind die LiteraturwissenschaftlerInnen auch KulturwissenschaftlerInnen. Die *„atemberaubende Karriere"* (DANIEL 2002: 234) der ‚dichten Beschreibung' und der allgegenwärtigen Metapher ‚Kultur als Text' (BACHMANN-MEDICK 1996) ist damit vorprogrammiert.

Die metaphorische Gleichsetzung von kulturellen Praktiken und textuellen Strukturen lenkt den Blick auf die Interpretierbarkeit von Kulturen. Die Bedeutungen menschlicher Handlungen, die den Handelnden selbst nicht vollständig bewusst sein müssen, werden durch die Interpretationen der Ethnologen und Ethnologinnen erschlossen – wie die Bedeutungen von Texten, die sich verselbständigen, sich von der ursprünglichen Absicht der Verfasser lösen und kulturellen Werten und Normen, kollektiv geteilten Denk- und Empfindungsweisen sowie Weltanschauungen Ausdruck verleihen können. Die Interpretation von Texten eröffnet Einblicke in die mentale Verfassung der Kultur, die sie hervorgebracht hat, und wird damit selbst zur ethnographischen Tätigkeit: *„Ziel ist es, im Horizont der Metapher von Kultur als Text Zugang zu den Selbstbeschreibungsdimensionen einer Gesellschaft zu gewinnen."* (BACHMANN-MEDICK 1996b: 10) Betrachtet man literarische Texte aus dieser ethnographisch-kulturwissenschaftlichen Perspektive, rücken neue Fragestellungen in den Blick, die die ältere, textimmanent arbeitende Literaturwissenschaft nicht einmal zu stellen, geschweige denn zu beantworten vermochte.

Produktive Metapher

Doch kann man Kultur und soziales Handeln tatsächlich – wenn auch nur metaphorisch – als textuelle Struktur bezeichnen? Oder, um mit BACHMANN-MEDICK (ebd.: 8) zu sprechen: *„Wie weit ist die Metapher von ‚Kultur als Text' methodisch zu konkretisieren?"* Die Kritik an der semiologischen ‚Textualisierung' von Kultur richtet sich erstens gegen die *„Entkontextualisierung und Entpolitisierung der Kulturanalyse"* (BROMLEY 1999: 21), zweitens gegen die Tendenz zur

Kritik

Substantialisierung der Text-Metaphorik (vgl. BERG/FUCHS 1993: 55) und drittens gegen das dadurch implizierte „Interpretationsprivileg" (LENK 1996: 120). Die metaphorische Gleichsetzung von Kultur und Text suggeriert zum einen, dass die ‚textuellen' Strukturen, die die Kulturwissenschaft beschreibt und interpretiert, nicht von ihr konstruiert, sondern empirisch vorgefunden sind, und setzt sich zum anderen dem Vorwurf des Reduktionismus aus. Dabei gerät das eigentliche Ziel der interpretativen Ethnographie und Kulturanthropologie aus dem Blick: „Nicht ‚Gesellschaft' auf ‚Kultur' und ‚Kultur' auf ‚Text' zu reduzieren, kann die Zukunft eines kulturwissenschaftlichen Theorieprogramms sein, sondern ‚dichte Berschreibungen' von Texten und anderen Zeichensystemen" (ORT 2003: 24).

| ‚GEERTZ' in der Anglistik | Fragt man nach der Bedeutung von GEERTZ und seiner interpretativen Ethnographie für die Anglistik, fällt eine eindeutige Antwort schwer. Unbestritten ist, dass GEERTZ einen großen Einfluss auf die Entstehung des *New Historicism* gehabt und damit auf Umwegen in die Anglistik hineingewirkt hat. Klar ist auch, dass seine anregenden Aufsätze mit ihren anschaulichen Metaphern die Aufmerksamkeit auf produktive neue Fragestellungen lenken und interdisziplinäre Anschlussmöglichkeiten eröffnen. Über dieses wissenschaftsgeschichtliche Verdienst und die motivierende Wirkung hinaus bieten GEERTZ und seine Ideen allerdings kaum konkrete Anknüpfungspunkte: Er hat weder die Einzelheiten seiner hermeneutischen Interpretationsmethode präzisiert noch angesichts der gegen ihn vorgetragenen Kritik seine theoretischen Positionen überarbeitet (vgl. KRAMER 2000). Die ‚dichte Beschreibung' und die Vorstellung von der Kultur als Manuskript, Dokument oder Text bleiben inspirierende Metaphern – nicht mehr, aber auch nicht weniger. |

3 Semiotische, diskursanalytische und soziologische Ansätze: Zeichen, Macht, Habitus

| ROLAND BARTHES | Der französische Literatur- und Kulturtheoretiker ROLAND BARTHES (1915–1980), dessen provokative These vom ‚Tod des Autors' (1968) bis heute zu heftigen Kontroversen führt, hat wie GEERTZ und BOURDIEU der Kulturwissenschaft wichtige Impulse gegeben. Seine Theorie der Semiose, die z. B. der Erforschung der Alltagsmythen in *Mythologies* (1957; dt.: *Mythen des Alltags*) zugrunde liegt, führte zwar – anders als FOUCAULTS Diskursanalyse – nicht zur Entwicklung einer eigenen Methodik. Die wissenschaftsgeschichtliche Bedeutung der kurzen, meist nur wenige Seiten umfassenden Kulturanalysen ist aber darin zu sehen, dass sie |

bereits sehr früh Aspekte der zeitgenössischen Kultur aufgreifen und sich dabei auf Phänomene der *popular culture* konzentrieren. BARTHES' Beobachtungen zum Kinofilm, zum Striptease oder zur ‚Göttin' (*déesse*), dem von BARTHES als ‚humanisierte Kunst' gepriesenen Citroen DS 19, sowie zu ‚Beefsteak und Pommes frites', zählen heute zu den klassischen Vorbildern der Cultural Studies.

BARTHES, ein Querdenker mit ungewöhnlichem Werdegang, der erst im Alter von 62 Jahren – u. a. auf Betreiben FOUCAULTS – auf den Lehrstuhl für literarische Semiologie am prestigereichen Collège de France berufen wurde, stellt in Anlehnung an die zeichenorientierte Linguistik den Begriff der Semiosis in den Mittelpunkt seiner theoretischen Überlegungen. Damit ist der Prozess der Bedeutungserzeugung im Spiel der sprachlichen Zeichen gemeint. Diese Bedeutungserzeugung ist im Alltag durch stereotype Sprachverwendung, rhetorische Muster und Repertoires von Klischees in der Regel ideologisch gefärbt, d. h. durch die herrschende Rede- und Wissensordnung geprägt, die einen bestimmten Sprachgebrauch erzwingt. Sichtbar wird dies in den sprachlichen und nicht-sprachlichen Codes des Massenkonsums und der Massenkommunikation, etwa in der Werbung, der Mode und der Architektur.

Semiose

Nur durch Sprachspiele und unkonventionelle Verwendung der Zeichen kann der Sprechende sich dem ideologischen Zwang der Sprache entziehen. Die Literatur ist als Sprachkunst, Inszenierung und Spektakel eine besondere Form der semiologischen Praxis, die den Vorgang der Bedeutungserzeugung selbst spielerisch sichtbar macht und damit bewusst die gewohnte Festlegung von Bedeutungen unterläuft. Aus dieser Grundthese entfaltet BARTHES sein theoretisches Programm einer Semiologie der Kultur, das in wesentlichen Punkten zur interpretativen Kulturanthropologie von GEERTZ komplementär ist (vgl. NEUMANN 1999): Literatur erscheint als Ethnographie, als ein Erkundungsorgan einer Kultur und ihrer Zeichen.

Literatur als Ethnographie

Allerdings verfolgt BARTHES ein anderes Ziel: Während GEERTZ die Kultur mit den Mitteln der Literaturwissenschaft interpretieren will, trägt für BARTHES bereits die Literatur selbst ethnographische Züge, da sie die kulturellen Bedeutungsmuster beobachtet, reflektiert und re-inszeniert. Im einen Fall wird der Textbegriff als Metapher zur Begründung einer neuen Methodologie der Kulturanalyse herangezogen (GEERTZ), im anderen Fall wird Kultur aus semiotischer Sicht als ein Zeichensystem aufgefasst, dessen ideologische Prägung durch literarische Sprachspiele beobachtbar wird (BARTHES). Diese ideologische Prägung bleibt bei BARTHES allerdings relativ unbestimmt. Eine zentrale Rolle spielt sie dagegen

GEERTZ & BARTHES

in FOUCAULTS Diskursanalyse, die dem Machtbegriff besondere Bedeutung zuweist.

MICHEL FOUCAULT

Der französische Historiker und Philosoph MICHEL FOUCAULT (1926–1984) hat mit seiner Theorie des Diskurses und seiner Methode der Diskursanalyse einen Paradigmenwechsel in der Literatur- und Geschichtswissenschaft herbeigeführt. Im Zentrum seiner historisch orientierten, macht- und ideologiekritischen Theorie, die über STEPHEN GREENBLATT und den *New Historicism* (vgl. Kap. 4.4) in die Anglistik hineinwirkt, steht die Absage an traditionelle historiographische (vgl. DANIEL 2002) und literaturwissenschaftliche Prämissen (vgl. KAMMLER 1997): FOUCAULT lehnt die geschichtswissenschaftlichen Konzepte von Tradition, Einfluss, Entwicklung und Evolution sowie Mentalität und Geist ebenso ab wie die herkömmlichen Auffassungen von Autor, Werk und Interpretation.

Diskurs

Diesen Konzepten, die Kohärenz, Einheit, Kontinuität, Originalität, Subjektivität und Verbindlichkeit suggerieren, stellt FOUCAULT in der theoretischen Studie *Archäologie des Wissens* (1997a [1969]) Begriffe wie Diskontinuität, Bruch, Schwelle, Grenze, Serie und Transformation entgegen. Geschichte erscheint aus der Sicht von FOUCAULTS Diskurstheorie als eine Abfolge gesellschaftlich dominanter Wissensordnungen, die sich in sog. Diskursen manifestieren. Der von FOUCAULT nie genau definierte Diskursbegriff beschreibt eine Menge von Aussagen, die einem gleichen Formationssystem zugehörig und Resultate einer spezifischen Praxis sind. Eine diskursive Praxis ist ein Ensemble von Regeln, das den Diskurs (seine Gegenstände, möglichen Subjektpositionen, Begriffe und Strategien) bestimmt (vgl. KAMMLER 1997). Diskurs (von lat. *discursus* – das Auseinanderlaufen) ist das Gegenstück zu Politik und Moral, deren Macht er bedroht und die ihn daher zu regulieren versuchen. Dies ist die zentrale These von FOUCAULTS Antrittsvorlesung als Inhaber des Lehrstuhls für die Geschichte der Denksysteme am Pariser Collège de France und ein wesentlicher Bestandteil seiner Diskurstheorie: *„Ich setze voraus, daß in jeder Gesellschaft die Produktion des Diskurses zugleich kontrolliert, selektiert, organisiert und kanalisiert wird – und zwar durch gewisse Prozeduren, deren Aufgabe es ist, die Kräfte und die Gefahren des Diskurses zu bändigen, sein unberechenbar Ereignishaftes zu bannen, seine schwere und bedrohliche Materialität zu umgehen.“* (FOUCAULT 1997b [1972]: 10f.)

Regulierung

Diese Prozeduren zur Regulierung des Diskurses sind FOUCAULT (ebd.) zufolge Ausschlussverfahren, die erstens das Erlaubte vom Verbotenen, zweitens das Normale vom Unnormalen und drittens das Wahre vom Falschen unterscheiden. Das Verbot wird durch Tabus markiert, seine Einhaltung durch die Zensur überwacht. Grenzziehungen wie die Entgegensetzung von Vernunft und

Wahnsinn hingegen bedienen sich nicht des Verbots, sie ignorieren schlichtweg abweichendes Verhalten, das nur in Literatur und Kunst, z. B. auf der Theaterbühne, zu Wort kommt. Das dritte Ausschließungssystem, die Trennung von Wahrem und Falschem, die sich auf die Institutionen der Wissenschaft (Bücher, Verlage, Bibliotheken, wissenschaftliche Gesellschaften, Laboratorien) stützt, bezeichnet FOUCAULT als Wille zum Wissen. Neben diesen drei externen Ausschlussmechanismen beschreibt FOUCAULT auch interne Prozeduren (Klassifikations-, Anordnungs- und Verteilungsprinzipien), Regeln, nach denen Diskurse sich selbst regulieren. Darüber hinaus werden Mechanismen wirksam, die nicht auf die Regulierung der Reichweite oder der inneren Ordnung der Diskurse abzielen, sondern den Zugang zum Diskurs beschränken: *„Niemand kann in die Ordnung des Diskurses eintreten, wenn er nicht gewissen Erfordernissen genügt, wenn er nicht von vornherein dazu qualifiziert ist."* (ebd.: 26)

FOUCAULTS Diskursbegriff bezieht sich auf die in einer Gesellschaft kursierenden geschriebene Texte. Er geht nicht so weit wie GEERTZ' kulturelle Entgrenzung des Textbegriffs, sondern hält weitgehend an einem traditionellen Textverständnis fest. Allerdings sind auch nicht-textuelle Phänomene für FOUCAULT diskursiv konstruiert: *„Er würde weder einen Körper noch eine Landschaft noch ein soziales Gebilde als Text lesen bzw. analysieren, wohl aber – und das ist entscheidend – einen Körper, eine Landschaft, eine soziale Struktur ebenso wie Normen und Werte als diskursiv konstituiert begreifen."* (KRAMER 1997: 113)

Diskurs und Text

FOUCAULTS Interesse ist stark historisch ausgerichtet, wie der Titel seiner methodologischen Schrift *Archäologie des Wissens* deutlich erkennen lässt: Neben einer Kritik der Ausschließungssysteme geht es ihm vor allem um die Genealogie des Diskurses, d. h. um die Bedingungen der Entstehung von Diskursen. Dass die Diskursanalyse hier dennoch nicht mit den historischen (vgl. Kap. 4.5), sondern mit den synchronen ethnographischen und semiotischen Theorieansätzen der Kulturwissenschaft aufgeführt wird, liegt an der Rezeption der Thesen zur Regulierung des Diskurses und deren Relevanz für eine Theorie der Macht: FOUCAULT ist für die Cultural Studies zu einer Ikone der Ideologiekritik geworden. Sein Machtbegriff hat u. a. EDWARD SAIDS postkoloniale Theorie des Orientalismus sowie JOHN FISKES Analytik des Populären (vgl. Kap. 3.2) maßgeblich beeinflusst. Anders als die semiotische Analyse der Kultur als Zeichensystem legt die kritische Diskursanalyse den Akzent weniger darauf, *wie* sich Kultur im Diskurs konstituiert, sondern vielmehr darauf, *welche* Stimmen sich den Ausschlussmechanismen widersetzen und sich im Diskurs Gehör verschaffen (vgl. HEPP 1999: 263).

Macht

PIERRE BOURDIEU	Die Kritik der Macht verbindet FOUCAULTS diskursive Gesellschafts-analyse mit BOURDIEUS soziologischen Arbeiten, die ähnlich wie die Studien von BARTHES besonders im medientheoretischen Bereich der Cultural Studies rezipiert worden sind. PIERRE BOURDIEU (*1930), wie FOUCAULT und BARTHES Professor am Collège de France, gilt als einer der bedeutendsten Vertreter der französischen Soziologie. In seinen Schriften, die soziologische und ethnographische Ansätze mit philosophischen Fragestellungen kombinieren, hat er sich vielfach mit unterschiedlichen Formen der Macht kritisch ausei-nandergesetzt: z. B. mit der Bedeutung von Macht und Einfluss innerhalb des Universitäts- und Bildungssystems, die Chancen-gleichheit zur Illusion werden lässt, aber auch mit den Ausei-nandersetzungen zwischen Berufsgruppen und sozialen Klassen innerhalb der Industriegesellschaft.
Habitus	In seiner Gesellschaftstheorie der ‚feinen Unterschiede' untersucht BOURDIEU (1987) die Entstehung und Auswirkungen sozialer Ungleichheit. Anders als FOUCAULT geht es ihm nicht um eine his-torische Analyse des Machtdiskurses, sondern um die konkrete Frage, wie sich Macht in der Gesellschaft manifestiert: Wie kommt es zu den sozialen Unterschieden? Neben der Verteilung des öko-nomischen, kulturellen und sozialen Kapitals (Geld, Bildung und Beziehungen) spielen BOURDIEUS Sozialisationstheorie zufolge typi-sche Verhaltensweisen (‚Lebensstile') eine Schlüsselrolle. Letztere sind durch den Habitus geprägt, d. h. die klassenspezifischen Wahrnehmungsweisen und Beurteilungskriterien, die sich jedes Individuum im Sozialisationsprozess aneignet. BOURDIEUS Habi-tusbegriff geht über die marxistische Klassentheorie hinaus, da sie die Aufmerksamkeit darauf lenkt, *„dass sich in der westlichen Mittel-standsgesellschaft der Nachkriegszeit neben den ökonomischen Unter-scheidungen eine Fülle von symbolischen Unterscheidungen etabliert haben, die Lebensstile als bestimmend für die Abgrenzung gesell-schaftlicher Gruppen entstehen lassen"* (RICHTER 2001).
Anschluss-möglich-keiten	Die Konstitution sozialer Realitäten durch kollektive Wahrneh-mungsweisen und die symbolische Strukturierung von Wirklich-keitsauffassungen verbinden BOURDIEUS Sozialisationstheorie sowohl mit CASSIRERS Theorie der symbolischen Formen und GEERTZ' interpretativer Ethnographie als auch mit der Semiologie und Mythologie ROLAND BARTHES', die eine Dekodierung kulturel-ler Symbole und Codes anstrebt. Darüber hinaus lassen sich Berührungspunkte mit dem in Kap. 4.4 vorgestellten Ansatz der Mentalitätengeschichte aufzeigen (vgl. DÖRNER/VOGT 1997).

4 Historische Ansätze: Grundlagen, Formen und Prinzipien anglistischer Kulturgeschichtsschreibung

In einer Auflistung der interdisziplinären Ideengeber der anglistischen Kulturwissenschaft darf neben der Anthropologie, Ethnographie, Soziologie und Semiotik die Historiographie nicht fehlen. Da der traditionelle Gegenstandsbereich der anglistischen Literatur- und Sprachwissenschaft bis ins Mittelalter zurückreicht, war die Geschichtsschreibung schon immer eine wichtige Nachbarwissenschaft. Allerdings blieb sie in der Regel auf ihre Funktion als Lieferantin des ereignis- und sozialgeschichtlichen Kontexts beschränkt und fungierte in diesem Sinne als Hilfsdisziplin der Literaturwissenschaft.

Historio-graphie

Für die anglistische Kulturwissenschaft hat die Historiographie einen ungleich höheren Stellenwert. Dies gilt insbesondere für jene drei revisionistischen Ansätze aus den USA, Deutschland und Frankreich, die innerhalb der Geschichtswissenschaft nach wie vor eher kritisch beäugte Randbereiche darstellen, sich aber bei der kulturwissenschaftlichen Neuorientierung der Anglistik als prägend erwiesen haben. Die Rede ist vom *New Historicism*, der Theorie des Kulturellen Gedächtnisses und der Mentalitätengeschichte. Bevor auf diese drei maßgeblichen Ansätze näher eingegangen wird, ist zunächst eine ‚Metatheorie‘ vorzustellen, die aus der aktuellen Debatte um die Prämissen, Prinzipien und Perspektiven der Geschichtsschreibung nicht mehr wegzudenken ist: HAYDEN WHITEs provokative Thesen zur Narrativität und Fiktionalität der Historiographie.

Drei Ansätze

In der Monographie *Metahistory* (1973), einer Studie über die Geschichtsschreibung im 19. Jahrhundert, setzt HAYDEN WHITE (*1928) dem alten Objektivitäts- und Faktizitätsideal der Geschichtswissenschaft die These entgegen, dass kulturell geprägte Erzählmuster die wissenschaftliche Wahrnehmung und die Darstellung historischer Sachverhalte prägen. Die Handlungsmuster literarischer Gattungen wie der Komödie, Tragödie, Satire und Romanze, die dominanten Argumentationsstrategien des Historikers sowie standardisierte Tropen (rhetorische Wendungen wie die Metapher, Metonymie, Synekdoche und Ironie) bestimmen die Art und Weise, in der historische Ereignisse zu Geschichten geformt werden. Die wissenschaftliche Präsentation geschichtlichen Wissens ist also nicht wertfrei und objektiv, sondern unterliegt stets auch nicht-wissenschaftlichen Bedingungen – Geschichtsschreibung ist also im Grunde genommen ein poetischer Akt, eine literarische Tätigkeit.

HAYDEN WHITE

Diese These, die von großen Teilen der traditionellen Geschichtswissenschaft bis heute zurückgewiesen wird, führt WHITE in der

The Content of the Form

Studie *Tropics of Discourse* (1978) und der Essaysammlung *The Content of the Form* (1987) weiter aus. Er wendet sich gegen die Vorstellung, der Historiker rekonstruiere durch das Studium der Quellen den tatsächlichen Verlauf der Geschichte. Stattdessen werden historische Fakten zu Geschichten verknüpft und dabei in Handlungs- und Sinnzusammenhänge eingebettet. Diese erzählerische Strukturierung (*emplotment*) der Vergangenheit ist ein zentraler Bestandteil der historiographischen Arbeit, die historische Ereignisse und Entwicklungen im Nachhinein (re)konstruiert und durch den Einsatz sinnstiftender Erzählstrategien plausibel macht. Zu den narrativen Strategien der Geschichtsschreibung zählt der *mode of emplotment*, d. h. die sequentielle Anordnung von Ereignissen zu einer Geschichte. Diese als ‚Narrativisierung‘ bezeichnete Form der Verknüpfung von Ereignissen zu Geschichten ist ein Akt der Interpretation, der auf der Auswahl, Wertung und Gewichtung des Quellenmaterials beruht. Aus diesem Grund sind die Ergebnisse der Geschichtsschreibung, wie WHITE in *Tropics of Discourse* provokativ resümiert, als verbale Fiktionen anzusehen, „*verbal fictions, the contents of which are as much invented as found and the forms of which have more in common with their counterparts in literature than they have with those in the sciences*" (82).

Verbal
fictions

Diese Aufweichung der Grenzen zwischen fiktionalem Erzählen (Literatur) und nicht-fiktionalem Erzählen (Historiographie) ist nicht nur in der Geschichts-, sondern auch von Seiten der Literaturwissenschaft auf heftige Kritik gestoßen (vgl. A. NÜNNING 1999): Erstens vernachlässigt die Konzentration auf die narrative Konfiguration (*emplotment*) der dargestellten Fakten alle anderen textuellen Merkmale historiographischer und literarischer Werke. Zweitens führt die Verwendung literarischer Verfahren nicht automatisch zu einer Fiktionalisierung – selbst eine eindeutig konstruierte Geschichtsdarstellung würde deshalb noch längst nicht als Roman gelesen. Drittens führt WHITES Ausweitung des Fiktionalitätsbegriffs zu einem Verlust an begrifflicher Trennschärfe. Anstatt alle narrativen Texte in einen (fiktionalen) Topf zu werfen, lässt sich mit Hilfe narratologischer Verfahren deren gattungsspezifischer Konstruktcharakter beschreiben, ohne die Unterschiede zwischen Literatur und Geschichtsschreibung zu verwischen.

Master
narratives

Trotz dieser berechtigten Einwände sind WHITES Thesen sowohl für die Geschichtstheorie als auch für die interdisziplinäre Kulturwissenschaft von großer Relevanz. Ihre Bedeutung liegt auf der Betonung des konstruktiven Charakters wissenschaftlicher Tätigkeit, die nicht einfach vorgefundene Ordnungen aufgreift oder abbildet, also die Wirklichkeit ‚an sich‘ erklärt, sondern plausible Deutungen von Wirklichkeitserfahrungen und -wahrnehmungen liefert und damit an der kulturellen Sinnstiftung im Sinne von GEERTZ aktiv beteiligt ist. Die Thesen von WHITE, FOUCAULT und GEERTZ zeigen, dass in den letzten Jahrzehnten des 20. Jahrhunderts die Skepsis gegenüber sog. *master narratives* disziplinenübergreifend zunimmt. Sie stützen damit die These des französischen Philosophen JEAN-FRANÇOIS LYOTARD (1924–1998), der die Krise der sinngebenden Metaerzählungen (*grands récits*) der Moderne – des Fortschrittsglaubens der Aufklärung sowie der Geschichtsphilosophie des Marxismus – diagnostiziert hat. Diese Krise verändert auch das Selbstverständnis der Geistes- und Kulturwissenschaften: Statt ‚großer‘ Erzählungen oder Erklärungen sind gesteigerte Selbstreflexion und ein produktiver, kreativer Umgang mit den wissenschaftlichen Erkenntnisgrenzen gefragt.

Diese Erkenntnisgrenzen der Geschichtsschreibung ergeben sich zum einen aus dem von WHITE beschriebenen Vertextungsproblem, das sich in der Frage „Wie werden aus Daten historische Fakten?" (BAßLER 1995: 11) zusammenfassen lässt, und zum anderen aus der Einsicht in die Kontingenz jeder Auswahl aus einer unüberschaubaren Materialbasis mit einer potentiell unendlichen Menge historischer Bezüge. Der *New Historicism* trägt diesen Erkenntnissen Rechnung, indem er bewusst und selbstreflexiv die Prozesse der Selektion und Vertextung historischer Fakten in historiographischen Texten problematisiert. In einem vielzitierten Bonmot von LOUIS MONTROSE wird folgerichtig die ‚Geschichtlichkeit von Texten und die Textualität der Geschichte‘ propagiert (vgl. SIMONIS 1995).

New Historicism

Der Begriff *New Historicism* wurde 1982 von dem amerikanischen Literaturwissenschaftler STEPHEN GREENBLATT (*1943) geprägt. Als Verfasser einflussreicher Studien zur Literatur und Kultur der Renaissance sowie als Mitbegründer und Mitherausgeber der neohistorischen Zeitschrift *Representations* zählt er zu den bedeutendsten Vertretern dieser neuen Richtung, die die historische Prägung jedes Textes hervorhebt und die literaturwissenschaftliche Trennung zwischen literarischen und nichtliterarischen Texten in Frage stellt: Nicht die besondere Ästhetik und Funktionalität des sprachlichen Kunstwerks steht aus dieser Perspektive im Vordergrund, sondern seine Interaktion mit anderen kulturellen Texten und Praktiken. GREENBLATT selbst meidet mittlerweile den Begriff *New Historicism*, der eine normative, schulbildende Wirkung entfaltet und so die tatsächliche Heterogenität neohistorischer Ansätze verdeckt. Stattdessen bezeichnet er seine Arbeiten als Kulturpoetik (*Cultural Poetics* oder *Poetics of Culture*).

STEPHEN GREENBLATT

GREENBLATTS literaturgeschichtliche Rekonstruktionen übernehmen von FOUCAULTS Diskurstheorie die Aufhebung der traditionellen Abgrenzung zwischen literarischen und nicht-literarischen

Cultural Poetics

Gattungen und gehen davon aus, dass auch literarische Texte in den kulturellen Diskursen ihrer Entstehungszeit verwurzelt und von diesen durchdrungen sind. Daher entwickelt GREENBLATT in der modellbildenden Studie *Shakespearean Negotiations* (1987) sein Leitkonzept der Zirkulation sozialer Energien (*circulation of social energies*): Demnach stehen alle Texte in einem wechselseitigen Austauschverhältnis, sie sind von Ideen durchdrungen, die den Diskurs kennzeichnen, in den sie eingebettet sind. Damit wird die Autonomie des ästhetischen Kunstwerks aufgehoben. Wie GEERTZ bedient sich auch GREENBLATT in seiner ‚dichten Beschreibung‘ der Shakespeare-Texte einer metaphorischen Sprache, die bewusst die definitorische Begriffsexplikation umgeht, sowie einer spielerischen, zirkulären Argumentation, die sich einer Rekonstruktion entzieht und nur vor dem Hintergrund seines semiotischen Kulturbegriffs zu verstehen ist (BEHSCHNITT 1999).

Text und Kontext

Es ist das Verdienst des *New Historicism*, der alten literaturwissenschaftlichen Frage nach dem Verhältnis von literarischem Text und kulturellem Kontext neue Impulse gegeben zu haben. Die überholte Unterscheidung von Vorder- und Hintergrund wird ersetzt durch die neohistorische Konzeption eines dynamischen Wechsel- und Austauschverhältnisses zwischen literarischen und nichtliterarischen Diskursen. Diese Konzeption stützt sich auf GEERTZ' These von der Textualität der Kultur, auf das *close reading* des *New Criticism*, das allerdings historisch perspektiviert und kulturell kontextualisiert wird, sowie auf FOUCAULTS Diskurs- und Machtbegriff (GLAUSER/HEITMANN 1999). Problematisch bleibt jedoch die programmatische Ausblendung der Unterschiede zwischen literarischen und nichtliterarischen Texten.

Mentalitätengeschichte

Während der amerikanische *New Historicism* als eine primär literaturgeschichtlich orientierte Gegenbewegung zur textimmanenten Literaturinterpretation des *New Criticism* der 1950er Jahre aufgefasst werden kann, hat die französische Mentalitätengeschichte ihre Wurzeln in der Sozial- und Alltagsgeschichte. Diese kombiniert Methoden der Geschichtsschreibung und der Soziologie und wendet sich mit dem Fokus auf historische Mentalitäten gegen die traditionelle Ereignisgeschichte. Ziel dieses auch ‚Annales‘-Geschichtsschreibung genannten Ansatzes (die Bezeichnung ist vom Titel der Zeitschrift ‚*Annales d'histoire économique et sociale*‘ abgeleitet), der seine Wurzeln in den 1920er Jahren hat, aber erst in der Nachkriegszeit in Frankreich an Bedeutung gewinnt, ist eine sozialgeschichtliche Rekonstruktion der Alltagswelt vergangener Epochen. Dabei werden neben materiellen Strukturen auch psychische und mentale Dispositionen, z. B. die in einer Kultur vorherrschenden Menschen- und Gottesbilder, Weltanschauungen und Empfindungsweisen berücksichtigt.

Letztere werden unter dem Begriff der Mentalität zusammenge- **Mentalität**
fasst. Dieser bezeichnet ein *„Ensemble von kollektiven Einstellungen, Denkweisen, Gefühlen, Überzeugungen und Wissensformen, mithin die immaterielle Dimension von Kultur"* (NÜNNING/JUCKER 1999: 154). In den 1970er Jahren wird ‚Mentalität' zum Leitbegriff der ‚Annales'. Seine Funktion entspricht in etwa der des von BOURDIEU für die synchrone Gesellschaftsanalyse geprägten Begriff des Habitus: *„Er lenkt die Aufmerksamkeit auf die jeweilige Struktur kollektiv geteilter Vorstellungen, Wertmuster und emotionaler Einstellungen, die das Handeln der Individuen und ihre Reaktionen auf elementare Lebenssituationen wie Geburt oder Tod in bestimmter Weise programmiert."* (DÖRNER/VOGT 1997: 139f.) Im Mittelpunkt stehen daher anders als in der Ereignisgeschichte nicht kurzfristige Entwicklungen, sondern langfristige mentalitätsgeschichtliche Rahmenbedingungen (*longue durée*), die die Wirklichkeitsauffassungen und -erfahrungen, die handlungsleitenden Werte und Normen einer Epoche sowie ihre kollektiv geteilten Denk- und Gefühlsstrukturen kennzeichnen.

Ein Beispiel hierfür sind die imperialistischen Denk- und Empfin- **Imperialist mentalities**
dungsweisen, die das Zeitalter des britischen *Empire* kennzeichnen. Sie finden ihren Niederschlag in Mythen, Geschichten, Symbolen und Metaphern, die sich sowohl in literarischen Werken und Reiseberichten als auch in der populären Kultur (Music Hall, Karikaturen, Postkarten, Ausstellungen etc.) sowie in Kinder- und Jugendliteratur und Schulbüchern nachweisen lassen: *„In their entirety these fictions constitute that culturally sanctioned system of ideas, beliefs, presumptions, and convictions which constitutes imperialist mentalities."* (NÜNNING/NÜNNING 1996b: 12)

Die Vielfalt historischer Ansätze in der anglistischen Kulturwis- **New Cultural History**
senschaft (FOUCAULTS Diskursarchäologie, WHITES Geschichtskritik, *New Historicism*, Mentalitätengeschichte) sowie die Omnipräsenz kulturwissenschaftlicher Erinnerungs- und Gedächtnistheorien (vgl. Kap. 6) mag gerade bei Studierenden den Eindruck eines unüberschaubaren Durcheinanders erwecken, das eher abschreckend als einladend wirkt. Doch die zahlreichen Querbezüge zwischen den vorgestellten Ansätzen zeigen, dass es sich hierbei nicht um konkurrierende Denksysteme, sondern um komplementäre Theorieangebote handelt. Diese lassen sich unter dem Sammelbegriff der *New Cultural History* zusammenfassen (HUNT 1989, V. NÜNNING 2001) und streben eine Verbindung von Kulturwissenschaft und Geschichtsschreibung an, denn *„the more cultural historical studies become and the more historical cultural studies become, the better for both"* (HUNT 1989: 22). Einen ausgezeichneten Überblick über die vielfältigen Berührungspunkte zwischen Geschichts- und Kulturwissenschaft sowie aktuelle kulturgeschichtliche Positionen und Theorien gibt DANIELS *Kompendium Kulturgeschichte* (2002).

5 Kulturwissenschaftliche Ansätze und Prinzipien des Theoriedesigns

Theorie-design

Angesichts der Vielfalt komplementärer und oft auch kompatibler, aber doch unterschiedlicher Theorieangebote aus zahlreichen Disziplinen und Wissenschaftstraditionen stellt sich gerade für Studierende immer wieder die Frage, wie in der kulturwissenschaftlichen Praxis mit dieser Vielfalt umzugehen ist: Welcher theoretische Ansatz ist für die eigene Arbeit, genauer: die eigene Fragestellung, am besten geeignet? Grundsätzlich zeichnen sich die Kulturwissenschaften durch ein undogmatisches Verhältnis – *„eher eklektisch als stringent, eher pragmatisch als systematisch"* (FECHNER-SMARSLY 1999: 96) – zur Theorie ab, das ihnen immer wieder den Vorwurf der Beliebigkeit, des Eklektizismus oder gar des Dilettantismus eingetragen hat: Im schlimmsten Fall verbirgt sich hinter einem Wust ungenügend reflektierter theoretischer Versatzstücke nur wenig fundiertes Halbwissen.

Regeln

Gerade weil es keine ‚Standardtheorie' gibt, sind die Regeln guter wissenschaftlicher Praxis auch in diesem neuen Teilbereich der Anglistik zu beachten: Wichtig ist es erstens, die Herkunft, den Entstehungszusammenhang, die Aussagekraft und Reichweite einer Theorie zu kennen und zu reflektieren. Denn die kulturwissenschaftliche Transdisziplinarität bietet nicht nur Chancen, sondern beinhaltet auch Risiken. So können z. B. bei der Übertragung ethnographischer Verfahren auf die Literaturanalyse oder bei der textsemiotischen Interpretation von traditionell der empirischen Kultursoziologie vorbehaltenen Gegenständen nicht nur Disziplinengrenzen, sondern auch disziplinäre Kompetenzen überschritten werden. Ein zweites Problem ist die theoretische Überfrachtung, der durch ein transparentes Theoriedesign und die gezielte Auswahl relevanter Theorieangebote vorzubeugen ist – weniger ist auch hier manchmal mehr.

Transparenz

Der Grundgedanke der Transparenz fordert, Fragestellungen und theoretische Bezugsrahmen präzise zu benennen, Leitkonzepte und Schlüsselbegriffe begriffsgeschichtlich herzuleiten und zu explizieren und die jeweils spezifischen, disziplinär geprägten Erkenntnisinteressen klar herauszustellen. Unter dieser Voraussetzung sind dem kulturwissenschaftlichen Experimentieren mit unterschiedlichen Theorie- und Methodenangeboten, die ja immer auch Denkanstöße und Denkmodelle sind, keine Grenzen gesetzt: Wie jede Form von Design ist auch Theoriedesign ein kreativer Akt, der nicht zuletzt von (allerdings bewusst kalkulierten und explizit problematisierten) Regelverstößen lebt und dessen Nutzen sich an der wissenschaftlichen Produktivität ablesen lässt.

Die oben vorgestellten ethnologischen, soziologischen, semiotischen und historischen Ansätze bilden die theoretische Grundlage der kulturwissenschaftlichen Forschung innerhalb der Anglistik. Sie stellen einen konzeptionellen Rahmen zur Verfügung, innerhalb dessen sich Fragestellungen entwickeln, formulieren, verorten und v.a. auch bearbeiten lassen. Ein theoriegeleitetes Vorgehen, das sich stets innerhalb eines genau definierten theoretischen Bezugssystems bewegt, bietet gegenüber einer theorielosen Herangehensweise drei entscheidende Vorteile (vgl. NÜNNING/NÜNNING 2001: 34ff.).

Theoretischer Rahmen

Erstens gewährleistet die Bezugnahme auf ein bestimmtes Theoriegebäude, dass klar ist, in welcher spezifischen Bedeutung kulturwissenschaftliche Schlüsselbegriffe wie Text oder Kultur, Körper oder Geschlecht, ‚Rasse' oder Ideologie gebraucht werden. In der Gebäudemetapher heißt dies: Explizite Verweise auf Theorien fungieren als vollständige ‚Adressangaben', die anderen das ‚Auffinden' bzw. Nachvollziehen der eigenen Position erleichtern. Zweitens trägt eine theoriegeleitete Herangehensweise zur Transparenz der Argumentation bei. Dadurch wird nicht nur die Kritisierbarkeit eines Arguments (eine unabdingbare Voraussetzung für seine Wissenschaftlichkeit) hergestellt, sondern auch die Vergleichbarkeit unterschiedlicher methodischer Zugänge zu einem Gegenstand ermöglicht. So lassen sich aufgrund ihrer klaren theoretischen Fundierung sozialwissenschaftliche und zeichentheoretische Analysen von KEN LOACHS Film *The Full Monty* gegenüberstellen, die zwar im Ergebnis stark voneinander abweichen, beide aber interessante Aspekte hervorheben und andere ausblenden (vgl. TESKE 2002: 57ff.). Drittens schließlich zeichnen sich theoriegeleitete Ansätze gerade aufgrund ihrer Präzision und Transparenz durch ein hohes Maß an Lehr- und Lernbarkeit aus.

Vorteile

Wenn nun geklärt ist, welchen Nutzen und Stellenwert die Theorie innerhalb der anglistischen Kulturwissenschaft besitzt, schließt sich eine weitere Frage an: Was sind – und wozu braucht man – kulturwissenschaftliche Methoden? Der Begriff Methode stammt aus dem Griechischen (der Weg, der zu einem Ziel hin führt) und bezeichnet das planvolle Vorgehen zur Erreichung eines Ziels oder zur Lösung einer Aufgabe im Bereich des Denkens oder Handelns. Voraussetzungen für methodisches Vorgehen sind erstens klare Fragestellungen, die durch die Anbindung an Theorien erreicht werden, und zweitens ein deutlich formuliertes Ziel oder Erkenntnisinteresse. Die Methode ist also eine an bestimmten Regeln orientierte Abfolge von Analyseschritten, die Schritt für Schritt zu einer Antwort auf die zugrunde gelegte Frage hinführt. Natürlich sind kulturwissenschaftliche Methoden nicht mit den methodischen Handlungsschemata der Naturwissenschaften gleichzuset-

Was ist eine Methode?

zen (vgl. ENGEL 2001: 20). Dennoch müssen auch sie anschlussfähig und anwendbar sein (vgl. ebd.) und eine Reihe weiterer Kriterien erfüllen.

Standards

Für die Wissenschaftlichkeit einer Methode lassen sich u. a. die drei Kriterien bzw. Standards Intersubjektivität, Plausibilität und Kohärenz anführen (A. NÜNNING 1995: 2): Der Erkenntnisweg muss nachvollziehbar, die gewonnenen Einsichten plausibel und die Argumentation zusammenhängend sein. Während das erste Kriterium auch für die empirischen Wissenschaften gilt, sind die beiden anderen Kriterien die besonderen Anforderungen der ‚weichen‘ Kulturwissenschaften (*soft sciences*). Ein chemisches oder physikalisches Experiment muss sich beliebig oft mit gleichem Ergebnis wiederholen lassen. Dagegen beinhaltet die Kulturanalyse immer Deutungen, Interpretationen und Wertungen, die selbst historisch und kulturell bedingt sind. Aus dem gleichen Material (Texte, Dokumente, Symbole) können daher, je nach Erkenntnisinteresse und Fragestellung, unterschiedliche Schlüsse gezogen werden. Deshalb ist es besonders wichtig, den Erkenntnisweg theoretisch zu reflektieren.

Methoden-pluralismus

Ein Beispiel für eine sehr stark reglementierte (und damit auch leicht vermittelbare) Methode ist die in Kap. 2 vorgestellte Analyse des *circuit of culture* aus der Sicht der britischen Cultural Studies. Natürlich gibt es eine Vielzahl weiterer Ansätze, von denen einige im folgenden vorgestellt werden. Da die anglistische Kulturwissenschaft sich nicht auf eine bestimmte Methode festlegt, sondern unterschiedliche Zugänge ermöglicht, spricht man auch von einem Methodenpluralismus. Welcher Ansatz im konkreten Fall gewählt wird, hängt nicht vom untersuchten Gegenstand (z. B. dem Walkman oder dem Film *The Full Monty*) ab, sondern von der jeweiligen Fragestellung und dem Erkenntnisinteresse, also von Theorie und Ziel.

Ziele und Aufgaben

Die anglistische Kulturwissenschaft geht im Einklang mit der Kultursemiotik davon aus, dass kulturelle Artefakte stets auf die mentale und soziale Dimension der Kultur verweisen. Die Aufgaben und Ziele kulturwissenschaftlicher Forschung bestehen mithin darin, durch die Analyse der materialen Kultur Aufschluss über mentale und soziale Aspekte zu erlangen: *„Die Kultur einer Gesellschaft zu erforschen heißt [...], ihr mentales Gesamtprogramm zu rekonstruieren, das sich in kulturellen Phänomenen manifestiert.“* (A. NÜNNING 1995: 180) Kultur manifestiert sich auch, aber natürlich längst nicht nur, in literarischen Texten: Zu den kulturellen Praktiken und Zeugnissen, mit denen die anglistische Kulturwissenschaft arbeitet, zählen Kunstwerke, Textdokumente und Medienerzeugnisse jeder Art, aber auch gesellschaftliche und politische Ereignisse und Entwicklungen, die Rückschlüsse auf kollektive Denkweisen, Gefühle, Überzeugungen, Vorstellungen und Wissensformen erlauben.

Daraus ergibt sich der besondere methodische Zugang der anglistischen Kulturwissenschaft, durch den sie sich von empirischen Wissenschaften wie der Ethnographie und der Soziologie abgrenzt: Die anglistische Kulturwissenschaft muss nicht so weit gehen, mit der GEERTZ-Rezeption Kultur *als Text* zu definieren, aber sie muss sich ihren Fragestellungen stets *über Texte* bzw. Medien und *mit textanalytischen Methoden* zur Untersuchung symbolischer Bedeutungskonstruktion nähern – auch dann, wenn sie es mit Filmen, Architektur oder dem Karnival zu tun hat (vgl. TESKE 2002). Denn trotz ihrer interdisziplinären Orientierung betreibt die anglistische Kulturwissenschaft als textbasierte Wissenschaft selbst weder (ethnographische) Feldforschung, noch führt sie (soziologische) Interviews. Auch in ihren historischen Ausprägungen verwendet sie in der Regel keine quantifizierenden Methoden, sondern konzentriert sich auf exemplarische Analysen der kulturellen und sozialen Konstrukte, die die von den Menschen geschaffene Lebenswelt ausmachen.

Methodischer Zugang

Da die Anglistik eine Textwissenschaft ist, haben alle ihre Teilbereiche im weitesten Sinn mit Texten und Kommunikation zu tun, wenn auch mit unterschiedlichen Erkenntnisinteressen (vgl. NÜNNING/JUCKER 1999: 44f.). Die damit verbundenen Einschränkungen stellen aber angesichts der Omnipräsenz und des meinungsbildenden Einflusses von Texten aus der Sicht der anglistischen Kulturwissenschaft kein Problem dar: *„Die kaum zu überschätzende Bedeutung von Texten und Medien für die Kulturanalyse gründet darin, dass wir heutzutage in einer Medienkultur leben. Mehr denn je zuvor erfahren wir ‚Wirklichkeit‘ als textuell und medial vermittelt bzw. konstruiert. Wer daran zweifelt, sollte sich einmal fragen, was sie oder er über zentrale Aspekte einer fremden (oder auch der eigenen) Kultur der Gegenwart weiß und woher dieses Wissen stammt. Gerade im Fall von fremden Kulturen macht die direkte eigene Anschauung allenfalls einen verschwindend kleinen Teil aus.“* (ebd.: 155)

Textwissenschaft

Der Textbegriff selbst ist in Anlehnung an die Cultural Studies weit gefasst und schließt kulturelle Zeichen und sinnstiftende Praktiken jeder Art ein. Der Gegenstandsbereich anglistischer Kulturwissenschaft reicht damit von SHAKESPEARE bis MONTY PYTHON, von den politischen Schriften EDMUND BURKES bis zu MARGARET THATCHERS Rhetorik, von Landkarten aus dem 16. Jahrhundert bis zu den Stadtplänen der Gartenstadt-Bewegung und von *Empire*-Karikaturen bis zur medialen Repräsentation von LADY DI. Die einzige

Textbegriff

Einschränkung besteht darin, dass es sich um Zeichen bzw. Zeichensysteme handeln muss, die sich kulturwissenschaftlich analysieren lassen. Dabei steht die Rekonstruktion nur indirekt und mittelbar zugänglicher Aspekte im Vordergrund: Die Analyse der materialen (Text)Kultur gibt Aufschluss über die mentale Dimension der Kultur.

Beschreibung und Interpretation

Was aber bedeutet in diesem Kontext Analyse? Prinzipiell beinhaltet die kulturwissenschaftliche Arbeit mit Texten und anderen Medien zwei Schritte: die Beschreibung des Materials und seine Deutung bzw. Wertung. Die Interpretation des Beschriebenen fällt je nach Ansatz unterschiedlich aus: Sie kann Thesen (plausible Annahmen) zur Funktion von Darstellungsverfahren, zur Bedeutung von Metaphern, Symbolen oder sonstigen semantisierten Zeichen und Strukturen enthalten oder – etwa in der Diskursanalyse – eine Kontextualisierung und den Nachweis interdiskursiver Bezüge zum Ziel haben. Da Beschreibungen einer Textwelt interpretatorisch in hohem Maße umstritten sein können (DANNEBERG 1996: 215), kommt der methodischen Absicherung der Analyse, d. h. der Transparenz des Erkenntnisweges, große Bedeutung zu.

Methodische Ansätze

In den Kulturwissenschaften lassen sich Theorien, Modelle und Methoden aufgrund der Tendenz zur Kombination unterschiedlicher Ansätze und der zahlreichen Überschneidungen nicht immer eindeutig trennen. Zudem besteht auch nicht in allen Fällen Konsens darüber, ob eine Argumentationsweise oder eine bestimmte Lesart (Lektüre) bereits den Status einer eigenständigen Methode beanspruchen kann. Daher kann die folgende Aufzählung nur exemplarisch einige Ansätze kurz vorstellen, ohne Anspruch auf Vollständigkeit zu erheben.

Narratologie

Als Textwissenschaft ist die anglistische Kulturwissenschaft zunächst auf Methoden zur Beschreibung textueller Formen, Strategien, Strukturen und Wirkungspotentiale angewiesen. In den vergangenen Jahren haben sich hier die zahlreichen postklassischen Ansätze der Narratologie (Erzähltheorie) als besonders produktiv erwiesen. Von ihren Anfängen als Methode zur Erzähltextanalyse (vgl. JAHN 1995) hat sich die Narratologie zu einer umfassenden Methodologie zur Beschreibung narrativer Phänomene und ihrer Wirkungsweisen weiterentwickelt. Dabei hat sie ihre ursprüngliche Beschränkung auf fiktionale Literatur und das Medium des geschriebenen Textes zugunsten intermedialer und transgenerischer Beschreibungsmodelle aufgegeben (A. NÜNNING 2000, HERRMANN 2001, NÜNNING/NÜNNING 2002a,b).

Die kulturwissenschaftliche Narratologie (*cultural and historical narratology*) ist kontextorientiert. Sie orientiert sich am Leitbegriff der ‚dichten Beschreibung' und betont daher das Zusammenspiel von textuellen Strategien und kognitiven Sinnstiftungsstrategien, die im Akt der Rezeption (Lesen, Betrachten, Hören etc.) Bedeutung konstituieren. Die besondere Stärke der Narratologie liegt in der Entwicklung einer abstrakten, kohärenten Metasprache zur Beschreibung der Elemente und Relationen narrativer Strukturen. Ihre systematischen Modelle der erzählerischen Vermittlung, der Perspektivenstruktur oder der Raum- und Zeitdarstellung bilden die Grundlage für methodisch abgesicherte Lektüren oder Interpretationen. Das Spektrum möglicher Einsatzgebiete, das z. B. die Beiträge in NÜNNING/NÜNNING 2002b demonstrieren, reicht von traditionellen Erzähltexten über Drama und Lyrik sowie Film, Comics und Hyperfiction bis hin zur Bildbeschreibung.

Ein alternativer Beschreibungsansatz, der jedoch in vielen Bereichen mit der Narratologie kompatibel ist und wie diese seine Ursprünge in der strukturalistischen Zeichentheorie hat, ist die Semiotik. Anders als die Narratologie geht die Semiotik nicht von narrativen Phänomenen aus, sondern von kulturellen Zeichen und ihrem Stellenwert im Prozess der Bedeutungsproduktion. Enge Beziehungen bestehen daher zur Imagologie, Bildfeldanalyse und Interdiskursanalyse. Semiotisch ausgerichtete Studien fragen nach der Verwendung von Zeichen, ihrer kulturellen Codierung, ihren Konnotationen (denjenigen Bedeutungsanteilen, die nicht offen zutage treten, sondern erst erschlossen werden müssen), ihrer Verfremdung und der Funktionalisierung des Symbolischen. Einen Einblick in semiotische Fragestellungen geben TESKES (2002) Analyse des Films *The Full Monty* (1997) von PETER CATTANEO oder KREWANIS (2002) Beitrag zur Londoner U-Bahn.

Neohistorisch oder mentalitätsgeschichtlich orientierte Arbeiten gehen häufig von einem diskursanalytischen Ansatz aus. Ihr Ziel ist es, ausgehend von einzelnen Beobachtungen die diskursive Konstruktion kollektiver Denk- und Empfindungsweisen zu rekonstruieren, d. h. ihre Spur durch textuelle Dokumente unterschiedlicher Gattungen hindurch zu verfolgen, um so zu einem Gesamtbild mentaler Horizonte und Weltbilder vergangener Epochen zu gelangen. Zahlreiche diskursanalytische Studien haben in den vergangenen Jahren zu einem besseren Verständnis der englischen Kulturgeschichte beigetragen, entweder mit explizitem Bezug auf die Diskursanalyse, wie SCHÜLTINGS (1999) Rekonstruktion der viktorianischen Auseinandersetzungen mit urbaner Prostitution, oder im Rahmen impliziter neohistorischer, mentalitätsgeschichtlicher und diskursanalytischer Bezugssysteme (vgl. die Beiträge in PFISTER 1997).

Imagologie	Die Imagologie ist eine komparatistische Methode, die sich die Analyse der Entstehung, Entwicklung und Wirkung nationenbezogener Selbst- und Fremdbilder zum Ziel setzt. Diese ideologiekritische Methode untersucht erstens die Formen und Funktionen nationaler Stereotypen, zweitens die soziokulturellen und historischen Voraussetzungen, die zur Ausprägung bestimmter Klischees führen, und drittens die Bedeutung von stereotypen Fremdbildern für die Konstitution nationaler Identitäten (BLAICHER 1987 und 1992, DYSERINCK 1993). Aufgrund ihrer Konzentration auf kollektive Einstellungen und wahrnehmungsprägende Schemata lässt sich die Imagologie produktiv mit mentalitätsgeschichtlichen Ansätzen verbinden, die nach den Funktionen nationenbezogener *images* fragen: *„Drei der wichtigsten sind die Bewusstmachung vermeintlicher kultureller Eigentümlichkeiten und Verschiedenheiten, die Abgrenzung von anderen Nationen sowie die daraus resultierende Stabilisierung des nationalen Selbstwertgefühls."* (NÜNNING/JUCKER 1999: 160)
Bildfeldanalyse	Während sich die komparatistische Imagologie hauptsächlich mit nationenbezogenen *images* und stereotypisierenden Darstellungen beschäftigt, untersucht die Bildfeldanalyse in Anlehnung an die philosophische Metaphorologie (BLUMENBERG 1998 [1960]) und die diskursanalytische Kollektivsymbolik (LINK/PARR 1997) Herkunft, Entstehung, Struktur und Logik von Metaphern (bildspendendes und bildempfangendes Begriffsfeld) sowie ihre rhetorischen und ideologischen Funktionen. So analysiert A. NÜNNING (1996) die politischen Metaphern, die Ende des 19. Jahrhunderts zur Bezeichnung des *British Empire* verwendet wurden und die Einblick in die kollektiven Denkmuster des britischen Imperialismus geben. Die bis heute im politischen Diskurs weit verbreitete Familienmetaphorik etwa schreibt den Kolonien die Rolle von unmündigen Kindern zu, für die das ‚Mutterland' Großbritannien die Verantwortung übernehmen muss.
Methodischer Pragmatismus	Das Beispiel der *Empire*-Metaphorik (s.a. A. NÜNNING 2002) zeigt, dass die systematische Bildfeldanalyse ein wichtiges kulturwissenschaftliches Instrument darstellt. Es zeigt aber auch den methodischen Pragmatismus kulturwissenschaftlicher Forschung, die ihre Ansätze entsprechend ihren Erkenntnisinteressen wählt. Die Verbindung unterschiedlicher Analyseverfahren, in diesem Fall aus den Bereichen der kognitiven Linguistik, der Metapherntheorie, der Literaturtheorie und der Kulturgeschichtsschreibung, ermöglicht neue Einblicke in kulturelle Zusammenhänge, *„opening up productive new possibilities for the analysis of both the relationship between texts and their cultural contexts and the cultural implications of metaphors"* (edb.: 102).

Wie der theoretische und methodische Überblick in diesem Kapitel gezeigt hat, können in das Projekt der anglistischen Kulturwissenschaft unterschiedliche disziplinäre Kompetenzen aus allen Teilbereichen der Anglistik und auch Amerikanistik sowie aus benachbarten Disziplinen einfließen. Dabei muss stets die Frage nach der eigenen disziplinären Kompetenz im Vordergrund stehen: LiteraturwissenschaftlerInnen sind in erster Linie ExpertInnen für Gattungen, Textstrukturen und literarische Darstellungsstrategien, KulturhistorikerInnen für Quellenkritik und VertreterInnen der Cultural Studies für die ideologiekritische Analyse kultureller Produktions- und Aneignungsprozesse. Die jeweiligen disziplinären Kompetenzen bilden den Kern des eigenen Ansatzes und schaffen die Voraussetzungen für die reflektierte Integration von Theorieangeboten aus anderen Fächern oder Fachgebieten in die kulturwissenschaftliche Argumentation: Methodischer Pragmatismus ist integrativer Pluralismus, der nicht in interdisziplinären Dilettantismus ausarten darf. Positiv gewendet heisst das, dass interdisziplinäre Forschungsansätze die Chance bieten, unterschiedliche disziplinäre Kompetenzen zu vereinen und so der Komplexität der Kultur Rechnung zu tragen – diese kennt schließlich keine Disziplinengrenzen.

Disziplinäre Kompetenz

📖 *Literaturtipps*

Encylopedia of Critical and Cultural Terms (PAYNE 1996):

Dieses britische Pendant zum *Metzler Lexikon Literatur- und Kulturtheorie*, von dem es sich hinsichtlich der Konzeption und Auswahl der Einträge deutlich unterscheidet, zählt nach wie vor zu den Standardwerken der Kulturtheorie.

Metzler Lexikon Literatur- und Kulturtheorie (A. NÜNNING 2001):

Von dem Rezensenten der Wochenzeitung *Die Zeit* als Studienreform im Kleinen bezeichnet, hat sich dieses mittlerweile in der 2. Auflage erhältliche Nachschlagewerk zu Personen, Ansätzen und Grundbegriffen der Literatur- und Kulturtheorie in den vergangenen fünf Jahren als Hilfsmittel und schier unerschöpfliche Wissensquelle für Studierende und Lehrende unentbehrlich gemacht.

5

KAPITEL

Eine problem- und forschungsorientierte Kulturgeschichte Großbritanniens: Ereignisse, Entwicklungen und Fragestellungen

Kulturwissenschaft ist im Kern Kulturgeschichtsschreibung.

HARTMUT BÖHME

❶ Leitbegriffe anglistischer Kulturgeschichtsschreibung

„Kultur ist Gedächtnis"

Nachdem im vorangegangenen Kapitel kulturwissenschaftliche Theorien, Ansätze und Leitkonzepte dargestellt wurden, geht es nun um den Gegenstandsbereich der anglistischen Kulturwissenschaft: die Kultur Großbritanniens. *„Kultur ist Gedächtnis"* – diese These JAN ASSMANNS (2002: 239) bringt provokativ zugespitzt die historische Prämisse kulturwissenschaftlicher Forschung und Lehre auf den Punkt. Die Präsenz der Vergangenheit in der Gegenwart ist das Ergebnis diachroner Kommunikation: *„So bilden sich spezifische Zeithorizonte heraus, die von Gesellschaften als die ihnen eigene Vergangenheit beansprucht und bewohnt bzw. ‚erinnert' werden."* (ebd.)

Invention of traditions

Den aktiven, konstruktiven Prozess der Traditionsbildung bezeichnet HOBSBAWM (2002 [1983]: 1f.) als *„invention of tradition"* im Sinne einer bewussten, symbolisch bedeutsamen Bezugnahme auf die Vergangenheit mit dem Ziel der Identitätsstiftung: *„A striking example is the deliberate choice of a Gothic style for the nineteenth-century rebuilding of the British parliament, and the equally deliberate decision after World War II to rebuild the parliamentary chamber on exactly the same basic plans as before."* Die britische Kulturgeschichte erscheint vor diesem Hintergrund als eine Abfolge von ‚Erfindungen', vom TUDOR-Mythos und der Stilisierung der ‚*Virgin Queen*' ELIZABETH I über die doppelbödige Idealisierung der viktorianischen Frau als ‚*angel in the house*' bis hin zur Funktionalisierung europäischer Bildungs- und Militärtraditionen im kolonialen Indien.

Erfindung und Konstrukt

Wenn in der Kulturwissenschaft von Erfindungen oder Konstrukten die Rede ist, bedeutet dies nicht, dass deren historische Existenz oder reale Auswirkungen unterschätzt oder gar bestritten werden. Im Gegenteil: *Verbal fictions* zeichnen sich gerade dadurch aus, dass sie als unverbrüchliche Wahrheiten kollektiv akzeptiert und im gesellschaftlichen Leben wirksam werden. Die rassistische Rechtfertigung des Sklavenhandels oder die (haarsträubenden) Begründungen für die patriarchalische Marginalisierung der Frau sind nur zwei Beispiele für die praktischen Auswirkungen erfundener Traditionen. Eine wesentliche, wenn nicht gar die zentrale Aufgabe kulturwissenschaftlicher Forschung besteht darin, das Entstehen, die identitätsstiftende Funktion und die Wirksamkeit solcher kollektiven Vorstellungen und sozialen Konstruktionen zu untersuchen.

,Kulturelles Gedächtnis' und *,the invention of tradition'* sind daher zentrale Leitbegriffe der anglistischen Kulturgeschichtsschreibung. Sie lenken den Blick auf mentalitätsgeschichtliche Rahmenbedingungen und kulturelle Sinnstiftungs- und Konstruktionsprozesse, in denen mittels diachroner Kommunikation Traditionen konstruiert und zur Bildung nationaler, imperialer oder sozialer Identitäten herangezogen werden. Anglistische Kulturgeschichtsschreibung entwirft in diesem Sinne ,Identitätsgeschichten' der britischen Kultur und verhält sich komplementär zur traditionellen Ereignis- und Sozialgeschichtsschreibung.

Leitbegriffe

Die folgende Auswahl geschichtlicher Schlüsselereignisse muss aufgrund des begrenzten Umfangs notgedrungen unvollständig und exemplarisch bleiben. Dennoch darf die historische Perspektive in einem kulturwissenschaftlichen Grundkurs nicht fehlen, da geschichtliches Überblicks- und Orientierungswissen eine notwendige Vorraussetzung für das Verstehen einer fremden Kultur und für kulturwissenschaftliches Arbeiten ist. Die Vermittlung von Orientierungswissen ist nicht zuletzt deshalb besonders wichtig, weil die Studierenden der Anglistik in der Regel nur über sehr lückenhafte Kenntnisse der britischen Geschichte verfügen. Dies ist nicht verwunderlich, denn kulturgeschichtliches Grundwissen wird weder im gymnasialen Englischunterricht noch im Anglistikstudium systematisch vermittelt. Aus diesem Grund bereitet es den meisten Studierenden Probleme, einzelne historische Ereignisse wie z. B. die Einführung des Frauenwahlrechts (1918/1928) oder die Unabhängigkeitserklärung Indiens (1947) in ihren historischen Kontext, hier die Frauenbewegung, dort die Dekolonisierung, einzuordnen und sie mit wissenschaftlichen Konzepten wie *Gender* und Postkolonialismus in Verbindung zu bringen. Spätestens bei der Examensprüfung wird von Studierenden aber entsprechendes Überblickswissen erwartet – auch wenn das Studium durch die geringe Abstimmung zwischen den einzelnen Lehrveranstaltungen eher Wissensinseln vermittelt.

Defizite

Aus diesen Defiziten ergibt sich die Zielsetzung der folgenden Teilkapitel: Sie sollen überblicksartig vor allem solche Schlüsselereignisse und Entwicklungen vorstellen, die sowohl für das britische kollektive Gedächtnis als auch für die gegenwärtige anglistische

Forschungsorientierte Darstellung

Forschung von zentralem Interesse sind. Die Erbfolge der britischen Monarchie oder die Entstehung des politischen Systems lassen sich in zahlreichen historiographischen Nachschlagewerken nachlesen. Die folgende Darstellung vermittelt zwar auch historische Eckdaten, geht aber primär forschungs- und problemorientiert vor. Sie führt in vier zentrale Themenbereiche anglistischer Kulturwissenschaft ein, nämlich die Entstehung der Nation, *Empire* und Dekolonisierung, die soziale Stellung der Frau und die Ausdifferenzierung des Mediensystems. Es geht also vornehmlich um die Herausbildung nationaler, imperialer, patriarchaler und medialer Bedeutungsmuster, die in das kulturelle Gedächtnis Eingang gefunden und das britische Selbstverständnis nachhaltig geprägt haben. Aus diesem Grund beginnt die Darstellung im 16. Jahrhundert mit der TUDOR-Zeit, in der sich der nationale Gedanke herauskristallisiert.

1066 und Magna Carta

Das heißt freilich nicht, dass es vor dieser Epoche keine für die britische Identitätsbildung wichtigen Ereignisse gegeben hätte. Vielmehr haben insbesondere die Normannische Eroberung (*Battle of Hastings*, 1066) und v. a. die *Magna Carta* (*Great Charter*) eine für das kulturelle Gedächtnis kaum zu überschätzende Bedeutung: Im Jahr 1215 rebellierten mächtige Adelige gegen König JOHN, dem sie Machtmissbrauch vorwarfen, und zwangen ihn, sein Siegel unter eine Erklärung zu setzen, die die Machtfülle des Königs zugunsten des Gesetzes einschränkte. Der Begriff ‚groß' ist kein Ausdruck der besonderen zeitgenössischen Bewertung dieses Ereignisses, sondern bezieht sich vielmehr auf den Umfang des Dokument, das neben einer Präambel 63 Paragraphen umfasst. Ihre epochale Bedeutung wurde der *Magna Carta* erst im 17. Jahrhundert von den Parlamenten zugewiesen, die sich auf diesen Präzedenzfall der konstitutionellen Beschränkung der Macht der Krone beriefen.

Weiterführende Lektüre

Selbstverständlich kann diese kursorische Kulturgeschichte weder die Lektüre einer umfangreicheren historischen Darstellung ersetzen noch alle relevanten Daten und Ereignisse aufnehmen. Außerdem können längst nicht alle Themengebiete der aktuellen anglistischen Kulturgeschichtsschreibung berücksichtigt werden. Dennoch bietet sie einen ersten Überblick und erleichtert so den Einstieg in das vertiefende Selbststudium. Hierfür zu empfehlen sind neben dem von LONGMAN herausgegebenen sechsbändigen Werk *Foundations of Modern Britian* (THOMPSON 1983, SMITH 1984, HOLMES 1993, HOLMES/SZECHI 1993, EVANS 1996 [1983] und ROBBINS 1994 [1983]) vor allem MORGANS *Oxford History of Britain* (1988), die Kulturgeschichte von SCHWANITZ (1996), SEEBERS (1999) kulturwissenschaftlich orientierte Literaturgeschichte, STRONGS (2000) Kunst- und Kulturgeschichte sowie WENDES (2001) Darstellung der Geschichte Großbritanniens.

2 Nationalstaat zwischen Krone und Parlament

Der thematische Fokus dieses Teilkapitels ist die Entstehung des britischen Nationalstaats, der zunächst ein dominant englischer war, denn bis zur Union im Jahr 1707 waren England und Schottland getrennte Königreiche. Die Herausbildung der Nation lässt sich nicht auf die Abfolge von Monarchen sowie die Entstehung und Ausdifferenzierung von Institutionen reduzieren, sondern ist auch eine Mentalitäts- und Geistesgeschichte der ‚Erfindung der Nation'. Sie beginnt in der TUDOR-Zeit (1485–1603), in der sich die Trennung zwischen *king* und *country*, zwischen Monarchie und Staat, ankündigt (vgl. GRABES 2001). Zwei Entwicklungen sind dabei von besonderem Interesse: erstens das Verhältnis zwischen Krone und Parlament und zweitens die Ausdifferenzierung der Gesellschaft in unterschiedliche soziale Schichten.

Nation und Staat

Das England der frühen Neuzeit war geprägt von der Herrschaft der TUDORS, weshalb das 16. Jahrhundert auch als TUDOR-Ära bezeichnet wird. Die mit dieser Zeit verbundenen Namen und Ereignisse erklären die beinahe mythische Bedeutung, die der Epoche im Nachhinein beigemessen wurde: Mit HENRY VIII, dem legendären Ehefrauenmörder und Begründer der anglikanischen Kirche, MARY I (der sog. ‚*Bloody Mary*') sowie den beiden Erzrivalinnen ELIZABETH I und MARY STUART, der auf Befehl von ELIZABETH enthaupteten Schottenkönigin, regierten schillernde Persönlichkeiten. Der Dramatiker WILLIAM SHAKESPEARE führte im *Globe Theatre* seine berühmten Stücke auf, die legendäre spanische Armada wurde von der wesentlich kleineren britischen Flotte besiegt, der große Humanist SIR THOMAS MORE publizierte sein einflussreiches Werk *Utopia* (1515) und das zeitgemäße Country House als ‚architektonische Quintessenz' (STRONG 2000) des säkularen Zeitalters führte zu einem regelrechten Boom der Baubranche. Aus der Retrospektive wurde die Zeit der TUDORS daher häufig als ein ‚Goldenes Zeitalter' bezeichnet.

‚TUDOR-Myth'

HENRY VII, der durch seinen Sieg über RICHARD III in der Schlacht von Bosworth Field (1485) die als Rosenkriege bezeichnete und in SHAKESPEARES historischen Dramen fiktional verarbeitete jahrzehntelange Feindschaft zwischen dem House of York und dem House of Lancaster beendete, begründete mit der Übernahme der Macht die Tudordynastie. Als englischer König war HENRY VII wie seine Vorgänger und Nachfolger mit einem Dilemma konfrontiert, das im Nachhinein für den Erfolg der parlamentarischen Monarchie in Großbritannien verantwortlich gemacht wird: Da er aus eigenen Einkünften keine stehende Armee finanzieren konnte, war der König – der zunächst oppositionelle Magnaten im großen Stil hatte hinrichten und enteignen lassen – bei der Durch-

Königliches Dilemma

setzung seiner Politik auf den guten Willen des Adels angewiesen. Zudem stieß das Patronage-System, die Verteilung von Ämtern und Ländereien an Günstlinge, aufgrund der begrenzten Ressourcen der Krone schnell an seine Grenzen. Weder Gewalt noch Patronage konnten daher alleine den Machterhalt sichern: *„Tudor government [...] was as much a question of partnership as of dictatorship."* (MORGAN 1988: 269) So oblag die regionale und lokale Verwaltung und Rechtsprechung dem eingesessenen Adel.

Parlament

Bei der Gesetzgebung und der Erhebung von Steuern, zwei zentralen Bereichen der Machtausübung, war der König zudem auf die Mitwirkung des Parlaments angewiesen. Dieses Mitspracherecht war seit der *Magna Carta* (1215) wichtiger Bestandteil der Verfassungspraxis, wobei das Parlament allerdings eher beratende Instanz als in heutigem Sinne souveräne Volksvertretung war. Es musste vom König einberufen werden, der Tagungszeit, -dauer und -ort bestimmte. Da dies nur unregelmäßig geschah, konnte sich lange keine Kontinuität der parlamentarischen Arbeit herausbilden: Es gab zwar ‚Parlamente', aber nicht ‚das' Parlament als Institution. Seit dem 15. Jahrhundert waren die Parlamente in zwei Kammern geteilt. Dem Oberhaus (*House of Lords*) gehörten Angehörige des Erbadels (die Vererbung des Sitzes im House of Lords wurde erst vor kurzem durch *New Labour* unter TONY BLAIR abgeschafft) und die Bischöfe an. Das Unterhaus (*House of Commons*) setzte sich aus Vertretern der Grafschaften und Städte zusammen. Da das Wahlrecht an den sozialen Status geknüpft war, war das Unterhaus mit Angehörigen des niederen Adels, Staatsbediensteten und Juristen relativ homogen besetzt – die soziale Elite des Landes war somit in den Parlamenten repräsentiert.

Religionsstreit

Wie überall in Europa war auch in England die Zeit von der Reformation bis zum 18. Jahrhundert durch religiöse Auseinandersetzungen geprägt. Diese hatten handfeste politische und soziale Diskriminierungen zur Folge, die sich z.T. noch bis ins 19. Jahrhundert fortsetzten. Zentrale Entwicklungen waren die Trennung von der römisch-katholischen Kirche und die Etablierung der anglikanischen Kirche, die Säkularisierung, die Reformation und Gegenreformation sowie die Herausbildung zahlreicher kleiner Religionsgemeinschaften und religiöser Splittergruppen, die ausgegrenzt und häufig staatlich verfolgt wurden (vgl. WENDE 2001: 63–79).

Bruch mit dem Papst

Dass HENRY VIII der erste englische König war, der nicht über die retrospektive Vermittlung durch SHAKESPEARES Dramen, sondern durch sein eigenes Wirken ins kulturelle Gedächtnis der Nation eingegangen ist, liegt nicht nur daran, dass er zwei seiner sechs

Ehefrauen hinrichten ließ, sondern v. a. daran, dass er den Bruch mit dem Papst vollzog: Um seine Ehe mit KATHARINA VON ARAGON scheiden lassen zu können und die Tudorherrschaft durch die Geburt eines männlichen Nachfolgers abzusichern, erklärte HENRY VIII im Jahr 1529 die Loslösung von Rom und wurde 1533 Oberhaupt der neuen anglikanischen Kirche. Die sich anschließende Auflösung der katholischen Klöster, deren Besitztümer zum größten Teil an den dadurch zur Loyalität verpflichteten Adel übergingen, markiert den Beginn der jahrhundertelangen Auseinandersetzungen zwischen der anglikanischen Staatskirche, dem Katholizismus, der besonders in Schottland weiterhin starken Rückhalt hatte, und dem Protestantismus, der nach der Einführung von WILLIAM TYNDALES englischsprachiger Übersetzung von MARTIN LUTHERS Bibel (1524) zunächst als Ketzerei verfolgt worden war, bzw. den zahlreichen Freikirchen der Nonkonformisten *(Dissenter)*.

In der Tudorzeit liegen auch die Wurzeln des nationalen Diskurses (GRABES 2001). Das Bild von der Nation wurde wesentlich durch die mediale Vermarktung der zeitlebens unverheirateten *'Virgin Queen'* ELIZABETH I (1558–1603) bestimmt, die in zahlreichen panegyrischen Gedichten und symbolträchtigen Portraits zu einer nationalen Ikone, *„an icon of national unity and autonomy"* (SCHOLZ 1995: 6), stilisiert wurde: Die Präsentation ihrer Machtfülle durch prunkvolle Kleidung, kostbaren Schmuck und eindrucksvolle Portraits sowie die bewusste Idealisierung ihrer Jungfräulichkeit und ihre Selbststilisierung als liebende Mutter des Volkes wurden zu ihren Markenzeichen (vgl. V. NÜNNING, im Druck).

Nationaler Diskurs

In das elisabethanische Zeitalter (vgl. SUERBAUM 1999) fällt auch das Projekt der Kartographierung, Vermessung und Definierung des nationalen Raumes (KLEIN 1997). Die neuen Landkarten, allen voran LAURENCE NOWELLS *General Description of England and Ireland* (1564/65), waren nicht nur administrative Hilfsmittel, sondern im semiotischen Sinne auch quasi-narrative Interpretationen des nationalen Raums: *„[T]he geography of Britain still served more as a discursive than a physical terrain in which to conduct the search for its precise political and cultural meaning."* (ebd.: 27)

Nationaler Raum

Insgesamt war die Tudorzeit durch eine kontinuierliche Kooperation der Krone mit den relativ selten einberufenen Parlamenten geprägt: *„Aufs Ganze gesehen war, gemessen an den Maßstäben der Zeit, d. h. vor dem Hintergrund der turbulenten Epoche der Religionskriege, die englische Monarchie des 16. und frühen 17. Jahrhunderts der friedlichste und stabilste Staat Europas."* (WENDE 2001: 27) Diese Phase politischer Stabilität war jedoch nicht von Dauer, weil aufgrund der Finanznöte der TUDORS und später der STUARTS immer

Bürgerkrieg

wieder Zusammenstöße mit dem Parlament vorprogrammiert waren. Insbesondere der teure Ausbau der Flotte und die hohen Kosten der Hofhaltung verschärften die Konflikte. Im Jahr 1640 musste CHARLES I, als er aufgrund von Kriegen gegen Schottland und zur Niederschlagung des irischen Aufstands Geld benötigte, nach elf Jahren alleiniger Herrschaft noch einmal ein Parlament einberufen. Weil kurz darauf das sog. *Long Parliament* schließlich den Übergang zu einem parlamentarischen Regierungssystem forderte und einen verhassten königlichen Ratgeber, den EARL OF STAFFORD, hinrichten ließ, kam es zur offenen Konfrontation zwischen Krone und Parlament und im August 1642 schließlich zum Bürgerkrieg.

Ursachen

Dieser hatte politische, religiöse und regionale Ursachen: Der Konflikt zwischen den Anhängern des Königs auf der einen und denen des Parlaments auf der anderen Seite war zugleich der *„letzte große europäische Religionskrieg"* (WENDE 2001: 29), eine erbitterte Auseinandersetzung, in der die anglikanische Kirche den Puritanern, Presbyterianern sowie den Anhängern der Freikirchen gegenüberstand, die die Ablehnung des Papismus und der anglikanischen Staatskirche sowie die Konzentration auf die Heilige Schrift einte. In regionaler Hinsicht schließlich markierte der Bürgerkrieg den Bruch zwischen dem eher katholischen Norden und Westen des Landes mit seiner traditionellen Gesellschaftsstruktur (königstreue Aristokratie und abhängige Bauernschaft) und den protestantisch und puritanisch geprägten, von der *gentry* und *middle class* dominierten Hafen- und Handelsstädten (inklusive London) im Süden und Osten Englands.

OLIVER CROMWELL

Die Opposition wurde von OLIVER CROMWELL (1599–1658) angeführt, einem wohlhabenden Landbesitzer und Abgeordneten des Parlaments, der zwar nicht über militärische Erfahrungen, dafür aber über puritanische Disziplin verfügte. CROMWELLS religiös geprägte Armee, die *New Model Army*, schlug die Truppen des Königs, der sich im Mai 1646 den antiroyalistischen Schotten ergab, die CHARLES I gegen eine Zahlung von 400.000 Pfund an das englische Parlament auslieferten.

‚MAX-WEBER-THESE'

Der Erfolg von CROMWELLS *New Model Army* beruhte auf der strikten Disziplin und der systematischen Ausbildung. Diese werden aus mentalitätsgeschichtlicher Sicht auf die puritanische Weltsicht zurückgeführt, die CROMWELL verkörperte und die seine Vorstellung von der Armee prägte. Die puritanischen Werte – der hohe Stellenwert der Arbeit, der Verzicht auf Luxus und Zerstreuung sowie die ständige Verpflichtung, sich über den Stand des eigenen Seelenheils selbst Rechenschaft abzulegen (dokumentiert im Genre des puritanischen Seelentagebuchs, dessen kulturgeschichtliche Bedeutung

Eine problem- und forschungsorientierte Kulturgeschichte Großbritanniens

sich noch in den Romanen DANIEL DEFOES und den Briefromanen SAMUEL RICHARDSONS erkennen lässt) – begünstigten die Ausbildung von ‚Sekundärtugenden' wie Fleiß, Pünktlichkeit und Sorgfalt (SCHWANITZ 1996: 103). Der Soziologe MAX WEBER (1864–1920) hat im 20. Jahrhundert die These vom engen Zusammenhang zwischen dem puritanischen Weltbild und der kapitalistischen Wirtschaftsordnung aufgestellt, der eben diese Sekundärtugenden zum Erfolg verhelfen sollten.

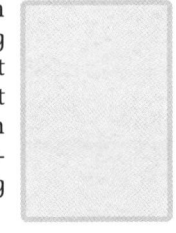

Mit der Niederlage des Königs war der Bürgerkrieg eigentlich beendet, doch CROMWELLS Heer weigerte sich, den Forderungen des Parlaments nach einer Auflösung der Armee nachzukommen. Als letzteres daraufhin wieder Verhandlungen mit dem König aufnahm, besetzte CROMWELL mit seiner Armee im August 1647 London, den Sitz des Parlaments: Der Bürgerkrieg war in eine Revolution übergegangen. In rascher Folge wechselten nun die Koalitionen zwischen CROMWELL, dem Parlament, dem König, der mehrfach gefangen genommen wurde, und den Schotten, die von der *New Model Army* vernichtend geschlagen wurden. Schließlich ging CROMWELL auch mit militärischer Gewalt gegen das Parlament vor, vertrieb alle königstreuen Mitglieder, ernannte das Volk zum Souverän und sich zum obersten Repräsentanten des Volkes und ließ den König wegen Hochverrats vor Gericht stellen.

Revolution

Nach der Exekution des Königs am 30. Januar 1649 – ein bis dahin beispielloser Vorgang – proklamierte das von CROMWELL belassene sog. Rumpfparlament (*Rump Parliament*) die Republik, die den Namen ‚The Commonwealth' (nicht zu verwechseln mit dem späteren ‚*Commonwealth of Nations*') trug. CROMWELL vermittelte als General der Armee und Mitglied des Parlaments zwischen den beiden zentralen Institutionen der neuen Republik, die ihren Fortbestand mit Gewalt sicherte: Der Aufstand der irischen Royalisten wurde brutal niedergeschlagen (fast die Hälfte der Bevölkerung kam Schätzungen zufolge durch die direkten oder indirekten Folgen ums Leben), und im Krieg gegen Schottland besiegte CROMWELLS Armee den Thronfolger CHARLES II, der nur knapp nach Frankreich fliehen konnte.

Common-wealth

Mit der Revolution war eine soziale und religiöse Radikalisierung verbunden. Der Bürgerkrieg spaltete Familien, die Steuern wurden drastisch erhöht, das puritanische Parlament ließ die beim Volk beliebten Theateraufführungen und andere Freizeitvergnügungen verbieten, und zahlreiche Sekten wie die Leveller, Digger und Quäker verbreiteten radikale Botschaften (z. B. Volkssouveränität, Gemeinschaftseigentum und Gleichberechtigung). Nimmt man noch die Hinrichtung des Königs hinzu, die bei der Mehrheit des Volkes Entsetzen hervorrief, verwundert es nicht, dass die Welt aus

‚Verkehrte Welt'

den Fugen geraten oder auf den Kopf gestellt schien. Nicht umsonst war der Topos ‚the world turned upside down' ein unter Zeitgenossen weit verbreitetes Bild.

Krise

Trotz seiner militärischen Erfolge gelang es CROMWELL nicht, die politische Krise zu beenden. Mehrere Anläufe zu einer Parlamentsreform scheiterten ebenso wie vier unterschiedliche Verfassungen. Schließlich kam es Ende 1653 zu einer Militärregierung, die CROMWELL bis zu seinem Tod als Lord Protector und Staatsoberhaupt anführte. Obwohl CROMWELL kurz vor seinem Tod im Jahr 1658 seinen Sohn RICHARD als Nachfolger einsetzte, endete die Phase des Experimentierens mit nationalen Regierungsformen so abrupt wie sie begonnen hatte: Bereits nach einem Jahr wurde RICHARD von der Armee abgesetzt, und im Jahr darauf beschloss man, zur Monarchie zurückzukehren.

Restauration

Die Restauration (*Restoration*), d. h. die Wiederherstellung der alten Ordnung, verlief ebenso schnell wie reibungslos: CHARLES II wurde im Jahr 1660 als König eingesetzt, der Beginn seiner Herrschaft wurde im Nachhinein auf den Zeitpunkt des Todes seines exekutierten Vaters zurückdatiert, die Parlamentsentscheidungen, denen noch der alte König zugestimmt hatte, erlangten wieder Gültigkeit, während viele der unter CROMWELL getroffenen Entscheidungen (etwa die Enteignung von Besitztümern der Krone und der Kirche) rückgängig gemacht wurden. Auch wenn damit die Monarchie wiederhergestellt war, ging das Parlament gestärkt aus dem Konflikt hervor. Es trat fortan regelmäßig alle drei Jahre zusammen und wurde nun zum integralen Bestandteil der Regierung.

Entstehung der Parteien

Zu einer größeren politischen Krise kam es erst wieder, als ein (angebliches) Mordkomplott gegen CHARLES II bekannt wurde – Thronfolger wäre im Falle der Ermordung des kinderlosen Königs dessen Bruder, JAMES II, gewesen. Viele Abgeordnete hatten große Bedenken, den katholischen JAMES zum König und damit gleichzeitig zum Oberhaupt der anglikanischen Kirche zu machen. Sie nahmen diesen Vorfall zum Anlass, um dessen Ausschluss aus der Thronfolge *(exclusion)* zu fordern und damit einen Präzedenzfall für die Einsetzung (bzw. Nichteinsetzung) des Königs durch das Parlament zu schaffen. Anführer der Gruppe von Parlamentariern, die gegen JAMES opponierten, war der Erste EARL OF SHAFTESBURY, der zur Durchsetzung dieses Ziels mit den sog. *Whigs* die erste parteiähnliche Gruppierung Englands bildete.

Whigs und Tories

Als parlamentarische Gegner der *Whigs* formierten sich die königstreuen *Tories* (die Bezeichnung war ein von ihren Gegnern gebrauchtes Schimpfwort, das ursprünglich irische Katholiken bezeichnete), die eine starke Monarchie als Schutz vor dem Rückfall in revolutionäre Anarchie betrachteten. Sie setzten sich für die Beibehaltung des monarchischen Prinzips des Gottesgnadentums (d. h. die göttliche Legitimation des Herrschers) und damit gegen die Einschränkung der Erbfolge ein. Die *Tories* vertraten also die offizielle Position der anglikanischen Staatskirche, während die *Whigs* für religiöse Toleranz und Offenheit eintraten.

Als JAMES II, ein schottischer Katholik, nach dem Tod seines Vaters im Jahr 1685 den Thron bestieg, konnte er auf die Loyalität des Parlaments zählen. Die rigorose Verfolgung der *Whigs* und die Neuordnung der Wahlrechtsbestimmungen hatten die *Tories* in Machtpositionen gebracht und die *Whigs* ins politische Abseits gedrängt, so dass die Stellung des Monarchen gesichert schien. Es zeugt nicht gerade von diplomatischem Geschick, dass JAMES innerhalb von nur drei Jahren auch seine politischen Freunde verprellte, die sich der Opposition anschlossen: Seine Toleranz gegenüber den Katholiken verärgerte die anglikanischen *Tories*, durch Eingriffe in die lokalen Machtstrukturen brachte er die regionalen Eliten gegen sich auf und sein Versuch, ein stehendes Heer aufzubauen und dieses auch noch mit Katholiken zu besetzen, verletzte den seit CROMWELL parteiübergreifend akzeptierten Grundsatz ‚*no standing armies*‘.

Glorious Revolution

Das sensible politische Gleichgewicht zwischen Parlament und Krone war durch die Kombination von anti-anglikanischem Katholizismus und befürchteten absolutistischen Tendenzen bedroht. Mehrere *Whigs* und *Tories* forderten in einem Schreiben WILLIAM OF ORANGE, den Schwiegersohn von JAMES II in den Niederlanden, zur Invasion auf, um die Religion und die rechtmäßige Erbfolge zu sichern. WILLIAM ließ sich nicht lange bitten, sondern landete mit einem Söldnerheer in Südengland, vertrieb seinen Schwiegervater JAMES ins französische Exil und ließ sich im April 1689 als WILLIAM III zum König von England krönen.

Invasion

Zuvor musste er allerdings der *Bill of Rights* zustimmen, einer vertraglichen Vereinbarung, die ihm nach langen Verhandlungen vom Parlament präsentiert wurde. Deren Inhalte waren zwar relativ gemäßigt, denn schliesslich waren WILLIAMS Truppen als Besatzer in London. Sie bildeten aber dennoch die Grundlage für die Herausbildung der englischen Verfassung sowie der konstitutionellen Monarchie und wurden zum Vorbild der amerikanischen *Bill of Rights*. Die Übereinkunft zwischen König und Parlament, die sich in den Folgejahren verfestigte, wurde später als *Revolutionary Settlement* bezeichnet.

Bill of Rights

Der sog. ‚Pamphletenkrieg‘ zwischen Anhängern und Gegnern des Königs, der die Revolution begleitete, lässt sich in der Retrospektive als wichtiger Schritt hin zu einer Mediengesellschaft wer-

Pamphletenkrieg

ten: Die zahlreichen kursierenden Flugblätter sind ein Hinweis auf den wachsenden Stellenwert der öffentlichen Meinung und darüber hinaus ein Beleg für die Etablierung eines nationalen Diskurses, dessen Anfänge bereits im 16. Jahrhundert liegen.

,Glorious' Revolution

Die kontroverse Bewertung der turbulenten Ereignisse der Jahre 1688 und 1689 ist ein Beispiel für die kulturelle Bedingtheit von Geschichtsschreibung, die immer auf der Auswahl und Interpretation historischer Ereignisse beruht und damit stets dem Geist ihrer Zeit verhaftet ist. Während der vermeintlich unblutige Sieg der konstitutionellen Monarchie im 19. Jahrhundert hervorgehoben und die ,Revolution' zum festen Bestandteil des Gründungsmythos der konstitutionellen Monarchie stilisiert wurde, werden sowohl der ruhmreiche als auch der revolutionäre Charakter der *Glorious Revolution* im 20. Jahrhundert verstärkt in Frage gestellt: Die Absetzung des Königs durch das Parlament erscheint zunehmend als eigennütziger Akt einer konservativen Oligarchie, der keine Veränderung der sozialen oder politischen Machtverhältnisse mit sich brachte und somit eher einer Palastrevolte gleichkommt (vgl. MORGAN 1988: 399). Daher spricht man heute nur noch mit Vorbehalten von einer ,glorreichen' Revolution, die eher eine retrospektive Glorifizierung ist: Sie blendet nicht nur die Motivation der in der überwiegenden Mehrzahl sehr passiven ,Revolutionäre' aus, sondern auch den blutigen Sieg von WILLIAM und seinem Heer über JAMES' katholische Truppen in der *Battle of the Boyne* (1690). An diese Niederlage erinnern noch heute die heftig umstrittenen, die Katholiken bewusst provozierenden Paraden des Oranierordens in Nordirland (vgl. Kap. 6.2).

Englische Vorreiterrolle

Auch wenn die nachträgliche Glorifizierung der Ereignisse von 1688 daher fragwürdig ist, lässt sich doch mit Berechtigung sagen, dass die durch die *Glorious Revolution* und das *Revolutionary Settlement* gefestigte Position des Parlaments für die Überlegenheit des englischen Staates gegenüber den absolutistischen Monarchien auf dem Kontinent mit verantwortlich war. Die parlamentarische Kontrolle der Steuern und Abgaben war der Beginn einer modernen Finanzverwaltung und Bürokratie sowie die Grundlage für die Finanzierung der kostenintensiven imperialen Außenpolitik im 18. Jahrhundert.

Union mit Schottland

Innenpolitisch begann das 18. Jahrhundert mit der Einung Großbritanniens. Während Wales bereits unter HENRY VIII durch die Statuten von 1536 und 1543 administrativ in das englische Königreich eingegliedert worden war, hatte Schottland seit dem ersten englischen Übernahmeversuch durch EDWARD I Ende des 13. Jahrhunderts stets seine Unabhängigkeit bewahrt. Durch familiäre Verbindungen zwischen der englischen Tudordynastie und den schottischen STUARTS war es zu einer Annäherung zwischen England und Schottland gekommen. Beide wurden seit 1603 von einem gemeinsamen König regiert, bildeten aber dennoch zwei getrennte Königreiche, die sich immer wieder in kriegerischen Auseinandersetzungen feindlich gegenüberstanden: Die englische Königin ELIZABETH I ließ 1587 ihre schottische Cousine MARY STUART hinrichten, und CROMWELLS *New Model Army* besiegte während des Bürgerkriegs die königstreuen Schotten in der Schlacht von Worcester (1651). Auch nach der durch das Parlament erzwungenen Abdankung von JAMES II im Jahr 1688 blieb das Verhältnis angespannt, denn die Nachfolger des *House of Stuart* warteten im französischen Exil nur auf die Gelegenheit, ihren Anspruch auf die Krone mit Gewalt durchzusetzen.

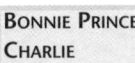

Die neuen politischen Verhältnisse – mit der Auflösung des schottischen Parlaments im Zuge der Union war trotz der weiteren Geltung des eigenen Rechtssystems und der presbyterianischen Kirchenverfassung die Unabhängigkeit faktisch aufgegeben worden – hatten zur Folge, dass zumindest in Teilen Schottlands, insbesondere in den wirtschaftlich besser gestellten Lowlands, die Anglisierung rasch voranschritt. Die STUARTS waren zur Durchsetzung ihrer Thronansprüche auf diejenigen Kreise angewiesen, die die erneute Unabhängigkeit von England bevorzugten. Nach einem erfolglosen Versuch des Sohnes von JAMES II, im Jahr 1715 dem regierenden König GEORGE I die englische Krone streitig zu machen, setzten die schottischen Anhänger der STUARTS alle Hoffnungen auf dessen Sohn CHARLES EDWARD, der als romantisch verklärter BONNIE PRINCE CHARLIE in die Geschichte und das kollektive Gedächtnis eingehen sollte. Er wurde unterstützt von den nicht nur in Schottland anzutreffenden Jakobiten bzw. *Jacobites* (so benannt wegen ihres Eintretens für JAMES, zu deutsch JAKOB). Die Jakobiten, die eine eigene, nur Eingeweihten zugängliche Kultur entwickelt hatten, halfen CHARLES im Jahr 1745, ein – schlecht ausgebildetes – Heer auszuheben. Dieses führte er zunächst nach Edinburgh, wo er begeistert aufgenommen wurde. Die schottische Armee marschierte daraufhin in den Norden Englands ein und besetzte die Städte Carlisle und Manchester.

BONNIE PRINCE CHARLIE

Die *Jacobite Rebellion* wurde jedoch von den militärisch überlegenen englischen Truppen blutig niedergeschlagen. Unter der Führung des DUKE OF CUMBERLAND wurde das schottische Heer immer weiter zurückgedrängt, bis es schließlich am 16. April 1746 in Culloden Moor nahe Inverness zur entscheidenden Schlacht kam: Die mittlerweile stark geschwächten Schotten wurden vernichtend geschlagen. Die englische Armee unter Führung des als ‚*Butcher of Culloden*‘ in die Geschichte eingegangenen DUKE OF CUMBERLAND massakrierte alle Verwundeten und begann einen brutalen Rachefeldzug *(Highland Clearances)*. CHARLES konnte zwar, in Frauenge-

Culloden

wänder gekleidet, gerade noch auf einem Fischerboot nach Frankreich entkommen. Alle Hoffnungen auf eine Rückkehr der STUARTS an die Macht waren mit seiner Niederlage aber endgültig zerstört. Die Grausamkeiten der Engländer (auf deren Seite mehr schottische Regimenter gekämpft hatten als auf der ‚schottischen' Seite) hatten eine ahistorische Glorifizierung und Mythisierung der Highlander zur Folge, die bis heute in quasi-historischen Kinofilmen wie *Braveheart* (MEL GIBSON, 1995) und *Rob Roy* (MICHAEL CATON-JONES, 1995) sowie der *Heritage*-Industrie gepflegt wird.

Englische Reaktionen

Als Antwort auf die schottische Revolution erließ das Parlament eine Reihe von Gesetzen, welche die eigenständige schottische Identität zerstören und künftige Aufstände unterbinden sollten: Das Führen von Waffen wurde ebenso verboten wie das Spielen des Dudelsacks. Darüber hinaus wurde für die kommenden 35 Jahre in ganz Schottland das Tragen des typischen ‚*Highland costume*' („*plaid, philibeg [small kilt], trews, shoulder-belts ... tartans or parti-coloured plaid or stuff*") unter Strafe gestellt: Wer sich widersetzte, riskierte sechs Monate Haft ohne die Möglichkeit einer vorzeitigen Entlassung auf Kaution, und ein zweiter Verstoß wurde sogar mit siebenjähriger Deportation geahndet.

Mythos Kilt

Interessanterweise war jedoch der traditionelle, typische Kilt weder traditionell noch typisch, sondern eine relativ neue Mode. Wie TREVOR-ROPER (2002 [1983]) zeigt, ist die retrospektive Verklärung einer ‚*Highland culture*', die in dieser Form nie existiert hatte, ein Beispiel jener ‚*invention of tradition*', die für die Festigung kollektiver Identität von zentraler Bedeutung ist. Die Romantisierung des berockten Kaledoniers im Karomuster war TREVOR-ROPER zufolge eine zeitgemäße Adaption des Mythos vom Edlen Wilden, die ihren Ursprung eher in der Phantasie SIR WALTER SCOTTS, des Begründers des Genres des historischen Romans, und dem imperialen Bild vom ‚*noble savage*' (vgl. Kap. 5.3) als in der rauhen Wirklichkeit hatte.

House of Hanover

Mit dem Sieg über die Schotten war die Union von 1707 bestätigt. England und Schottland bildeten fortan einen gemeinsamen Nationalstaat: Großbritannien. Dieser wurde seit dem Tod von Königin ANNE 1714 über 100 Jahre lang durch Monarchen aus dem *House of Hanover* regiert, die allesamt den Namen GEORGE trugen: GEORGE I (1714–1727), GEORGE II (1727–1760), GEORGE III (1760–1820) und GEORGE IV (1820–1830). Der deutsche Kurfürst GEORG VON HANNOVER (GEORGE I), der aufgrund der im *Act of Settlement* von 1701 geänderten Thronfolge ANNE auf den Thron folgte, war der englischen Sprache so wenig mächtig, dass er anfangs mit seinen Ministern lateinisch sprach und es bald vorzog, überhaupt nicht mehr an den Kabinettsitzungen teilzunehmen. Die Ergebnisse der Beratungen seiner Minister wurden ihm von einem Koordinator aus ihrer Mitte vorgetragen.

Sir Robert Walpole (1676–1745) hatte 21 Jahre lang die Stellung dieses Ersten Ministers inne, weshalb er häufig als der erste britische Premierminister bezeichnet wird. In seine Amtszeit fällt der erste große Aktiencrash der Geschichte, ein Finanzskandal, der unter der Bezeichnung ‚South Sea Bubble' Schlagzeilen machte und als nationales Trauma in die Geschichte und in die Literatur einging (Stratmann 2000). Walpole bestand diese Bewährungsprobe, indem er durch eine geschickte Finanzpolitik das Ansehen des Hofes wiederherstellte. Sein politisches Ende kam im Jahr 1742, als er in einer Abstimmung des Parlaments eine herbe Niederlage erlitt: Walpole akzeptierte das Ergebnis, reichte seinen Rücktritt ein und schuf damit einen Präzedenzfall, der die Bedeutung des Parlaments weiter stärkte.

Premierminister

Die Stellung des Parlaments konnte weder die Krisenstimmung der späten 1750er Jahre (verursacht durch Erdbeben, militärische Misserfolge im Siebenjährigen Krieg [1756–1763] und leere Staatskassen) noch die politische Radikalisierung der 1760er bis 1790er Jahre ernsthaft gefährden. Die Forderungen der Radikalen (mehr Freiheit, Verantwortung und Mitbestimmung für die Bürger, sehr weit reichende Ausweitung des Wahlrechts, Unterstützung der amerikanischen Revolution, Forderung nach politischer Gleichstellung der protestantischen *Dissenter*) verliehen einer weit verbreiteten Unzufriedenheit mit den politischen Zuständen Ausdruck. Auch wenn die gewaltsame zweite Revolution ausblieb, die viele Zeitgenossen insbesondere angesichts der Französischen Revolution von 1789 fürchteten, kann die Kultur des englischen Radikalismus in mentalitäts- und kulturgeschichtlicher Hinsicht durchaus als Umbruchphase bzw. Epochenschwelle bezeichnet werden (V. Nünning 1998).

Radikalismus

Das politische System Großbritanniens war durch die vergleichsweise starke Stellung des Parlaments zwar wesentlich demokratischer als z. B. das absolutistische Frankreich, doch wirkliche Mitbestimmung durch das Volk gab es nicht. Das Parlament wies jahrzehntelang die Forderungen der außerparlamentarischen Opposition zurück, bis es schließlich im Jahr 1832 einer ersten Wahlrechtsreform (die aufgrund der jahrelangen, erhitzten und z. T. gewalttätigen Auseinandersetzungen um die Gesetzesvorlage nicht als ‚reform act', sondern als ‚reform bill' ins kulturelle Gedächtnis eingegangen ist) zustimmte. Durch sie wurden zum ersten Mal die seit über 300 Jahren unveränderten Wahlrechtsbestimmungen modifiziert, die sich aufgrund der wirtschaftlichen Verschiebungen de facto in einer stetigen Verringerung der Zahl

Politische Mitbestimmung

der Wahlberechtigten (gemessen an der Gesamtbevölkerung) niedergeschlagen hatten.

Erste Wahlrechtsreform

Die Wahlrechtsreform brachte keine revolutionären Neuerungen, sondern verhinderte vielmehr eine Radikalisierung der neuen, ökonomisch und sozial potenten Interessengruppen des Industrie- und Handelsbürgertums, dessen Integration verhältnismäßig leicht zu bewerkstelligen war: *„Denn die neuen Wähler stellten die politischen Privilegien der Aristokratie keineswegs in Frage, buhlten vielmehr um deren Anerkennung."* (WENDE 2001: 46) Die Reform brachte eine Neuordnung der Wahlkreise mit sich (die frühere Zersplitterung, bei der zahlreiche kleinere Ortschaften ohne Wahlberechtigte, die sog. *rotten boroughs*, eine ‚eigene‘, de facto von Patronen ernannte Vertretung im Parlament hatten, hatte Korruption begünstigt) und führte zu einer Ausdehnung des Wahlrechts: Die Zahl der Wähler stieg dadurch um knapp 50% auf ca. 700.000, so dass von nun an etwa jeder sechste (männliche) Erwachsene in England, Schottland und Wales das aktive Wahlrecht besaß (ebd.: 45).

People's Charta

Eine wesentliche Konsequenz der ersten Reform, die die bürgerliche Opposition in das Parlament integrierte, war die anhaltende Schwächung außerparlamentarischer Arbeiterbewegungen und Organisationen wie der ‚*London Working Men's Association*‘. Diese forderten zwar weiterhin eine konsequente Demokratisierung der Verfassung, blieben aber ohne Erfolg: Es kam nicht mehr zu einem neuen Bündnis von Mittelstand und Arbeiterschaft. Der Unmut der Opposition manifestierte sich in der sog. *People's Charta* (1832), einem sechs Punkte umfassenden Programm, das die Einführung des allgemeinen Stimmrechts für Männer, des passiven Wahlrechts ohne Eigentumsqualifikationen, jährliche Parlamente, homogene Wahlkreise, Diäten für Abgeordnete und geheime Stimmabgabe forderte. Trotz der großen Zustimmung vor allem in den Industriegebieten Englands, die sich in Massenversammlungen und Unterschriftenaktionen mit bis zu drei Millionen Unterzeichnenden äußerte und auch in den Schriften THOMAS CARLYLES (1795–1881) und den Romanen BENJAMIN DISRAELIS (1804–1881) ihren Niederschlag fand, blieb der Bewegung der Chartisten der politische Erfolg versagt.

Reformen

Erfolgreiche Initiativen zu Reformen gingen nach 1832 stets vom Parlament aus. So setzte im Jahr 1867 der damalige Führer der Konservativen, BENJAMIN DISRAELI, durch die Einbeziehung von Haus- und Wohnungsbesitzern eine Verdoppelung der Wählerschaft durch. In der Folge wurden die Abstände zwischen den Reformen des Wahlrechts immer kürzer. Auf die Neuordnung der Wahlkreise und die Festlegung einer Obergrenze für Wahlkampfkosten (1883), die die Möglichkeiten der Einflussnahme durch den Adel stark einschränkten, folgte im Jahr 1884 die Wahlberechtigung für die Landarbeiter in den Grafschaften. Bis zur Etablierung einer Demokratie im heutigen Sinne war es aber noch immer ein weiter Weg, denn weder die Volkssouveränität noch das individuelle Anrecht auf Mitbestimmung waren am Ende des 19. Jahrhunderts allgemein akzeptiert und Frauen blieben – wie weite Teile der Unterschicht – nach wie vor gänzlich vom Wahlrecht ausgeschlossen.

Im Vergleich zum 18. Jahrhundert, als sich die Aufgaben des Staates auf die Außenpolitik, die Aufrechterhaltung von Gesetz und Ordnung, die Regulierung des Handels und die Erhebung von Steuern beschränkten, ist das 19. Jahrhundert durch eine unaufhörliche Reformtätigkeit gekennzeichnet. Zum einen ist eine Modernisierung des politischen Systems durch die Ausbildung der heutigen Parteien festzustellen: Die *Tories* entwickelten sich zur Konservativen Partei, die *Whigs* zur Liberalen Partei. Als dritte parlamentarische Kraft formierte sich die Arbeiterpartei (*Labour Party*). Zum anderen kam es zu einer erheblichen Ausweitung der staatlichen Aufgaben (WENDE 2001: 51). Dies lässt sich am Anstieg der Staatsbediensteten zwischen 1780 und 1870 (von ca. 16.000 auf über 54.000), an der rasch wachsenden Zahl von parlamentarischen Komitees und königlichen Untersuchungskommissionen sowie an der Vielzahl der daraus hervorgehenden Gesetzesvorschläge und Reformmaßnahmen ablesen. Neben der Parlamentsreform, der Einrichtung der Polizei und dem industriellen Arbeitsschutz standen dabei insbesondere Sozialreformen im Vordergrund, die dem Aufbau des Wohlfahrtsstaates *(welfare state)* vorangingen.

Der Staat im 19. Jahrhundert

Seit dem 17. Jahrhundert waren die finanzielle Unterstützung saisonbedingt oder dauerhaft Arbeitsloser bzw. Arbeitsunfähiger und ihre Unterbringung in Armen- oder Arbeitshäusern Aufgabe der Pfarreien. Der rasche Anstieg der Bevölkerung und die hohen sozialen Kosten in der Frühphase der Industrialisierung machten eine Reform dringend erforderlich. Das im Jahr 1834 in Kraft getretene neue Armenrecht, das einen Sturm der Entrüstung hervorrief, orientierte sich wie das Gesundheitsrecht vorrangig an den Bedürfnissen der Mittelschicht, die in erster Linie an einer Senkung der finanziellen Aufwendungen für sozial Schwache bei gleichzeitiger Sicherung der sozialen Stabilität interessiert war.

Sozialreformen

Die mit der Reform einhergehende Liberalisierung des Armenrechts definierte Armut und Arbeitslosigkeit nicht als ökonomisches oder soziales, sondern als individuelles moralisches Problem bzw. als bedauernswerte, aber nicht zu behebende Folge des enormen Bevölkerungsanstiegs. Als Richtlinie galt, dass die Unterstützung für Arbeitsfähige unter dem niedrigsten Lohn für härteste Arbeit liegen sollte. Das Arbeitshaus, in dem vermeintlich Arbeits-

Armut als individuelles Problem

scheue zur Zwangsarbeit gezwungen wurden, war ein Instrument zur Durchsetzung dieser Politik, die die Stigmatisierung von Armut zum Ziel hatte. Dass Großbritannien trotz dieser ultraliberalen Ausrichtung des Armenrechts im europäischen Vergleich eine führende Position in der Sozialpolitik einnahm, zeugt weniger von der Verbesserung der Lage der Armen als von der katastrophalen sozialen Lage insgesamt.

Hard Times

Die Entstehung des neuen urbanen Proletariats und der unbeschreiblichen Armut der sozial Schwachen, denen die Wahl zwischen dem Hungertod auf der einen und Prostitution und Verbrechen auf der anderen Seite blieb, ist besonders anschaulich in den Romanen von CHARLES DICKENS, ELIZABETH GASKELL und CHARLES KINGSLEY überliefert worden. Sie prägt die ‚Biographie‘ des Zentrums, der Großstadt London, die der englische Schriftsteller und Literaturwissenschaftler PETER ACKROYD (2001) rekonstruiert hat, und durchdringt die zeitgenössischen Diskurse der Hygiene, Moral und Administration (SCHÜLTING 1999).

Soziale Ungleichheit

Dass auch außerhalb Londons das Leben der sozial Benachteiligten alles andere als leicht erträglich war, zeigt sich z. B. daran, dass erst im Jahr 1847 in der Baumwollindustrie und im Bergbau der 10-Stunden-Tag gesetzlich eingeführt wurde – und zwar für Frauen und Kinder. Die Sozialreformen dürfen daher nicht darüber hinwegtäuschen, dass das 19. Jahrhundert eine Zeit extremer sozialer Ungleichheit war. Das Armengesetz von 1834 wurde erst 1934 durch den sog. *Unemployment Act* ersetzt. Auch wenn damit die Fürsorgepflicht erstmals weitgehend an den Staat überging, klingt in den Programmen von Konservativen wie MARGARET THATCHER oder JOHN MAJOR bis heute immer wieder das von SAMUEL SMILES in seinem Bestseller *Self-Help* (1859) dargelegte viktorianische Prinzip der Selbsthilfe an, etwa in MAJORS Motto *„This is not a something-for-nothing society“*.

Werte

Zu den viktorianischen Werten (vgl. V. NÜNNING 2000) zählen neben dem Ideal der Selbsthilfe und der intellektuellen und moralischen Besserung (*self-improvement*) auch ein – z. B. in der *Empire*-Rhetorik (vgl. Kap. 5.3) – stark ausgeprägtes Pflichtbewusstsein, ein patriarchalisches Frauenbild, das durch die Metapher des *Angel in the House* umschrieben wird (vgl. Kap. 5.4), oder das Bild des *Christian Gentleman* (REITZ in NÜNNING/NÜNNING 1996). Auch die Unterstützung der Armen galt als eine (freiwillige) moralische Pflicht der Bessergestellten, die sog. *friendly societies* zu wohltätigen Zwecken gründeten. Daneben gab es auch Organisationen und Zusammenschlüsse von Betroffenen.

Sozialstaat

Eine grundlegende Verbesserung der sozialen Situation trat erst nach der Einführung der allgemeinen Krankenversicherungspflicht für Geringverdiener (1911), einer von den Arbeitgebern finanzierten Arbeitslosenversicherung für bestimmte Industriezweige, und durch die Reform des Armutsgesetzes von 1934 ein. Die damit begonnene Modernisierung des Sozialstaats wurde nach dem Ende des Zweiten Weltkriegs fortgesetzt. Vor dem Hintergrund der die Klassenschranken überschreitenden nationalen Solidaritätserfahrung der Kriegsjahre und angesichts des Konjunkturaufschwungs der 1950er Jahre war es der damaligen *Labour*-Regierung nun möglich, ein umfassendes staatliches Sozialversicherungssystem sowie einen kostenlosen staatlichen Gesundheitsdienst *(National Health Service)* einzuführen.

Die Politik der *Labour*-Partei in den 1950er Jahren stand im Zeichen der Verstaatlichung zentraler Wirtschaftsbereiche, darunter die Bank von England, das Fernmeldewesen, die Energieversorgung, das öffentliche Verkehrswesen, der Bergbau sowie die Eisen- und Stahlproduktion. Diese Entwicklung Großbritanniens hin zu einem Interventionsstaat, der in die zentralen Bereiche des öffentlichen Lebens regulierend eingriff, wurde bis in die 1970er Jahre durch einen überparteilichen Konsens zwischen Sozialdemokraten und Konservativen getragen, den erst die konservative Regierung unter Premierministerin MARGARET THATCHER aufkündigen sollte.

Interventionsstaat

3 *Empire* und Dekolonisierung

Seit dem Entstehen der Neuen Literaturen in englischer Sprache und in EDWARD SAIDS einflussreichem Klassiker *Orientalism* (1978), dessen Veröffentlichung den Beginn der postkolonialen Literatur- und Kulturkritik markiert, ist das *British Empire* auch in der Anglistik zu einem zentralen Thema avanciert. Heute ist kaum noch nachvollziehbar, dass Großbritannien von der Gründung der *East India Company* bis zur Unabhängigkeit Indiens im Jahr 1947 eine globale Kolonialmacht war. Dennoch sind die Nachwirkungen des Selbstbewusstseins einer imperialen Großmacht weiterhin spürbar, wenn MARGARET THATCHER um die Falkland-Inseln Krieg führen lässt, Großbritanniens *Eurosceptics* sich hartnäckig von Europa (‚*the Continent*‘) distanzieren oder TONY BLAIR in Krisenzeiten unermüdlich die *special relationship* mit den USA beschwört.

Postkolonialismus

Die Rolle von Texten in dem Prozess der imperialen Aneignung, wirtschaftlichen Ausbeutung und kolonialen Administration ferner Kolonien ist von der postkolonialen Literaturkritik problematisiert worden. Die Hauptakzente liegen dabei auf der mentalen Inbesitznahme durch die *„Vertextung der Neuen Welt"* (PFISTER in SEEBER 1999) und auf dem hegemonialen Orientalismus-Diskurs.

‚Vertextung‘ der Neuen Welt

Die Vertextung der Neuen Welt beginnt mit Englands (vergleichsweise spätem) Einstieg in den Welthandel seit der Mitte des 16. Jahrhunderts: Reiseberichte dienten der Information über die bis dato nur vage beschriebenen fernen Länder und warben zugleich propagandistisch für die Erweiterung des Herrschaftsbereiches Gottes, des (gegen das katholische Spanien gerichteten) Protestantismus und des englischen Monarchen.

Fremdheits-erfahrung

An den frühen Reiseberichten wie der Sammlung *Principal Navigations, Voyages, Traffiques and Discoveries of the English Nation* (1589–1600) von RICHARD HAKLUYT und SAMUEL PURCHAS' Ergänzung *Hakluytus Posthumus, or Purchas his Pilgrims* (1615) lässt sich nicht nur ihre motivierende Funktion für weitere Entdeckungsfahrten ablesen, sondern zugleich die Erfindung einer nationalen Tradition aufzeigen: die Mythisierung der Briten als Seefahrernation (*‚the Empire of the Sea'*). Die in den Reiseberichten verarbeiteten Fremdheitserfahrungen weisen schon in der frühen Neuzeit jenes charakteristische Muster auf, das sich im kolonialen Diskurs fortsetzen wird. Zum einen wird das Fremde stets mit eigenen Maßstäben gemessen, so dass ein interkulturelles Verständnis der anderen Kulturen ausbleibt: „*Jedes Wahrnehmen des Fremden erscheint vorstrukturiert durch die Erwartungen und Interessen, die Normen und Wirklichkeitspostulate des Wahrnehmenden.*" (PFISTER in SEEBER 1999: 88). Zum anderen ist das Verhältnis zum Fremden stets zweideutig (ambig), die fremde Welt erscheint verlockend und bedrohlich zugleich.

Colonial other

Diese Ambiguität ist ein konstitutives Merkmal des im Zuge der Vertextung der Neuen Welt entstehenden Orientalismus-Diskurses. Den Begriff Orientalismus, eigentlich die englische Bezeichnung für Orientalistik, führt EDWARD SAID (1978) als neuen kolonialismuskritischen Schlüsselbegriff in die postkoloniale Kritik ein. Dieser bezeichnet den abendländischen Diskurs über den Orient, der durch die stereotypisierte und abwertende Repräsentation des angeblich unzivilisierten Fremden (*colonial other*) in einer Fülle von Texten unterschiedlicher nicht-fiktionaler, semi-fiktionaler und fiktionaler Gattungen (Predigten, Pamphlete, historische Darstellungen, Biographien, Autobiographien, Briefe, Traktate, wissenschaftliche Abhandlungen, Lyrik, Drama und ab dem 18. Jahrhundert auch der neu entstehende Roman) imperiale und koloniale Denkmuster verfestigt.

Orienta-lismus

Im stereotypisierenden und polarisierenden Diskurs des Orientalismus wird einerseits die Funktion der kulturellen Alterität - deutlich: Die Abwertung des imaginierten Anderen dient der Konstitution bzw. Stärkung der eigenen kollektiven Identität. Andererseits rekonstruiert SAIDs kritische Diskursanalyse die zahl-

reichen Verflechtungen zwischen Politik, Wissenschaft, Wirtschaft und Kunst und lenkt die Aufmerksamkeit auf mentalitätsgeschichtliche Prozesse. Der orientalistische Diskurs zeichnet sich durch eine polarisierende Rhetorik und hegemoniale Metaphorik (A. NÜNNING 2002) aus, die nicht nur die Sprache der Politik und Wirtschaft, sondern auch die der Kunst und Wissenschaft bestimmt: *„Das geschieht in der Praxis durch die bewußte oder unbewußte Manipulation der Darstellung des Orients in Wort und Bild, die einseitige Verfolgung wissenschaftlicher Interessen, Verbreitung weltanschaulicher Doktrinen oder Bereitstellung kultureller Dokumentation (einschließlich der stereotypisierenden Unterstellung einer orientalischen Disposition zur Irrationalität, Sensualität, Dekadenz, Feminität, Despotie, Brutalität)."* (KREUTZER 1995: 203).

Das Britische *Empire*, dessen Beginn sich mit JUDD (1996) auf das Jahr 1497 (Entdeckung Neufundlands durch JOHN CABOT) datieren lässt, wird durch die im Jahr 1600 gegründete *East India Company* sowie den rasanten Aufstieg Großbritanniens zur Seefahrernation und militärischen Weltmacht verkörpert. Die *East India Company* war eine Aktiengesellschaft, der von der Königin das Monopol für den gesamten Asienhandel übertragen worden war. Die Verleihung dieses Privilegs markiert den Beginn einer expansionistischen und protektionistischen Wirtschaftspolitik, mit deren Hilfe es England bald gelang, seine kontinentalen Konkurrenten (Spanien, Portugal, Frankreich und Holland) zurückzudrängen.

Empire

Um die Handelsinteressen Englands zu schützen, erließ das *Rump Parliament* unter CROMWELL im Jahr 1651 das erste von mehreren Handelsgesetzen (*navigation acts*), die das englische Handelsmonopol schützen sollten. Sie legten fest, dass alle Importe aus den Kolonien nach England auf englischen Schiffen transportiert werden mussten und dass die Kolonien keinen direkten Handel mit anderen Nationen betreiben durften: Alle Exporte aus den britischen Kolonien in Drittländer mussten in Großbritannien zwischengelagert werden.

Navigation acts

Nachdem unter CROMWELL bereits die Grundlage für die künftige Vormachtstellung gelegt worden war, stieg Großbritannien im 18. Jahrhundert zur führenden Seefahrer- und Handelsnation auf. Die Ausbildung des Finanz- und Handelskapitalismus bereitete schon vor dem Beginn der industriellen Revolution den Boden für den Aufstieg Großbritanniens zur führenden Wirtschaftsmacht. Der Ausbau der Handelsflotte, die im 18. Jahrhundert um mehr als das Dreifache wuchs, und der Aufbau einer starken Kriegsmarine gingen zudem Hand in Hand mit der Ausweitung der kolonialen Aktivitäten. Die rasche Erweiterung des *British Empire* wurde durch die wirtschaftliche, politische und militärische Vormachtstellung ermöglicht.

Erweiterung des *Empire*

Nord-amerika	Die englische Kolonisation Nordamerikas begann im letzten Drittel des 16. Jahrhunderts. Nach einigen gescheiterten Experimenten gelang die Gründung der Siedlungen Jamestown im südlichen Virginia (1607) und Plymouth im weiter nördlich gelegenen New England (1620). Von Beginn an verkörperten das nach der ‚Virgin Queen‘ ELIZABETH I benannte Virginia auf der einen und das puritanische New England auf der anderen Seite unterschiedliche Gesellschaftsmodelle: Während für die in der *Virginia Company* zusammengeschlossenen Kaufleute und Investoren wirtschaftliche Interessen im Vordergrund standen, waren die Motivationen der Puritaner religiöser Natur. Das von 18 puritanischen Familien mit insgesamt 102 Personen, die an Bord des Schiffes *Mayflower* den Atlantik überquerten, gegründete Plymouth befand sich außerhalb der Jurisdiktion der *Virginia Company*. Hier konnten die *Pilgrims* nach einem selbst entwickelten religiösen Regelwerk ihre strengen Vorstellungen vom Verzicht auf Wohlstand und weltliche Macht ausleben. Die von Beginn an deutlich hervortretenden Unterschiede zwischen dem Süden und Norden blieben in der Folge bestehen: *„Nicht Einheitlichkeit und Homogenität, sondern mosaikartige Vielfalt war das hervorstechende Merkmal der englischen Festlandskolonien."* (HEIDEKING 1996: 6)
Narrative Inszenierung	Die kolonialen Eroberungen beflügelten die Phantasie der zeitgenössischen Autorinnen und Autoren. Ihre narrativen Inszenierungen des ‚kolonialen Abenteuers‘ prägten das anglozentrische Weltbild der Daheimgebliebenen (nur ein geringer Bruchteil der britischen Bevölkerung erlebte das *Empire* aus eigener Anschauung). Heute gelten diese Berichte, Erzählungen und Romane als wertvolle mentalitätsgeschichtliche Zeugnisse, da sie Einblicke in zeitgenössische Denkweisen und Vorstellungen vom *Empire* gewähren. Die erfolgreiche Dramatikerin APHRA BEHN (1640?–1689) veröffentlichte mit *Oronooko, or The Royal Slave. A True History* (1688) einen der ersten Romane in englischer Sprache, in dem zudem der Topos vom ‚Edlen Wilden‘ (die stereotypisierende Idealisierung der von den Zwängen der Zivilisation freien ‚Naturvölker‘) erstmals literarisch ausgestaltet wurde. Reiseberichte wie der vierbändige Bericht *A New Voyage Round the World* (1697) von WILLIAM DAMPIER erfreuten sich ebenso großer Beliebtheit wie fiktionale Prosaerzählungen, die in der Neuen Welt angesiedelt waren. Mit dem Abenteuerroman entwickelte sich aus nicht-fiktionalen Prosagattungen wie dem Reisebericht, dem puritanischen Seelentagebuch und der Bekehrungsgeschichte ein neues Genre, das die koloniale Expansion fiktional inszenierte und besonders im 19. Jahrhundert zu großer Popularität gelangen sollte: der imperiale Abenteuerroman.

Im Jahr 1719 veröffentlichte DANIEL DEFOE (1660?–1731) den paradigmatischen Abenteuerroman *The Life and Strange Surprising Adventures of Robinson Crusoe*, der das Vorbild für ein eigenes literarisches Genre, die Robinsonade, abgab: Das Individuum wird mit der Natur konfrontiert und muss sich auf die Kraft der Zivilisation sowie der ihr zugrunde liegenden Werte besinnen, um in der Wildnis zu überleben und dabei zu sich selbst zu finden. DEFOES Roman trägt archetypische Züge: *„Unter beinahe laborartigen Bedingungen wird der zivilisatorische Prozess auf 28 Jahre komprimiert und nacherzählt, der Roman liefert aber zugleich einen minutiösen Bericht von der Leistungsfähigkeit des einzelnen, sobald Gottvertrauen, common sense und zivilisatorischer Optimismus zusammenfinden.“* (SCHMIDT in SEEBER 1999: 180) Aus postkolonialer Sicht erscheint Robinsons Geschichte von der Kolonisierung der Insel und der Bekehrung des ‚Wilden' Freitag als eine fiktionale Inszenierung der anglo- bzw. eurozentrischen Weltsicht, die durch Zivilisationsgläubigkeit, moralisches Überlegenheitsgefühl und ein unreflektiertes Sendungsbewusstsein gekennzeichnet ist.

Robinson Crusoe

Dieser Eurozentrismus war gepaart mit Profitstreben (insbesondere die Hafenstädte Bristol und Liverpool profitierten von den Einnahmen durch den Sklavenhandel) und rassistischen Vorurteilen (Befürworter argumentierten z. B., dass die Arbeit auf den Plantagen gegenüber der Existenz der Sklaven in Afrika ein Fortschritt sei). Großbritannien war über 150 Jahre lang maßgeblich am Sklavenhandel beteiligt. Die 1672 gegründete *Royal Africa Company* besaß das königliche Monopol auf den Sklavenhandel und verpflichtete sich im Gegenzug, die britischen Stützpunkte in Afrika zu unterhalten. Ab dem Jahr 1697 wurde der Sklavenhandel allen englischen Kaufleuten unter der Voraussetzung erlaubt, dass die eingesetzten Schiffe in englischem Besitz waren und dass zehn Prozent des Gewinns an die *Company* abgeführt wurden. Allerdings mussten britische Sklavenschiffe damit rechnen, von spanischen Schiffen aufgebracht zu werden, bis Spanien in einem Vertrag (*asiento de negros*) am Ende des Spanischen Erbfolgekriegs der *Africa Company* für die Zeit von 1713 bis 1750 das Monopol für den Sklavenhandel mit den südamerikanischen Kolonien übertrug.

Sklavenhandel

Mit dem Begriff ‚Goldenes Dreieck' (*golden triangle*) wird die einträgliche Form des internationalen Zwischenhandels bezeichnet, der es den britischen Handelsschiffen ermöglichte, Güter direkt von ihren Herkunfts- in die Bestimmungsländer zu transportieren, ohne dazwischen britische Häfen als Umschlagplätze anzulaufen. Das Goldene Dreieck verband Großbritannien mit Westafrika und den Kolonien in der Karibik: Englische Industrieprodukte wurden nach Afrika geliefert und dort gegen Sklaven eingetauscht. Diese wurden in die Karibik gebracht, wo sie auf den Zuckerplantagen als Arbeits-

Goldenes Dreieck

kräfte gebraucht wurden. Von dort steuerten die Schiffe mit dem begehrten Zucker wiederum Großbritannien an. ‚Golden' war dieses lukrative Geschäft, das sich aus der Retrospektive als ein Verbrechen gegen die Menschlichkeit darstellt, natürlich nur aus britischer Perspektive und der Sicht der afrikanischen Sklavenhändler sowie der karibischen Plantagenbesitzer. Die Gewinne wurden auf Kosten der Sklaven erwirtschaftet und durch massive Menschenrechtsverletzungen erkauft: Schätzungen zufolge wurden insgesamt mehr als 3.4 Millionen Afrikaner als Sklaven in die britischen Besitzungen in die Karibik transportiert, wo sie unter unmenschlichen Bedingungen zur Zwangsarbeit gezwungen wurden.

Slave narratives

Die Anti-Sklaverei-Bewegung erhielt durch die Lebensbeschreibungen ehemaliger Sklaven, die sog. *slave narratives*, Auftrieb. Die bekannteste dieser Erzählungen stammt von ELOUDAH EQUIANO (ca. 1745–1797), der darin schildert, wie er im Alter von 10 Jahren im heutigen Nigeria gefangen genommen, als Sklave nach Nordamerika verschifft und dort an einen britischen Marineoffizier verkauft wurde. Nach einem turbulenten Leben gelang es ihm bald, sich freizukaufen, zu Wohlstand zu gelangen, eine Engländerin zu heiraten und das Buch zu schreiben, das ihn berühmt machen sollte: *The Interesting Narrative of the Life of Olaudah Equiano or Gustavus Vassa, the African, Written by Himself* (1789).

Interesting Narrative

Interessant ist EQUIANOS Lebensbericht nicht nur deshalb, weil er einen faszinierenden Einblick in die Komplexität des britischen Umgangs mit der Sklaverei im 18. Jahrhundert gibt, sondern auch weil es sich hier um einen authentischen Augenzeugenbericht aus erster Hand handelt – anders als die meisten anderen Autoren, die ihre Berichte diktieren mussten, konnte EQUIANO selbst schreiben. In jüngster Zeit ist das Problem der Authentizität jedoch kontrovers diskutiert worden: Es gibt Anhaltspunkte dafür, dass EQUIANO selbst als Sklave in den Kolonien geboren wurde und dass die Geschichte seiner Versklavung die Wiedergabe der Erfahrungen Anderer, also ein Teil der kollektiven Erinnerung (*oral history*) der Sklaven ist, die die Argumente der Anti-Sklaverei-Bewegung stützen sollte.

Verbot

Im Jahr 1807 wurde der Sklavenhandel zwar offiziell verboten, doch die Praxis der Sklaverei blieb in vielen britischen Kolonien bis zum generellen Verbot im Jahr 1833, als das britische Parlament die Sklaven in britischen Besitzungen für eine sehr hohe Summe freikaufte, und inoffiziell noch für mehrere Jahrzehnte darüber hinaus bestehen. Welche Gründe für das von Großbritannien beschlossene und mit Gewalt durchgesetzte Verbot des Sklavenhandels (Sklavenschiffe durften ab sofort aufgebracht werden) letztlich den Ausschlag gaben, ist in der Forschung umstritten. Sicher ist jedoch, dass nicht ausschließlich moralische Bedenken, sondern auch handfeste wirtschaftliche und geostrategische Argumente gegen eine Fortsetzung sprachen: Der Sklavenhandel war unprofitabel geworden, und mit Frankreich hatten die Briten starke Konkurrenz bekommen, gegen die man nun, unter dem Vorwand der Durchsetzung der Menschenrechte, militärisch vorgehen konnte.

Heutige Sicht

Die wissenschaftliche Kontroverse um das Ausmaß des Sklavenhandels und die Beweggründe, die den Ausschlag zu seiner Abschaffung gaben, sind nur ein Beispiel für die zahlreichen Probleme, vor die das *Empire* die Geschichtsschreibung stellt. Ein so komplexer historischer Vorgang wie der Aufstieg und Zerfall eines Weltreiches und so folgenschwere Ereignisse wie die Unabhängigkeitserklärung der nordamerikanischen Kolonien (1776) laden zu retrospektiver Sinnstiftung und damit zu unterschiedlichen Bewertungen ein: *„For some time it was fashionable [...] to define a ‚First' British Empire, a trade-driven and settler-based system, brought crashing down by the successful revolt of the thirteen American mainland colonies, and to discern a ‚Second' British Empire, rising, almost miraculously, from the ruins of the old, powered by the irresistible expansion of Britain's industrialised economy, policed by the Royal Navy and administered by the hard-headed, muscular Christians of the burgeoning public school system."* (JUDD 1996: 18f.)

Kontroverse

Während die einen also in der Neuordnung der Machtverhältnisse nach dem Ende des Siebenjährigen Krieges gegen Frankreich (1763) bzw. der amerikanischen Unabhängigkeitserklärung (1776) *„den Höhepunkt und den Wendepunkt in der Geschichte des Ersten bzw. älteren britischen Empires"* (WENDE 2001: 99) sehen, stellen andere Historiker die Existenz eines einheitlichen Empire grundsätzlich in Frage: *„When you come to think of it, there was no such thing as Greater Britain, still less a British Empire – India perhaps apart. There was only a ragbag of territorial bits and pieces, some remaindered remnants, some pre-empted luxury items, some cheap samples."* (HYAM 1993: 1) Dieses Beispiel zeigt deutlich die konstruktive Dimension von Geschichtsschreibung, die durch Selektion, Gewichtung und *emplotment* der Interpretation (im Sinne HAYDEN WHITES; vgl. Kap. 4.4) historischer Quellen Fakten ‚schafft'.

Zwei Modelle

Einigkeit besteht aber darüber, dass das *Empire* kein homogenes Weltreich war. Vielmehr lassen sich neben den direkt verwalteten Kronkolonien ohne jede politische Mitbestimmung der indigenen Bevölkerung zwei Herrschaftsbereiche mit jeweils spezifischen Formen der Administration und Anbindung an Großbritannien unterscheiden: die sog. Siedlungskolonien (*settler colonies*), die wiederum sehr unterschiedliche politische, kulturelle und wirtschaftliche Formen annahmen, und die britische Herrschaft auf dem indischen Subkontinent *(raj)*.

Siedlungs-kolonien	Die Siedlungskolonien Kanada, Australien, Neuseeland und Südafrika, in denen europäische Einwanderer eine weiße Oberschicht bildeten, genossen in zweifacher Hinsicht eine Sonderstellung. Zum einen waren sie seit dem 19. Jahrhundert die Nutznießer einer weitgehend liberalen Handelspolitik (*free trade*) und Selbstverwaltung. Zum anderen verkörperten sie in der Ideologie des *Empire* die zivilisatorische Mission: Der politisch, wirtschaftlich und kulturell vermeintlich unterentwickelten indigenen Bevölkerung wurde mit der Einführung englischer Traditionen und Institutionen der Weg in die europäische Zivilisation gewiesen.
Strafkolonie	Blickt man hinter die imperiale Rhetorik, wird eine andere Wirklichkeit sichtbar: Die Siedler brachten den Einheimischen nicht nur die angelsächsische Rechtsprechung, das britische Schulsystem und Kricket, sondern auch tödliche Krankheiten, Alkohol und rassistisch motivierte Verfolgung, die bis zum Genozid (etwa an den *Aborigines* in Australien) reichte. Gerade das Beispiel Australiens zeigt, welche eigenen Interessen sich hinter der kolonialen Expansion verbargen. Die *First Fleet*, die 1788 erstmals in der Botany Bay einlief, brachte nicht Wohlstand und Kultur, sondern hunderte von Kriminellen, deren Deportation die überquellenden Gefängnisse entlasten sollte (nach der Unabhängigkeit der amerikanischen Kolonien standen diese nicht mehr als Abschiebeziel zur Verfügung). Trotz der zum Teil unmenschlichen Lebensbedingungen der Deportierten (vgl. JUDD 1996) waren die praktisch zum Freiwild erklärten Einheimischen (*Aborigines*) die eigentlichen Leidtragenden.
Raj	Die *East India Company*, die seit 1600 das Monopol für den Handel mit Indien innehatte, wandelte sich im 17. Jahrhundert von einer reinen Handelsgesellschaft zu einer indischen Territorialmacht. Mit einer kleinen, aber nach europäischem Vorbild geschulten Armee, in der auch viele indische Soldaten kämpften, besiegte die Company in den Schlachten von Plassey (1757) und Buxar (1764) die Truppen der einheimischen Herrscher der Mughal-Dynastie, die das Recht auf die Verwaltung Bengalens an die *Company* abtreten musste. Deren Gestaltung der Herrschaftsausübung und das Problem der Korruption riefen die britische Regierung auf den Plan, die in mehreren Schritten die *Company* (der die Verwaltung und Rechtsprechung zugesichert worden war) entmachtete und selbst die Herrschaft über Indien übernahm. Die Gesellschaft wurde zunächst einer stärkeren staatlichen Kontrolle unterstellt. Bis 1833 wurde ihr das Handelsmonopol entzogen, und nach 1857 löste die Regierung die Gesellschaft schließlich auf.
„Indian Mutiny"	Der Anlass für die Auflösung der *Company* war jenes Ereignis, das als Meuterei (*Indian Mutiny*) in die britische, und als Erster Indi-

scher Unabhängigkeitskrieg (*First War of Independence*) in die indische Geschichtsschreibung eingegangen ist und das in Großbritannien ein nationales Trauma auslöste: die brutalen Übergriffe einheimischer Soldaten auf britische Offiziere und ihre Familien und die sich daran anschließenden blutigen Vergeltungsaktionen der Briten.

Auslöser

Zur Beherrschung des indischen Subkontinents waren die Briten auf einheimische Soldaten (*Sepoys*) angewiesen, die unter britischen Offizieren in den sog. indischen Regimentern dienten. Auslöser des Blutvergießens war ein interkulturelles Missverständnis: Die Armee führte ein Gewehr mit neuartigen Patronen ein, deren Verschlusskappen beim Nachladen mit den Zähnen abgebissen werden mussten. Schnell kursierte das (nicht unbegründete) Gerücht, die Patronen seien mit Rinder- und Schweineschmalz eingefettet – ein Affront sowohl für die Hindus als auch für die Moslems in der Armee. Im Mai 1857 wurde der Soldat Mangal Pande von einem Militärgericht zum Tode verurteilt und anschließend gehängt, weil er sich weigerte, das neue Gewehr zu benutzen.

Kanpur

Mangal Pandes Beispiel, die Verletzung religiöser Gefühle und die weit verbreitete Unzufriedenheit der Soldaten führten dazu, dass die Rebellion sich rasch auch auf die Zivilbevölkerung ausbreitete. Die *Sepoys* unterschiedlicher Regimenter (insgesamt allerdings nur ein kleiner Teil der Armee) griffen in verschiedenen Stützpunkten ihre britischen Offiziere an und verschonten in vielen Fällen auch deren Angehörige nicht. Zum Symbol für die Grausamkeit der Inder, die sich im Nachhinein allerdings in vielen Fällen nicht als die historische Wahrheit, sondern als die Tatsachen grob verzerrende britische Propaganda herausstellte, wurde der Brunnen von Kanpur, in dem während des britischen Rachefeldzugs die Leichen von 200 Frauen und Kindern gefunden wurden. Die Briten gingen mit großer Brutalität gegen die Rebellen vor: Folter und Massenhinrichtungen waren an der Tagesordnung.

Kollektives Trauma

Nach 18 Monaten war die Lage zwar militärisch wieder unter Kontrolle, doch das kollektive Selbstbild der Briten war durch die Rebellion von 1857 so empfindlich getroffen, dass man von einer kollektiven Traumatisierung sprechen kann: Der koloniale Fortschrittsglaube war erschüttert, die Unterstützung der *Sepoys* durch die Landbevölkerung schürte Befürchtungen, auch vom urbanen Proletariat in Großbritannien selbst könne Gefahr für die herrschende Klasse ausgehen, die Fiktion des der Kolonialmacht in Dankbarkeit ergebenen Indien war zerstört, und die in zahllosen Bildern und Karikaturen, Zeitungsartikeln und Romanen im Detail geschilderten, häufig übertriebenen oder gar frei erfundenen Übergriffe gegen weiße Frauen und Kinder leisteten rassistischen Ressentiments Vorschub. Dutzende von ‚*Mutiny*-Romanen‘ wie G. A. HENTYS *In Times of Peril* (1883) hielten in den kommenden Jahrzehnten die Erinnerung an die Ereignisse des Jahres 1857 wach. Sie verklärten die Engländer im Nachhinein in dem Maße, in dem die Inder verteufelt wurden, und rückten damit das beschädigte Selbstbild wieder zurecht. Dass die Briten aus ihrer Sicht ihre Lektion ‚gelernt‘ hatten, zeigt die Brutalität, mit der fortan selbst kleinere Rebellionen wie der jamaikanische Sklavenaufstand von 1865 niedergeschlagen wurden.

Imperialer Mythos

Das Beispiel der *Mutiny*-Rezeption gibt Einblick in die Genese eines imperialen Mythos. Die in der britischen Residenz in Lucknow eingeschlossenen Briten, die nach langer Belagerung befreit wurden, stilisierte man zuhause zu Helden. Dabei wurden nicht nur menschliche Schwächen (Nervenzusammenbrüche, Duelle und Selbstmorde) sowie die rigide soziale Hierarchie (die einfachen britischen Soldaten mussten mit stark gekürzten Rationen auskommen, während es einzelnen Offizieren mit ihren Familien bis zum Ende der Belagerung an nichts fehlte), sondern auch der heldenhafte Einsatz der loyalen indischen Regimenter verschwiegen (vgl. V. NÜNNING 1996). Die Funktion des Mythos von Lucknow ist nicht nur in der Bestätigung alter britischer Werte (Tapferkeit, Pflichtbewusstsein, Durchhaltevermögen) zu sehen, sondern auch darin, dass er ein positives Gegengewicht zu dem Mangel an interkultureller Sensibilität, der politischen Kurzsicht und den militärischen Niederlagen im kulturellen Gedächtnis der Nation verankerte.

Metaphorik

Zur Verbreitung und Popularisierung der imperialen Idee trug neben der mythischen Stilisierung imperialer Werte und Normen vor allem die Metaphorik des *British Empire* bei. Das berühmte Gedicht „White Man's Burden" (1899) des Schriftstellers RUDYARD KIPLING etwa brachte die britische ‚Mission‘ auf den Punkt: „Take up the White Man's Burden / Send forth the best ye breed / Go bind your sons to exile / to serve your captives' need." Die in diesem Gedicht vertretene Auffassung von der moralischen Verpflichtung, den ‚weniger entwickelten‘ Völkern die britische Zivilisation zu bringen, prägte die Vorstellung der britischen Öffentlichkeit ebenso wie die weit verbreiteten Familien- und Verwandschaftsmetaphern, die *„komplexe politische Prozesse in die Sprache, Denkweise und Normen der häuslichen Sphäre übersetzten und dadurch das Fremde mit dem Vertrauten in Beziehung setzten"* (A. NÜNNING 1996b). Besonders auffallend ist die Omnipräsenz von Sexualitätsmetaphorik und -symbolik. Letztere findet sich nicht nur in literarischen Beispielen (vgl. etwa die metonymische Beschreibung Afrikas als Frauenkörper und die Penetrationsmetaphorik in HENRY RIDER HAGGARDS populärem Abenteuerroman *King Solomon's Mines*, 1885), sondern prägt auch den imperialen Sprachgebrauch: *„The imagery of imperial* *control reeked of sexuality: continents were ‚penetrated', tribes ‚subdued', districts ‚ravished', territories ‚mastered', local potentates ‚seduced', countries ‚raped'."* (JUDD 1996: 186)

Helden

Die eigentliche Bürde – die mit der Kolonialisierung verbundenen Strapazen und Entbehrungen – wurde von der großen Zahl der namenlosen Matrosen, Soldaten und Kolonialbeamten getragen, die die Entdeckung, Eroberung und Verwaltung der Kolonien ermöglichten. Dennoch fungierten nicht sie als Leitbilder des kolonialen Helden: Maßgeblich waren vielmehr die Vorstellung des unermüdlichen Forschers, des *Christian Gentleman* und des abenteuerlustigen Draufgängers. Die Heldenbilder wurden in den populären Reisebeschreibungen im 18. Jahrhundert, den Abenteuerromanen von ROBERT LOUIS STEVENSON, HENRY RIDER HAGGART und G.A. HENTY im 19. Jahrhundert oder später in der beliebten Pfadfinderfibel *Scouting for Boys* (1908) des Kriegsveteranen und Gründer der *Boy Scouts*, ROBERT BADEN-POWELL, konstruiert, kultiviert und verbreitet. Die kollektive Wahrnehmung des ‚kolonialen Abenteuers' wurde also nicht von der Masse der namenlosen Matrosen und Soldaten geprägt, sondern von zu Helden stilisierten Individuen, die mit Tatkraft und Entschlossenheit die imperiale Idee in die Wirklichkeit umsetzten. Die britische Tradition der Heldenverehrung, die in Werken wie THOMAS CARLYLES *On Heroes, Hero-Worship, and the Heroic in History* (1841) quasi wissenschaftlich begründet wurde, war ein zentraler Bestandteil der imperialen Kultur- und Geschichtsauffassung.

Archetyp

Vereinzelt gab es tatsächlich Beispiele für solche Einzelgänger, die durch waghalsige Aktionen und Spekulationen zu Ruhm und Reichtum gelangten: Den Archetyp des *capitalist entrepreneur* und *self-made man* verkörperte CECIL RHODES (1853–1902). Der englische Pfarrerssohn wurde im südafrikanischen Diamantengeschäft bereits im Alter von 24 Jahren zum Multi-Millionär und besetzte als glühender Verfechter der imperialen Idee mit einer Privatarmee das nach ihm benannte Rhodesien (das heutige Zimbabwe). Der unermüdliche Eifer von Imperialisten und Propagandisten wie RHODES und BADEN-POWELL wird in der revisionistischen Geschichtsschreibung unter Bezug auf psychoanalytische Theorien gelegentlich auf verdrängte Homosexualität und Triebsublimierung zurückgeführt: ‚Noble' Heldentaten verdrängen demnach persönliche (in der Sexualität begründete) Probleme.

‚Black' Woman's Burden

Wie vor allem in der postkolonialen Kritik immer wieder zu Recht betont wird, dürfen mentalitätsgeschichtliche Diskursanalysen, die sich ja auf schriftliche Quellen stützen und daraus die Denk- und Empfindungsweisen vergangener Epochen rekonstruieren, über der Analyse diskursiver Praktiken nicht die realen Begleiterscheinungen der imperialen Herrschaft vernachlässigen, insbesondere sexualisierte Gewalt (Vergewaltigungen, Zwangsprostitution, Mätressentum sowie sadistische Strafaktionen). Zu der politischen Bevormundung, militärischen Unterdrückung, kulturellen Vereinnahmung und wirtschaftlichen Ausbeutung kam also noch die sexuelle Ausbeutung hinzu: Die viel zitierte Bürde des weißen Mannes erscheint aus der Retrospektive eher als *Black* Woman's Burden.

Afrika

Während Nord- und Südamerika sowie der indische Subkontinent seit dem 17. Jahrhundert unter dem Einfluss europäischer Kolonialmächte standen, beschränkte sich die europäische Präsenz in Afrika bis zum letzten Drittel des 19. Jahrhunderts auf die Handels- und Militärstützpunkte entlang der Küste (hier wurden auch die Geschäfte zwischen afrikanischen Sklavenhändlern und ihren europäischen Kunden abgewickelt) sowie auf die strategisch wichtigen Kolonien in Algerien und Südafrika. Das Landesinnere blieb als *terra incognita* Spekulationen und dem Erkundungseifer britischer Forscher wie MUNGO PARK (1771–1806), Protagonist von T. C. BOYLES satirischem Geschichtsroman *Water Music* (1993), und DAVID LIVINGSTONE (1813–1873) überlassen.

,Scramble for Africa'

Im letzten Drittel des Jahrhunderts änderte sich dies schlagartig, als die europäischen Kolonialmächte – neben Großbritannien und Frankreich auch Deutschland, Belgien, Ialien sowie erneut Portugal und Spanien – einen Wettlauf um die angeblich reichen Länder Zentralafrikas begannen. Den Beginn dieses als *,Scramble for Africa'* in die Geschichte eingegangenen Wettstreits markiert die Gründung der *International African Society* (1876) durch den belgischen KÖNIG LEOPOLD II, Cousin der britischen Königin VICTORIA, der sich einen Anteil an den in Zentralafrika vermuteten Bodenschätzen sichern wollte: *„I do not want to miss a good chance of getting us a slice of this magnificent African cake"* (zit. nach PAKENHAM 1991: 22). Die folgenden Jahrzehnte waren durch Annexionen, Rebellionen und kriegerische Auseinandersetzungen gekennzeichnet. Als LEOPOLD II im Jahr 1909 starb, war die Aufteilung des *,dark continent'* weitgehend abgeschlossen und Großbritannien – nach einer Reihe blutiger Kriege, u. a. gegen die Zulus und die Buren – auch in Afrika die einflussreichste Kolonialmacht.

Age of Empire

Der Höhepunkt der Regierungszeit von QUEEN VICTORIA, das diamantene Kronjubiläum (*Diamond Jubilee*) im Jahr 1897, markiert nicht nur den Höhepunkt des *Age of Empire*, sondern zugleich auch den Beginn des Niedergangs der britischen Kolonialherrschaft. Der Prozess der Dekolonisierung, der in den ehemaligen Siedlerkolonien begann, beendet mit der Unabhängigkeit Indiens im Jahr 1947 die etwa zweihundert Jahre umfassende Geschichte Großbritanniens als imperiale und koloniale Großmacht. In der

Eine problem- und forschungsorientierte Kulturgeschichte Großbritanniens

zweiten Hälfte des 20. Jahrhunderts werden die Auswirkungen der Dekolonisierung in den ehemaligen Kolonien auch in Großbritannien spürbar: Mit der Ankunft der ersten karibischen Einwanderer auf dem Schiff *Empire Windrush* beginnt im Jahr 1953 die Zuwanderung, die seither zumindest in den englischen Großstädten zur Etablierung einer multikulturellen Gesellschaft geführt hat.

Mit dem Niedergang des *Empire*, verstärkt seit dem Ende der 1970er Jahre, beginnt auch die revisionistische Aufarbeitung der kolonialen Vergangenheit in der Literatur, der Kulturgeschichtsschreibung und der Kulturtheorie. In den ehemaligen Kolonien entstehen die Neuen Englischsprachigen Literaturen der ‚Terranglia‘ (PRIEßNITZ 1999), die mit literarischen Strategien des *writing back* oder re-*writing* gegen den kolonialen Diskurs anschreiben (KREUTZER in SEEBER 1999). Die Kulturgeschichtsschreibung untersucht die Erfindung imperialer Traditionen (HOBSBAWM/RANGER 2002 [1983]), die postkoloniale Literatur- und Kulturkritik den Diskurs des Orientalismus (SAID 1978, 1993). Das grundlegende Dilemma der postkolonialen Kritik bei der Rekonstruktion des Verhältnisses zwischen Kolonisierern (*colonizer*) und Kolonisierten (*colonized*) ist, dass die Stimmen der Opfer von Sklavenhandel und Kolonisierung bis auf wenige Ausnahmen (z. B. in *slave narratives*) kaum Eingang in textuelle Quellen gefunden haben: Der Diskurs des Kolonialismus lässt sich systematisch analysieren, die Sicht der anderen Seite aber nur indirekt erschließen.

Postkolonialismus

4 Die Stellung der Frau

Wie die postkoloniale ist auch die feministische Version der britischen Geschichte die Geschichte eines Diskurses. Im Mittelpunkt stehen der patriarchalische Diskurs bzw. die soziale und kulturelle Konstruktion von Geschlechterrollen und Identitätsentwürfen (Gymnich 2000). Sowohl normative Männlichkeits- und Weiblichkeitsvorstellungen als auch weibliche Konstruktionen eigener Identitätsräume sind historisch gewachsen. Die ‚Geschichtlichkeit von Genus‘ (SCHABERT 1997) steht daher im Mittelpunkt des folgenden Überblicks über die Entwicklung der Frauenfrage seit dem18. Jahrhundert.

Diskursgeschichte

Die sog. Frauenfrage ist nicht nur für einen wesentlichen Teil der anglistischen Kulturwissenschaft, die *Gender Studies*, von zentraler Bedeutung (vgl. HOF 2003). Sie hat auch Modellcharakter, denn das jahrhundertelange Streben nach Anerkennung und Gleichberechtigung weist Parallelen zu anderen Auseinandersetzungen

‚Frauenfrage‘

zwischen der kulturellen Mehrheit und marginalisierten Gruppen innerhalb der Gesellschaft auf: Die Prinzipien patriarchalischer Unterdrückung, von subtiler Rhetorik (diskursive Konstruktion des Weiblichen durch Eigenschaftszuschreibungen) bis hin zu Einschüchterung und (häuslicher wie politischer) Gewalt lassen sich auch in der Ausgrenzung ethnischer und religiöser Minoritäten wiederfinden.

Geschlechternormen

Wie eine Frau zu sein, was sie zu tun bzw. tunlichst zu unterlassen und welche Rolle sie in der Familie und der Öffentlichkeit zu spielen hat, hängt ab von den jeweils vorherrschenden sozialen Konstruktionen von Weiblichkeit und Männlichkeit. Diskriminierende Geschlechternormen, die Männern und Frauen unterschiedliche soziale Funktionen und Rechte zuweisen, sind kulturelle Zuschreibungen, die ständigem Wandel unterliegen. Die Kulturgeschichte Großbritanniens seit der Thronbesteigung von ELIZABETH I in der Frühen Neuzeit ist aus der Perspektive des Feminismus und der *Gender Studies* die Geschichte der schwierigen und langwierigen, letztlich aber zunehmend erfolgreichen Veränderung patriarchaler Geschlechternormen. Diese manifestiert sich in der Gleichberechtigung der Geschlechter sowie dem ungehinderten Zugang der Frau zu allen gesellschaftlichen Bereichen.

ELIZABETH I

Zwar war ELIZABETH I nicht die erste weibliche Königin Englands, denn ihre Halbschwester MARY I hatte vor ihrer Thronbesteigung für drei Jahre das Land regiert. Doch während die kurze Regierungszeit (1555–1558) der katholischen ,BLOODY MARY', die weitaus weniger Protestanten hinrichten ließ als ihr ,blutiger' Name suggeriert, keine bleibenden Spuren hinterließ, ging das *„komplexe und schillernde self-fashioning"* (SCHABERT 1997) ELIZABETHs in die Geschichte ein. Die *„Faerie Queene"*, die EDMUND SPENSER in seinem gleichnamigen Epos (1591) verewigt hat, inszenierte sich in zahlreichen symbolträchtigen Portraits als Verkörperung des Staates, imperiale Herrscherin und unbefleckte Jungfrau. Die beinahe mythische Gestalt der Monarchin wurde noch lange nach ihrer Regierungszeit politisch instrumentalisiert, wie das viel zitierte Beispiel ihrer angeblichen Rede vor ihren Truppen anlässlich der Bedrohung durch die Armada zeigt.

Patriarchatskritik

Auch die feministische Kulturgeschichtsschreibung hat sich der ,*Virgin Queen*' ELIZABETH angenommen (vgl. BASSNETT 1988), die in späteren Jahrhunderten immer wieder als ein frühes Beispiel für weibliche Durchsetzungskraft und Selbstbehauptung herangezogen, aber auch als „Alibifrau" kritisiert worden ist. SCHABERTS (1997) innovative Literatur- und Kulturgeschichte, an der sich der folgende Überblick orientiert, ist die bislang umfassendste anglistische Darstellung der Entwicklung kultureller Weiblichkeitsentwürfe seit der Frühen Neuzeit. SCHABERT kritisiert zu Recht feministische Studien, die die heutige Patriarchatskritik allzu unkritisch auf frühere Jahrhunderte zurückprojizieren, und vertritt selbst eine kulturwissenschaftliche Geschlechterforschung, die der anachronistischen Lektüre kultureller Texte eine sorgfältige Kontextualisierung und Historisierung entgegensetzt.

SCHABERTS Analyse der kulturellen Konstruktion von Männlichkeit und Weiblichkeit geht davon aus, dass sich mehrere Phasen der Semantisierung von Geschlechterdifferenz unterscheiden lassen. Das teleologische Männlichkeitskonzept der Frühen Neuzeit bestimmt die Frau zwar als defizitäres Wesen, das dem Mann unterlegen ist. Dieses Weiblichkeitskonzept lässt aber in Ausnahmefällen ein positives Frauenbild – die ‚männliche' Frau – zu, da keine festen Grenzen zwischen Männlichkeit und Weiblichkeit angenommen werden. Die verhältnismäßig flexible Konstruktion eines ‚idealen' Geschlechts (*one-sex model*) wird später von einem dualistischen Modell abgelöst, das der Frau kaum Spielraum für Veränderungen lässt. Im 17. Jahrhundert gibt es zwar bereits erste Ansätze zu einer Frauenemanzipation und feministischen Solidarität, die auf der aufklärerischen Annahme der intellektuellen Gleichheit der Geschlechter beruhen. Das 18. Jahrhundert ist hingegen durch eine zunehmende Polarisierung gekennzeichnet. Im Gegensatz zu dem frühneuzeitlichen ‚*one-sex model*', das den Mann als Maßstab setzt, der Frau aber immerhin die Möglichkeit gibt, sich (erfolgreich) mit männlichem Maß messen zu lassen, führt das dualistische ‚*two-sex model*' der nachaufklärerischen Zeit (1760–1830) eine strikte Trennung zwischen den Geschlechtern ein: Mann und Frau werden diesem Modell zufolge als grundverschiedene Wesen betrachtet.

Geschlechterdifferenz

In jüngster Zeit mehren sich kritische Stimmen, die dieser Konzeption des Wandels der Geschlechterkonstellation als Übergang von einem *one-sex*- zu einem *two-sex*-Modell widersprechen und der These von der zunehmenden Polarisierung von Geschlechtsidentitäten alternative Konzepte entgegenstellen. Die Kritik richtet sich u. a. erstens gegen die Bewertung medizinischer und evolutionsbiologischer Quellen, die SCHABERTS These stützen, deren Verbreitung und damit mentalitätsgeschichtliche Relevanz aber bezweifelt werden, zweitens gegen die Fortschreibung des reduktiven Gegensatzes zwischen der männlich dominierten Öffentlichkeit (*public sphere*) und der weiblichen Domäne des Privaten (*private sphere*) sowie drittens gegen die Annahme eines einseitigen wirtschaftlichen Bedeutungsverlustes der Frau im 18. Jahrhundert (V. NÜNNING im Druck). Stattdessen erscheint vor dem Hintergrund wichtiger mentalitätsgeschichtlicher Entwicklungen wie der Kultur der Empfindsamkeit (vgl. V. NÜNNING 1996) eine dynamischere Konzeption plausibler, die nicht von idealtypischen Modellen aus-

Kritik

geht, sondern die diskursive Konstruiertheit, Flexibilität und Wandelbarkeit kollektiver Vorstellungen von Geschlechterdifferenz in den Vordergrund rückt.

Erziehungs-bücher

Wie lang und beschwerlich der Weg zur Gleichberechtigung war, zeigt ein Blick in die Erziehungsbücher (*conduct books*) des 18. Jahrhunderts. Diese Belehrungsschriften, die vielsagende Titel wie *Letter of Genteel and Moral Advice to a Young Lady* (1740), *Sermons to Young Women* (1765) oder *Lectures on Female Education and Manners* (1793) trugen, untermauerten die Ungleichheit der Geschlechter und propagierten zugleich die Werte einer im Entstehen begriffenen sozialen Klasse, der bürgerlichen Mittelschicht.

Virtue

Das 18. Jahrhundert war auch durch den Aufstieg der mittleren Schichten gekennzeichnet, die in der sozialen Hierarchie zwischen Adel und Unterschicht angesiedelt waren. Die sog. *middling ranks* praktizierten neue Lebensweisen (mehr Freizeit und Konsum, zunehmende Bedeutung der Privatsphäre) und kultivierten neue Werte: ‚Honesty' und ‚*true politeness*' waren Leitbegriffe der neuen Kultur der Empfindsamkeit, das Konzept der Tugend (*virtue*) definierte weibliches Verhalten (V. NÜNNING 1996). Die Erziehungsbücher und die darin vertretenen Werte waren Teil eines restriktiven sozialen Systems, das Frauen auf die ihnen zugeschriebenen Rollen festlegte.

Bildung als Männer-sache

Der restriktive Charakter der geschlechtsspezifischen Rollenverteilung zeigt sich am Beispiel des Zugangs zu universitärer Bildung. Was heute höchst diskriminierend anmutet, war im 17. und 18. Jahrhundert selbstverständlich: Wissenschaft und Forschung waren reine Männersache. Weder Universitäten wie Oxford und Cambridge noch die 1662 gegründete Akademie der Wissenschaften ließen Frauen als Lehrende oder Studierende zu. Höhere Bildung war damit nicht nur auf den Hochadel (*peerage*) und den Landadel (*gentry*) beschränkt, sondern auch auf das männliche Geschlecht. Während sich Frauen aus dieser privilegierten Oberschicht durch Privatunterricht durchaus fundierte Kenntnisse in den Wissenschaften und den schönen Künsten aneignen konnten, blieb ihnen der Zugang zu den Universitäten grundsätzlich verwehrt, die sich nicht zuletzt durch den Gebrauch des Lateinischen als Wissenschaftssprache erfolgreich nach außen abschotteten. Daran änderte auch die Kritik engagierter Frauen wie der Dichterin, Dramatikerin und Wissenschaftlerin MARGARET CAVENDISH, DUTCHESS OF NEWCASTLE (1623–1674), nichts, die 1655 in ihrer Abhandlung *Philosophical and Physical Opinions* die männlichen Gelehrten aufforderte, die Forschungsbeiträge von Frauen wenigstens zur Kenntnis zu nehmen.

Der Ausschluss aus den offiziellen Bildungsinstitutionen führte dazu, dass sich wissenschaftlich interessierte Frauen privat engagierten. In Konversationszirkeln und Lesekreisen, durch sorgfältig gepflegte Briefkontakte und regelmäßige Gespräche bei gegenseitigen Besuchen entwickelten sich informelle Kommunikationswege, auf denen sich Frauen über wissenschaftliche, literarische und soziale Fragen austauschen konnten. Aus solchen informellen Netzwerken heraus entstanden *societies*, darunter der berühmte *bluestocking circle*, ein Gesprächskreis, zu dem die Gastgeberin ELIZABETH MONTAGU (1720–1800) seit den 1750er Jahren gebildete Frauen wie die Literatinnen ELIZABETH CARTER (1717–1806), CATHERINE TALBOT (1721–1770) und MARY DELANY (1700–1788) einlud.

Bluestocking Circle

Zu den *bluestockings* – diese seltsame Bezeichnung war ursprünglich ein Spitzname für BENJAMIN STILLINGFLEET, der statt der in der gehobenen Gesellschaft üblichen weißen Seidenstrümpfe die blauen Baumwollstrümpfe der Arbeiter trug, – zählten neben den genannten Frauen auch einige bekannte Männer. Darunter waren der Autor und Wörterbuchverfasser SAMUEL JOHNSON (1709–1784), der Politiker und Literat EDMUND BURKE (1729–1797), der Schauspieler DAVID GARRICK (1717–1789) und der Roman- und Briefautor HORACE WALPOLE (1717–1797). Aufschlussreich ist der Umstand, dass in dem Salon der LADY MONTAGU zwar ein gleichberechtigter geistiger Austausch gepflegt wurde, dass man aber aus der Außenperspektive nur die weiblichen Mitglieder als *bluestockings* etikettierte und dass diese Bezeichnung bald zu einem abwertenden Synonym für (weibliche) Pseudo-Gelehrtheit und Pedanterie wurde (SCHABERT 1997: 217).

Abwertung

Nicht nur die Mitglieder des *bluestocking circle*, sondern auch zahlreiche andere Frauen setzten sich seit dem späten 17. Jahrhundert für die Rechte der Frauen ein. Als erste Feministin in England gilt MARY ASTELL (1666–1731), die die Gründung einer Akademie vorschlug, in der wohlhabende Frauen sich außerhalb der Zwänge der Ehe dem Gottesdienst und wissenschaftlichen Studien widmen sollten. Zu der langen Reihe weiterer Frauen, die sich in zunehmend populären Zeitschriften wie dem *London Magazine* oder dem *Ladies' Magazine*, in Erziehungsbüchern und feministischen Manifesten für die Gleichberechtigung der Geschlechter einsetzten, zählen u. a. MARY WORTLEY MONTAGU (1689–1762), CATHERINE MACAULAY (1731–1791) und MARY WOLLSTONECRAFT (1759–1797).

Feminismus

Aus Sicht der erst in jüngster Zeit an Bedeutung gewinnenden Männlichkeitsforschung (vgl. z. B. STEFFEN 1998, HITCHCOCK/COHEN 1999) ist es besonders bedeutsam, dass es bereits im 18. Jahrhundert auch unter Männern durchaus differenzierte Haltungen zur *Gender*-Problematik (die damals natürlich noch nicht so bezeich-

Male feminism

net wurde) gab. Der zur religiösen Gemeinschaft der Dissenter zählende Schriftsteller DANIEL DEFOE prangerte in seiner Streitschrift *Conjugal Lewdness; or, Matrimonial Whoredom* (1727) offen die sexuelle Unterdrückung der Frau in der Ehe an und forderte einen gleichberechtigten, respektvollen Umgang der Eheleute miteinander. Neben männlichen Familienangehörigen unterstützten nach der Restauration vor allem fortschrittliche Geistliche durch eigene Schriften und Übersetzungen aufklärerischer Werke aus dem Französischen die Verbesserung und Institutionalisierung weiblicher Bildung.

Gleichberechtigung

Obgleich sich die Situation der Frau seit dem Mittelalter deutlich verbessert hatte, blieb sie auch im 18. und 19. Jahrhundert durch geschlechtsspezifische Diskriminierung gekennzeichnet. Frauen waren vom Wahlrecht ausgeschlossen, die Eigentums- und Rechtsverhältnisse in der Ehe waren einseitig zugunsten des Mannes geregelt und Feminismus war als politische Bewegung noch nicht etabliert. Gleichberechtigung war eine Vision einiger weniger Frauen wie der Romanautorin CHARLOTTE LENNOX (*The Female Quixote*, 1752) oder der unkonventionellen Historikerin CATHERINE MACAULAY, die mit 57 Jahren einen 21jährigen heiratete und in ihrem späten Werk *Letters on Education* (1790) gleiche Bildungschancen für beide Geschlechter und die freie Wahl des Ehepartners forderte. MACAULAY und ihre Zeitgenossin MARY WOLLSTONECRAFT, deren Streitschrift *A Vindication of the Rights of Woman* (1792) heute als feministischer Klassiker gilt, legten den Grundstein für die sich hundert Jahre später formierende Frauenbewegung.

Angel in the House

Die relativ rigide soziale Trennung der (männlichen) Sphäre des Erwerbs und der politischen Öffentlichkeit von der (weiblichen) Sphäre des häuslichen Wirkungsbereichs bestimmte im 19. Jahrhundert auch den Geschlechterdiskurs: Während die viktorianische Vorstellung von Männlichkeit durch den imperialen Helden und seine Tugenden (Eroberung und Tatendrang) beeinflusst war (vgl. Kap. 5.3), war das weibliche Idealbild, in Anlehnung an COVENTRY PATMORES Langgedicht *Angel in the House* (1854–62), durch die Verklärung von Familie, Häuslichkeit und Passivität gekennzeichnet. Allerdings hatte auch dieses Frauenbild, wie alle Stilisierungen, wenig mit der sozialen Wirklichkeit zu tun: Zum einen war der viktorianische Familienkult auf die begüterte Mittel- und Oberschicht beschränkt, zum anderen verbarg sich hinter der zur Schau getragenen Idealisierung der Frau eine weitreichende politische, rechtliche und wirtschaftliche Diskriminierung.

Fallen Woman

Die Identitätsforschung (vgl. Kap. 6.3) hat gezeigt, dass idealisierende Selbstbilder in der Regel mit der Abwertung der entgegengesetzten Eigenschaften einhergehen. Diese Gleichzeitigkeit von Vergötterung und Verteufelung kommt nicht nur in der Lyrik der romantischen Dichter Percy Bysshe Shelley (1792–1822), Samuel Taylor Coleridge (1772–1834) und John Keats (1795–1821) zum Ausdruck, in denen die Dämonisierung von Weiblichkeit als Kehrseite des romantischen Frauenideals erscheint (Schabert 1997: 388ff.). Sie findet sich auch in der sozialen Ausgrenzung lediger Mütter und Prostituierter und in dem stigmatisierenden Bild der *fallen woman*.

Prostitution

London, das britische Zentrum der Pornographie und Prostitution sowie der damit verbundenen Kriminalität (Menschenhandel, Pädophilie, Vergewaltigung etc.), war voll von solchen Frauen (und Kindern). Schätzungen gehen von etwa 80000 Prostituierten aus, die Mitte des 19. Jahrhunderts einen unersättlichen Markt bedienten. Etwa 8000 von ihnen starben jährlich, und ca. 2700 Kinder zwischen 11 und 16 Jahren erkrankten pro Jahr an Syphilis (vgl. Ackroyd 2001). Dass die Väter der ‚Bastarde‘ und die zahlreichen Kunden der Prostituierten nicht als *fallen men* gebrandmarkt wurden und vermutlich selbst außerhalb der Rotlichtbezirke dem ‚häuslichen Engel‘ und dem behüteten Familienleben huldigten, ist Ausdruck der patriarchalen Doppelmoral (nicht nur) der viktorianischen Gesellschaft.

Umbruch

Dennoch war die viktorianische Epoche auch aus der Sicht der Frauen eine Epoche der Reformen. Im Laufe des 19. Jahrhunderts wurden das Ehe- und Scheidungsrecht liberalisiert und die Bildungschancen für Frauen verbessert, die seit der Gründung des Queen's College (1848) auch zunehmend Zugang zu Universitäten erhielten. Zusätzlich ergaben sich durch die Industrialisierung neue Beschäftigungsmöglichkeiten für Frauen außerhalb von Haus und Familie. Diese Phase des Umbruchs wurde aus der Sicht der Frauengeschichtsschreibung unterschiedlich gedeutet: Einerseits wird darauf hingewiesen, dass die neuen Beschäftigungsmöglichkeiten die Frau aus der Enge familiärer Verpflichtungen und Abhängigkeiten befreiten. In dieses positive Bild fügt sich auch die bedeutende Rolle der Frauen der Mittelschicht, die durch die Übernahme gesellschaftlicher Verpflichtungen auch in wirtschaftlicher Hinsicht wichtige Partnerinnen ihrer Ehemänner waren. Andere Ansätze der Frauenforschung, die von dem Konzept der *separate spheres* ausgehen, verweisen dagegen auf die Festlegung der Frau auf den privaten Bereich. Ob sich solche übergreifenden Thesen generell aufrecht erhalten lassen, scheint fraglich, insbesondere wenn man mit Wende (2001: 144) davon ausgeht, dass im Bereich der Frauen- und Geschlechtergeschichte *„die Phase der theoretisch fundierten Modelle historischen Wandels nun abgelöst ist durch eine Phase, in der die Fülle oft minutiöser empirischer Studien große Linien auflöst und Argumente gegen übergreifende Kontinuitäten anhäuft“*.

New Woman

In den 1890er Jahren ensteht ein selbstbewusstes, maßgeblich durch die zeitgenössische Romanliteratur geprägtes neues *Gender*-Konzept, die sog. *New Woman* (vgl. KILIAN 1998). Dieses Schlagwort umschreibt die neuen, von Frauen initiierten und in über 100 sog. *New-Woman novels* literarisch inszenierten Debatten um den Sinn und die Funktion der Ehe, die weibliche Sexualität und das überkommene viktorianische Frauenbild. Die Reaktionen der Gegner der *„educated, sport-playing, cigar-smoking, marriage-hating woman of the 1890s"* (JORDAN in KILIAN 1998: 110) reichten von abwertenden Karikaturen bis zu moralischen Vorwürfen und der Reglementierung durch den Diskurs der Medizin und Psychologie, der sich seit dem Ende des 19. Jahrhunderts eingehend mit der weiblichen (Homo)Sexualität beschäftigte.

Spannungs-feld

Die emanzipatorischen Bestrebungen der *New Women* wurden aus medizinischer Sicht als Ausdruck homosexueller Tendenzen erklärt und so pathologisiert bzw. diskreditiert. Eine Analyse dieses Diskurses hebt erstens die androzentrische Prägung der Erklärungsmodelle hervor (die Wissenschaftler waren ausnahmslos männlich), verweist zweitens auf die zugrunde liegende Annahme einer naturgegebenen Geschlechterdifferenz (lesbische Frauen erscheinen als ‚männliche' Wesen in einem falschen, d. h. weiblichen Körper) und deutet drittens den *„Kategorisierungsdrang"* (ebd.: 123) der Wissenschaft als Ausdruck der Angst vor dem nicht Klassifizierbaren. Im Spannungsfeld zwischen weiblicher Emanzipation und männlicher Reglementierung bzw. Stigmatisierung verschwimmen jedoch zunehmend traditionelle Geschlechtergrenzen: Langsam bildet sich der moderne *Gender*-Diskurs heraus.

Suffragetten

Obgleich die androzentrische Medizin mit der angeblichen hormonellen Instabilität von Frauen und deren Hang zur Hysterie noch um die Jahrhundertwende ‚Argumente' gegen eine Ausweitung des Wahlrechts lieferte, ließen sich die Frauenrechtlerinnen zu Beginn des 20. Jahrhunderts nicht mehr mit dem lokalen und regionalen Stimmrecht abspeisen. Die *National Union of Women's Suffrage Societies* forderte die politische Beteiligung auf nationaler Ebene. EMMELINE PANKHURST (1858–1928) gründete 1903 die *Women's Social and Political Union*, eine Vereinigung von Suffragetten, die mit militanten Aktionen und sogar unter Einsatz des eigenen Lebens das Wahlrecht (*suffrage*) zu erzwingen suchten: Auf der Galopprennbahn in Derby warf sich die Aktivistin EMILY DAVIDSON im Jahr 1913 vor das Pferd des Königs und wurde tödlich verletzt. Der Suffragettenbewegung gelang es trotz solcher spektakulärer Aktionen allerdings zunächst nicht, die (männlich dominierte) Öffentlichkeit von ihrem Anliegen zu überzeugen.

Doch die feministische Agenda der Suffragetten blieb in der Öffentlichkeit präsent. Das wohl einprägsamste Bild für die Forderungen der Frauenbewegung – die Marginalisierung von SHAKESPEARES (fiktiven) Schwestern – lieferte die Schriftstellerin VIRGINIA WOOLF (1882–1941). WOOLF prägte nicht nur mit ihrem innovativen Romanwerk die Literatur der Moderne, sondern unterstrich in ihren berühmten Essays *A Room of One's Own* (1929) und *Three Guineas* (1938) ihr unnachgiebiges Engagement für die feministische Forderung nach Gleichberechtigung.

VIRGINIA WOOLF

Auf die Einführung der allgemeinen Wehrpflicht im Ersten Weltkrieg folgte nach dessen Ende im Jahr 1918 das allgemeine Wahlrecht für Männer und erstmals auch für Frauen, allerdings nur für diejenigen, die älter als 30 waren und selbst bzw. mit Hilfe ihres Ehemanns den für Kommunalwahlen vorgeschriebenen Zensus erbrachten. Im Jahr 1928 wurde schließlich das Wahlrecht für alle Frauen über 21 Jahren eingeführt – ein wichtiger Schritt auf dem langen Weg hin zur Gleichberechtigung der Geschlechter.

Wahlrecht

5 Medien: Bildung, Kunst und Unterhaltung

Weit verbreitete Kollektivvorstellungen wie das Bild der *Virgin Queen*, das Bild des imperialen Helden, die Auffassung von der Bürde des weißen Mannes oder die Idealisierung der Frau als *Angel in the House* geben natürlich nicht die wirklichen Verhältnisse wieder. Ihre Wirksamkeit beruht vielmehr auf ihrer medialen Verbreitung und diskursiven Zirkulation: Kollektive Selbstbilder definieren die Werte und Normen einer Gesellschaft und prägen damit die Mentalität einer Epoche.

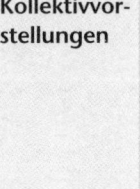

Kollektivvorstellungen

MICHEL FOUCAULT spricht in seiner Studie *Ordnung des Diskurses* (1997 [1972]) vom Willen zum Wissen bzw. zur Wahrheit, der sich an der Schwelle vom 16. zum 17. Jahrhundert vor allem in England durchsetzt: Die Systematisierung beobachtbarer, messbarer und klassifizierbarer Gegenstände markiert den Beginn einer neuen Wissenskultur. Die kulturelle Entwicklung Großbritanniens seit der Frühen Neuzeit ist damit nicht nur eine Geschichte politischer, sozialer und wirtschaftlicher Praktiken und Institutionen. Sie ist auch durch die Herausbildung diskursiver Wissensformationen und des modernen Literatur- und Mediensystems gekennzeichnet – wichtigen Voraussetzungen für das Entstehen einer offenen, pluralistischen Gesellschaft. Eine wesentliche Rolle dabei spielen neben dem Buch-, Verlags- und Theaterwesen auch die Patronage und die Zensur.

Wille zum Wissen

Buchdruck

Zwar spricht man dem *OED* zufolge erst seit den 1920er Jahren von ‚*the media'*. Der Beginn der Medienrevolution, die die Ausdifferenzierung der bürgerlichen Gesellschaft in Europa begleitet, wird aber im allgemeinen auf das Jahr 1444 datiert, das Jahr in dem JOHANNES GUTENBERG (ca. 1394–1468) in Mainz den Buchdruck mit beweglichen Lettern erfand. Das Verfahren war für die damalige Zeit revolutionär: Die aus Stahl hergestellten seitenverkehrten Buchstaben wurden in Kupferblöcke geschlagen und die so entstandenen Vertiefungen mit Blei gefüllt. Nach dem Erkalten erhielt man wieder verwendbare Buchstaben aus Blei, die, mit Druckerschwärze eingefärbt und in Schablonen aufgereiht, mit Hilfe einer hölzernen Handpresse auf Papier gedruckt werden konnten. Dieses kostengünstige Verfahren ermöglichte die relativ preiswerte Herstellung von Büchern und anderen Druckerzeugnissen in hohen Auflagen und ersetzte schnell die traditionelle Form der Vervielfältigung, das zeitaufwendige manuelle Abschreiben. Die Folge war ein rasanter Aufschwung der Buchproduktion, der die Zirkulation des Wissens beschleunigte.

WILLIAM CAXTON

Der Textilkaufmann und Handelsdiplomat WILLIAM CAXTON (ca. 1422–1491), der GUTENBERGS Erfindung in den Niederlanden kennengelernt hatte, eröffnete nahe Westminster Abbey im Jahr 1476 Großbritanniens erste Druckerei. Dort wurden bis zu seinem Tod ca. 100 Werke gedruckt, darunter eine Anleitung zum Schachspiel, Werke zeitgenössischer Autoren wie GEOFFREY CHAUCER und SIR THOMAS MALORY. Die rasche Erfolgsgeschichte des Buchdrucks lässt sich auch in Zahlen ausdrücken: Gab es nach dem Tod CAXTONS in England nur zwei oder drei weitere Buchdrucker, stieg die Zahl der Druckereien bis 1600 auf über 90. Die Zahl der produzierten Titel stieg von 13 im Jahr 1510 auf ca. 150 pro Jahr (1600). Zu Beginn des 19. Jahrhunderts lag die durchschnittliche Zahl der jährlich publizierten Bücher bereits bei 580.

Buchmarkt

Vor Einführung des Buchdrucks waren Bücher in Handarbeit kopierte Einzelanfertigungen und Auftragsarbeiten gewesen. Mit der mechanischen Reproduzierbarkeit wurde nun die Voraussetzung für eine weitere Verbreitung von Wissen geschaffen. Ein freier Buchmarkt im heutigen Sinne existierte allerdings noch längst nicht, da Zensur, Patentierung und Patronage sowohl die Zahl der legalen Druckereien als auch die Inhalte der Druckerzeugnisse regulierten. Die Buchhändler, die seit 1557 in der Buchhändlergilde zusammengeschlossen waren, boten anfangs vor allem Übersetzungen griechischer und lateinischer Klassiker wie ARISTOTELES, HERODOT, OVID, HORAZ und SENECA an, aber auch zeitgenössische Schriften wie MACHIAVELLIS *Il Principe*. Die höchsten Auflagen erzielten allerdings Balladen, Pamphlete und Almanache, die im 17. Jahrhundert den Buchmarkt dominierten. Lag die durchschnittliche Auflage eines Buches bei ca. 2000 Exemplaren, konnten populäre Almanache eine Auflage von 16000 Stück erreichen (vgl. WILLIAMS 1979) – selbst für heutige Standards eine beachtliche Zahl.

Die zunehmende Verfügbarkeit gedruckter Texte ermöglichte auch das Entstehen einer lebhaften Literatur- und Theaterszene. Diese formierte sich in der zweiten Hälfte des 16. Jahrhunderts im Umfeld der *Grammar Schools*, der Universitäten Oxford und Cambridge sowie der vier Londoner Juristenschulen (Middle Temple, Inner Temple, Lincoln's Inn, Gray's Inn). Diese sog. Inns of Court prägten das intellektuelle Leben Londons. An diesen Internatsschulen wurde das Theaterspiel gepflegt, nicht zuletzt als Vorbereitung auf die spätere öffentliche Tätigkeit der Studierenden: Die Aufführung von Dramen diente nicht nur der geistigen Bildung, sondern auch dem gezielten Einstudieren von Körpersprache, Mimik und rhetorischem Geschick. Gelesen, adaptiert, einstudiert und inszeniert wurden Lustspiele von TERENZ, Tragödien von SENECA und eigene Stücke nach klassischen Vorbildern, die meist noch in lateinischer Sprache verfasst waren.

Theaterspiel

Diese lateinischen Stücke enthielten in der Regel zahlreiche politische Anspielungen, die sowohl die Darsteller als auch das Publikum verstanden und diskutierten. Ebenso reich an Anspielungen waren die seit Mitte der 1550er Jahre verfassten englischsprachigen Stücke von Autoren wie WILLIAM STEVENSON und NICKOLAS UDALL, der mit *Ralph Roister Doister* (1553) die vermutlich erste Komödie in englischer Sprache schrieb. Das Publikum, das die zum Teil aufwendigen Inszenierungen an den Juristenschulen verfolgte, bestand aus geladenen Gästen aus der Oberschicht, die als Mäzene und Auftraggeber die Entwicklung des kulturellen Lebens förderten.

Politische Anspielungen

Die aus dem Adel und der wohlhabenden Mittelschicht stammenden Studenten der Inns of Court bildeten das geistige Umfeld, aus dem die Gruppe der sog. *University Wits*, darunter JOHN LYLY, ROBERT GREENE und THOMAS NASHE sowie THOMAS KYD und CHRISTOPHER MARLOWE, hervorging. Diese waren durch das Studententheater bestens auf ihr späteres Wirken als freie Schriftsteller und populäre Dramenautoren vorbereitet. Ihr Schaffen markiert nicht nur die Anfänge der erst im 18. Jahrhundert fortschreitenden Professionalisierung der Schriftstellerei in England, sondern stellte auch Verbindungen zwischen dem intellektuellen Universitätstheater und dem populären Schauspiel her.

University Wits

Neben den offiziellen Aufführungen an höheren Schulen und Universitäten gab es natürlich auch populäres Volkstheater: Mirakelspiele (*miracle plays*) und Moralitäten (*morality plays*) wurden

Volkstheater

von herumziehenden Schauspieltruppen, die oft Schwierigkeiten mit den Behörden bekamen, auf Jahrmärkten und bei Volksfesten aufgeführt. Nach dem Erfolg des ersten festen Theaterhauses in England (1576) folgten in rascher Reihenfolge weitere Theaterbauten, so dass im Jahr 1600 in London bereits 6 ständige Theater existierten. Sie boten teure Sitz- und Logenplätze für die bessere Gesellschaft, aber auch billige Stehplätze für das einfache Volk. Das berühmteste Schauspielhaus war das 1599 am Südufer der Themse erbaute, ca. 3000 Zuschauer fassende *Globe Theatre*, in dem SHAKESPEARES äußerst erfolgreiche Dramen aufgeführt wurden. Das *Globe Theatre* war keine subventionierte Kultureinrichtung, *„sondern ei[n] rein kommerzielle[r] Unterhaltungsbetrieb, vergleichbar dem Kino unserer Tage. Von Puritanern verteufelt, war das Theater in anrüchigen Randbezirken der Hauptstadt angesiedelt, nahe den blutrünstigen Spektakeln der Bärenhatzen und den Bordellen"* (HÖFELE in KREUTZER/NÜNNING 2002: 517)

Blütezeit

Die Zeit zwischen den 1580er Jahren und der Schließung der Schauspielhäuser durch das Parlament im Jahr 1642 gilt als die erste Blütezeit des englischen Theaters. Neben WILLIAM SHAKESPEARE (1564–1616), dem wohl berühmtesten und einflussreichsten Dramatiker aller Zeiten, gab es eine Reihe weiterer Berufsautoren, die mit zahlreichen Stücken das antike und mittelalterliche Gattungsspektrum erweiterten und mit neuen Genres wie der Tragikomödie den Grundstein für ein modernes Theater legten.

Schließung

Dennoch waren den Behörden und insbesondere den Puritanern die ‚sittenwidrigen‘ Aufführungen (fiktive Lügengeschichten, Darstellungen von Liebe, Mord und Verrat) suspekt: Sie gefährdeten ihrer Meinung nach die öffentliche Ordnung und die moralische Erziehung der Jugend. Die Gegner des Theaters setzten sich schließlich durch: Als 1642 der Bürgerkrieg ausbrach und das puritanische Parlament in London die Herrschaft übernahm, wurden auf behördliche Anweisung alle Schauspielhäuser geschlossen.

Neubeginn

Nach der Restauration der Monarchie und der Thronbesteigung von CHARLES II, einem Liebhaber des Theaters, wurde im Jahr 1660 das Verbot aufgehoben. Bald nahmen neue Schauspielhäuser wie das Theatre Royal in Drury Lane den Betrieb auf. Nicht nur die Theaterbauten waren neu, sondern auch die Stücke, das Publikum, die Zulassung weiblicher Darsteller (erstmals in SHAKESPEARES *Othello*) und vor allem die Struktur des Theaterwesens: Die Vergabe von Patenten an Begünstigte des Hofes, SIR WILLIAM DAVENANT und THOMAS KILLIGREW, denen exklusiv das Recht zugesprochen wurde, in London Aufführungen zu veranstalten, führte zu einer Monopolisierung des Theaters. Die neuen Theater waren exklusiv

Eine problem- und forschungsorientierte Kulturgeschichte Großbritanniens

ausgestattet und hatten, anders als die volksnahen Spielstätten der Shakespearezeit, repräsentativen Charakter.

Den Spielplan dominierte neben dem heroischen Drama und der neoklassischen Tragödie vor allem die Sitten- und Geschlechter-komödie, auch als *comedy of manners* bekannt, deren bedeutend-ste Vertreter WILLIAM WYCHERLEY (1641–1716), WILLIAM CONGREVE (1670–1729) und GEORG FARQUHAR (1678–1707) waren. Ihre Stücke porträtierten die zeitgenössische Gesellschaft, wobei der themati-sche Fokus auf der Diskrepanz zwischen individuellem Verhalten und gesellschaftlichen Konventionen liegt. Aus kulturwissen-schaftlicher Sicht besonders interessant ist die lange kontrovers diskutierte Frage, in welchem Maße diese Gesellschaftskomödien nun als realistisches Abbild der Wirklichkeit, utopisches Wunsch-bild oder satirisches Zerrbild zu werten sind. Unbestritten ist hin-gegen, dass die Restaurationszeit einen Höhepunkt in der Ent-wicklung der britischen Komödie darstellt.

Restoration Comedy

Bei den Autorinnen und Autoren ist in dieser Zeit eine Professiona-lisierung zu verzeichnen. Der Übergang vom Privatgelehrten (*gentleman-author*) zum freien Autor, der mit der Schriftstellerei sei-nen Lebensunterhalt verdienen muss, ist vor allem auf den tech-nologischen Wandel zurückzuführen. Im frühen 18. Jahrhundert waren die Auswirkungen der Drucktechnik in allen Lebensberei-chen zu spüren: Großbritannien wandelte sich von einer durch Kopisten in höfischen und kirchlichen Schreibstuben überlieferten Kultur der Mündlichkeit (*oral-scribal culture*) hin zu einer Schriftkul-tur (*print culture*). Diese manifestierte sich in Plakaten, Flugblättern, Zeitungen, Etiketten, Tickets, Heiratsurkunden, vorgedruckten For-mularen und Quittungen, die maschinell produziert und in schnell wachsenden Mengen reproduziert wurden (BELANGER 1982: 6).

Print culture

Da sich bereits im 18. Jahrhundert Investitionen in industrielle Anlagen nur dann lohnten, wenn die Maschinen möglichst aus-gelastet wurden, produzierten die Druckereien Texte am laufen-den Band. Mit Hilfe überlieferter Bilanzen, Rechnungen und Kor-respondenz lassen sich die Geschäftspraktiken von Druckern und Verlegern sowie die Arbeitsbedingungen der professionellen Lohn-schreiber (*hack writers*) rekonstruieren (vgl. KERNAN 1989: 55ff.). Diese waren in der Grub Street, der heutigen Milton Street, ange-siedelt, und verfassten zu festgelegten Sätzen (die Vergütung rich-tete sich nach der Zahl der Druckseiten) unter hohem Zeitdruck (die Auslastung der Druckmaschinen bringt auch die Erfindung der *deadline* mit sich) populäre Reime, Kalender, Ratgeber, Erzie-hungsschriften, Satiren, Übersetzungen, Zeitschriftenartikel, Bio-grafien und Sachbücher – alles, was sich gut und vor allem schnell verkaufen ließ.

Grub Street

Neue Genres

Nicht nur in der Alltagsprosa und im Grenzbereich zwischen Fiktion und Nicht-Fiktion (vgl. NÜNNING/NÜNNING 1998: 23–54) brachte die Drucktechnik neue Genres hervor. Ihr Einfluss auf die Entwicklung der fiktionalen Literatur wird in der Entwicklung des Romans als einer neuen, profitablen Prosaform deutlich: *„The novel is the characteristic print genre [...] even to the extent that long, particularized prose narratives were economically more advantageous than poetry to both writers and publishers since book prices were set and copy paid for by the number of words"* (KERNAN 1989: 68). Die Entstehung des Romans erklärt sich aber nicht nur als Folge technischen, sondern auch als Konsequenz sozialen Wandels, denn *„[m]it steigender Ausdifferenzierung der Gesellschaft entsteht ein zunehmender Bedarf für die Beschaffung von Wissens- und Glaubensstrukturen auf fiktionaler Basis"* (SCHMIDT 2000: 80).

Kulturelles Medium

Namhafte Vertreter der englischen Literatur wie DANIEL DEFOE und OLIVER GOLDSMITH, die sich im zu ihrer Zeit wenig prestigeträchtigen Literatursystem der Grub Street als *hack writers* verdingten, nutzten das neue Genre des Romans als kulturelles Medium (MCKEON 1987), das nicht nur zahlreiche populäre Formen aus dem nicht-fiktionalen Bereich (z. B. Reiseberichte, Verbrecherbiografien und Briefe) integrierte, sondern auch epistemologische und moralische Fragen thematisierte (und popularisierte) und bürgerlichen Tugend- und Wertvorstellungen zur Geltung verhalf.

Gutenberg Galaxie

Der mit der Einführung des Buchdrucks begonnene technische Wandel und die Entstehung und Ausdifferenzierung eines modernen Literatursystems, das das alte System der Patronage ablöste, hatte weitreichende kulturelle Folgen. Das gedruckte Dokument ersetzte schnell mündliche Formen der Übereinkunft, es garantierte Autorität und Authentizität und führte zu einer Archivkultur, in der Wissen fortan systematisch verwaltet wurde. Der Einfluss der Technologie auf die Kultur und auf kollektive Wahrnehmungsweisen und Sinnstiftungsmuster, der in der britischen *print culture* des 18. Jahrhunderts exemplarisch sichtbar ist, wird in dem von MCLUHAN (1962) geprägten Begriff der ‚Gutenberg-Galaxie' auf den Punkt gebracht. Die Technologie des Buchdrucks prägt demnach mit der ihr inhärenten Logik die Gesellschaft: Die sprachliche Standardisierung, graphische Formatierung und kontrollierte Reproduzierbarkeit des Textes ging einher mit der individualisierten Rezeption (stilles, einzelnes Lesen statt lautem Rezitieren vor Publikum) sowie dem hohen Stellenwert von Originalität und Autorschaft (ermöglicht durch die dauerhafte Fixierung der Textgestalt und die eindeutige Benennung des Urhebers).

Die Ära der Gutenberg-Galaxie hat MᴄLᴜʜᴀɴ für beendet geklärt: Die heutige Medienlandschaft ist nicht mehr ausschließlich durch Druckerzeugnisse geprägt, sondern wendet sich zunehmend elektronischen Übertragungswegen und neuen Kommunikations- und Repräsentationsformen zu. Diese Entwicklung nachzuzeichnen ist Aufgabe einer Medienkulturgeschichte, die sich innerhalb einer im Entstehen begriffenen interdisziplinären Medienkulturwissenschaft formiert (vgl. Sᴄʜᴍɪᴅᴛ 2003). Für die anglistische Kulturwissenschaft ergeben sich hier zahlreiche Anschlussmöglichkeiten für künftige, historisch und intermedial orientierte Forschungsprojekte.

Medienkulturwissenschaften

6 Britische Kulturen im Spannungsfeld zwischen Erinnerung und Identität

KAPITEL

> *Alles spricht dafür, dass sich um den Begriff der Erinnerung ein neues Paradigma der Kulturwissenschaften aufbaut, das die verschiedenen kulturellen Phänomene und Felder – Kunst und Literatur, Politik und Gesellschaft, Religion und Recht – in neuen Zusammenhängen sehen lässt.*
>
> JAN ASSMANN
>
> *A need for unities, for identities – even unstable, fluid ones – and for the orientation provided by values has increasingly emerged in the 1990s.*
>
> BARBARA KORTE/KLAUS PETER MÜLLER

1 Schlüsselbegriffe und Leitkonzepte

Praxis

Die vorangegangenen Kapitel haben erstens die Entwicklung und Institutionalisierung der kulturwissenschaftlichen Anglistik in der Auseinandersetzung mit ihrem britischen Pendant, den Cultural Studies, skizziert (vgl. Kap. 2, Kap. 3). Zweitens wurde das theoretische und methodische Instrumentarium kulturwissenschaftlicher Arbeiten vorgestellt (vgl. Kap. 4). Nachdem drittens mit der britischen Kulturgeschichte auch die historische Dimension des Gegenstandsbereichs aufgezeigt wurde (vgl. Kap. 5), geht es im folgenden um aktuelle Arbeits- und Problemfelder und die analytische Praxis der kulturwissenschaftlichen Anglistik: Welche neuen Arbeitsbereiche, Themen und Perspektiven werden durch die kulturwissenschaftliche Neuorientierung erschlossen? Welche Erkenntnisse lassen sich auf der Grundlage der theoretischen und methodischen Ansätze über die britische Kultur gewinnen?

Leitkonzepte

Trotz der Heterogenität im Bereich der Theoriebildung und der Themenvielfalt der anglistischen Kulturwissenschaft zeichnen sich einige Kristallisationspunkte oder Leitkonzepte ab, um die herum sich zahlreiche Einzelstudien in Form von Monographien, Sammelbänden oder Zeitschriftenbeiträgen gruppieren. Die diesem Kapitel vorangestellten Zitate von JAN ASSMANN bzw. BARBARA KORTE und KLAUS PETER MÜLLER verweisen auf zwei dieser Leitkonzepte, die über Disziplinengrenzen hinweg die aktuelle Diskussion in den Kulturwissenschaften bestimmen und bereits den Stellenwert kulturwissenschaftlicher Paradigmen erreichen: Erinnerung und Gedächtnis auf der einen, Identität und Alterität auf der anderen Seite.

Die Globalisierung und die transkulturelle Hybridisierung haben nicht zu der vielfach prognostizierten Auflösung von Identitäten, sondern im Gegenteil zu einem wachsenden Bedürfnis nach kollektiven Selbstbildern geführt. Diese beruhen auf sinnstiftenden Konstruktionen der Vergangenheit, wie sie im kommunikativen und kulturellen Gedächtnis jedes Kollektivs verankert sind. Erinnerung und Identität hängen daher eng zusammen. Im einen Fall steht die Frage nach der Pluralisierung britischer Identitäten im Vordergrund: Welche Gruppen beanspruchen eine eigene Identität, wie ist diese beschaffen und wie wird sie nach außen zum Ausdruck gebracht? Im anderen Fall geht es um die Legitimierung und Beschaffenheit der Identitäten durch das kollektive Gedächtnis: Auf welche identitätsstiftenden Mythen und Ereignisse berufen sich ‚Erinnerungsgemeinschaften' wie z. B. die Nation, die Gewerkschaften, die Globalisierungsgegner oder die Umweltbewegung?

Erinnerung und Identität

Ausgehend von den Leitkonzepten Erinnerung und Identität und den mit ihnen verbundenen Schlüsselbegriffen wollen die folgenden beiden Kapitel unterschiedliche Bereiche der britischen Gegenwartskultur und Kulturgeschichte erschließen und so eine Orientierungshilfe für das Studium der anglistischen Kulturwissenschaft bieten. Die Kurzvorstellung einer Reihe weiterer Themenbereiche sowie ein Ausblick auf künftige Entwicklungen runden den Überblick über die aktuelle Forschungslandschaft ab.

Orientierungshilfe

Um die jeweiligen Fragestellungen zu veranschaulichen und Studierenden möglichst konkrete Anregungen für eigene Seminar-, Staats- oder Magisterarbeiten an die Hand zu geben, werden exemplarisch zahlreiche Studien vorgestellt. Diese Fallbeispiele wurden nicht zuletzt nach didaktischen Gesichtspunkten ausgewählt: Sie zeichnen sich durch ein systematisches Theoriedesign sowie eine stringente Argumentation aus und repräsentieren zudem den aktuellen Forschungsstand in dem jeweiligen Bereich. Ein kurzer Blick auf die Liste anglistischer Publikationen in den Berichtsbänden des *Annual Report of English and American Studies (AREAS)* verdeutlicht, dass damit die intensive Forschungstätigkeit der kulturwissenschaftlichen Anglistik nicht einmal annähernd gewürdigt werden kann. Dennoch vermitteln die gewählten Beispiele einen guten Überblick über das breite Spektrum aktueller Fragestellungen und Forschungsprojekte.

Beispiele

2 Paradigma Gedächtnis und Erinnerung

mémoire collective

Der französische Soziologe MAURICE HALBWACHS (1877–1945), der den Begriff des kollektiven Gedächtnisses geprägt hat, gilt zusammen mit dem Kunst- und Kulturhistoriker ABY WARBURG (1866–1929) als einer der Begründer der kulturwissenschaftlichen Gedächtnistheorie und Gedächtnisforschung (vgl. ERLL 2003a). In seinen drei Hauptwerken *Les cadres sociaux de la mémoire* (1925), *La topographie légendaire des évangiles en terre sainte* (1941) und *La mémoire collective* (erschienen 1950) betrachtet er anders als seine Zeitgenossen HENRI BERGSON und SIGMUND FREUD Gedächtnis und Erinnerung nicht als individuelles und psychisches, sondern als soziales und kulturelles Phänomen: Über die Sprache, Kommunikation und soziales Handeln prägen die Gesellschaft und die kulturelle Tradition das Gedächtnis des Einzelnen, so dass es kaum möglich ist, das individuelle vom sozialen Gedächtnis zu trennen. HALBWACHS' zentrale Thesen zählen bis heute zu den Prämissen der Gedächtnistheorie: Die Erinnerung an die Vergangenheit ist immer ein Akt der Konstruktion, in dem nur das Berücksichtigung findet, was für die Gesellschaft der Gegenwart relevant erscheint. Das Vergessen wird damit wie das Erinnern zu einem integralen Bestandteil des sozial bedingten Gedächtnisses. Durch die Selektion der Gedächtnisinhalte werden individuelle Erinnerungen perspektiviert. Es zählt zu den Paradoxien des 20. Jahrhunderts, dass HALBWACHS selbst der schrecklichen Wirksamkeit der sozialen Prägung des individuellen sowie der Manipulierbarkeit und Selektivität des kollektiven Gedächtnisses zum Opfer fiel: Im März 1945 wurde er im Konzentrationslager Buchenwald ermordet.

Gedächtnistheorien

HALBWACHS' Gedächtnistheorie, die die Interaktion von Psyche, Bewusstsein, Gesellschaft und Kultur postuliert, ist von JAN ASSMANN aufgegriffen und in seiner Studie *Das kulturelle Gedächtnis* (1997) weiterentwickelt worden. Assmann unterscheidet das kommunikative Gedächtnis vom kulturellen Gedächtnis. Während ersteres höchstens drei Generationen zurückreicht, auf mündlicher Überlieferung und Alltagskommunikation beruht und als ‚Kurzzeitgedächtnis' einer Gesellschaft fungiert, reicht das kulturelle Gedächtnis wesentlich weiter zurück. Beide Konzeptionen werden im folgenden vorgestellt. Dabei sollte man sich stets vor Augen halten, dass es sich nicht nur bei den unterschiedlichen Arten des Gedächtnisses, sondern auch bei der aus dem Bereich der Individualpsychologie stammenden Metapher des Gedächtnisses selbst um kulturtheoretische Konstrukte handelt: *„Zur wichtigsten Voraussetzung dieser Forschung gehört, dass Institutionen und Körperschaften wie Nationen, Staaten, die Kirche oder eine Firma kein Gedächtnis ‚haben', sondern sich eines ‚machen'.“* (A. ASSMANN 2002: 186) Wie und warum dies geschieht, wird unten an den Beispielen des Oranierordens, der kollektiven Verarbeitung des Ersten Weltkriegs in britischen und deutschen Erinnerungsromanen sowie der literarischen Konstruktion eines xenophobische Züge tragenden britischen Patriotismus im 18. Jahrhundert veranschaulicht. Doch zunächst wird die zentrale kulturwissenschaftliche Unterscheidung zwischen den beiden Formen sozialer Erinnerung, dem kulturellen und dem kommunikativen bzw. kollektiven Gedächtnis, kurz erläutert.

Kulturelles Gedächtnis

Das kulturelle Gedächtnis ist identitätskonkret, d. h. seine identitätsstiftende Funktion erfüllt es stets für bestimmte Kollektive (z. B. Völker, Staaten, Kommunen, Familien, Parteien, ethnische Minoritäten). Es ist zweitens (re)konstruktiv, denn der hergestellte Bezug auf die Vergangenheit ist nicht wahrheitsorientiert, voraussetzungs- und interesselos, sondern stets von der Suche nach Stabilisierendem geleitet. Das kulturelle Gedächtnis ist zudem organisiert (nicht einzelne Mitglieder des Kollektivs entscheiden über seine Inhalte, sondern professionelle ‚Wächter‘ und ‚Pfleger‘ des kulturellen Gedächtnisses, d. h. Institutionen) und verbindlich, denn es etabliert eine klare Wertehierarchie. Das fünfte charakteristische Merkmal ist seine Geformtheit: Die Inhalte des kulturellen Gedächtnisses manifestieren sich in der materialen Kultur (in Schriften, Bildern, Riten, Topographien etc.) und werden auf diese Weise tradierbar. Sechstens kann das kulturelle Gedächtnis als reflexiv bezeichnet werden, denn es deutet die Alltagspraxis und kontrolliert sich selbst durch die Auslegung der eigenen Tradition und die Abgrenzung von anderen Kollektiven.

Kommunikatives Gedächtnis

Beide Formen der gemeinschaftlichen Erinnerung, das kollektive bzw. kommunikative und das kulturelle Gedächtnis, dienen dazu, Erfahrungen und Wissen, die über den Horizont des Individuums hinausreichen, über Generationen hinweg im sozialen Langzeitgedächtnis aufzubewahren. Die Unterschiede betreffen zum einen den Zeithorizont (das kulturelle Gedächtnis reicht weiter zurück als das kollektive), zum anderen das, was ALEIDA ASSMANN (2002: 189) als die „Architektur" des Gedächtnisses bezeichnet: Das kollektive Gedächtnis zeichnet sich durch inhaltliche Fokussierung, symbolische Intensität und starke psychische Affektivität aus. Ereignisse wie der Anschlag auf das *World Trade Center* werden in der Erinnerung zu symbolischen, das kollektive Selbstverständnis betreffenden Einschnitten mit dauerhafter Wirkung transformiert und zu (identitäts)politischen Zwecken instrumentalisiert.

Speicher- und Funktionsgedächtnis

Während die Inhalte des kollektiven Gedächtnisses durch Symbole und Signale in Erinnerung gerufen werden, stützt sich das kulturelle Gedächtnis auf den gesamten Bestand symbolischer Formen und kultureller Artefakte (Texte, Bilder, Feste, Rituale, Traditionen). Seine Architektur ist durch die Überlagerung von Speichergedächtnis und Funktionsgedächtnis gekennzeichnet: *„Während das Speichergedächtnis materielle Spuren der kulturellen Vergangenheit sichert, bildet das Funktionsgedächtnis ein Reservoir von zeitübergreifenden Botschaften aus der Vergangenheit. Darunter werden solche Artefakte verstanden, die, durch beständige Pflege und Auseinandersetzung aufbereitet, nicht gänzlich verstummen, sondern von jeder Generation neu vernommen und aufgenommen werden."* (ebd.: 189f.) Die folgende Tabelle gibt einen Überblick über die wichtigsten Merkmale des Speicher- und Funktionsgedächtnisses.

,unbewohntes' Gedächtnis (Speichergedächtnis)	,bewohntes' Gedächtnis (Funktionsgedächtnis)
ist verbunden mit einem Träge (eine Gruppe, eine Institution oder ein Individium	ist losgelöst von einem spezifischen Träger
schlägt eine Brücke über Vergangenheit, Gegenwart und Zukunft	trennt radikal Vergangenheit von Gegenwart und Zukunft ab
verfährt selektiv, indem es dieses erinnert und jenes vergisst	interessiert sich für alles; alles ist gleich wichtig
vermittelt Werte, aus denen sich ein Identitätsprofil und Handlungsweisen ergeben	ermittelt Wahrheit und suspendiert dabei Werte und Normen

Abb. 7: Merkmale des Speicher- und Funktionsgedächtnisses (A. Assmann 1999: 133)

Inhalte

Die Inhalte der sozialen Erinnerung sind von wesentlicher Bedeutung für das Selbstbild der sich erinnernden Gruppe. Sowohl Siege als auch Niederlagen und traumatische Erfahrungen finden Eingang ins kollektive Gedächtnis der Nation. Letztere werden oft erst nachträglich, im Abstand von Jahrzehnten oder gar Jahrhunderten, in das Gedächtnis integriert. Die Gedächtnisbildung insbesondere der europäischen Nationen im 19. und 20. Jahrhundert war von polemischer Konfrontation der Nationalgedächtnisse geprägt: *„Im einen Land wurde gefeiert, was man im anderen zu vergessen suchte, im einen wurde gerühmt, was im anderen geschmäht wurde."* (A. Assmann 2002: 188). Im Zeitalter der Globalisierung ändern sich jedoch nicht zuletzt auch die Erinnerungsprinzipien und Gedächtniskonstruktionen: Eine transnationale Öffentlichkeit entsteht, die aus interkultureller Perspektive die spezifischen nationalen Vergangenheitsbezüge kritisch hinterfragt.

Gedächtnisorte

Neben den Gedächtnisinhalten sind auch die Techniken des Erinnerns (Mnemotechnik) aus kulturwissenschaftlicher Sicht von besonderem Interesse. Hierbei helfen Archive, Denkmäler und

Jahrestage, die in Anlehnung an Pierre Noras Konzept der *lieux de mémoire (sites of memory)* als materielle, symbolische und funktionale Gedächtnisorte bezeichnet werden (vgl. Erll 2003a). Diese haben besondere Bedeutung für das kollektive und kulturelle Gedächtnis, da sie ‚Erinnerungsleistungen' auslösen und damit die Gruppenidentität einer Nation, ethnischen und religiösen Gruppe oder Generation stärken können.

Mit der Unterscheidung zwischen kulturellem und kommunikativem Gedächtnis sowie der Differenzierung zwischen Gedächtnisinhalten und Techniken der Memorierung sind die zentralen Konzepte zeitgenössischer Erinnerungstheorien umrissen. Natürlich lassen sich diese weiter ausdifferenzieren und präzisieren. Da in diesem Kapitel aber die Praxis kulturwissenschaftlicher Forschung in der Anglistik im Vordergrund steht, wird im folgenden anhand einer Reihe exemplarischer Studien das nationalistische, religiöse und ethnische Funktionspotential von Erinnerung veranschaulicht.

Anwendungspotential

Ein Beispiel für die rituelle und habituelle Funktionalisierung von Gedächtnisorten sind die jährlichen Paraden protestantischer Anhänger des Oranierordens (*Orange Order*). Selbst wenn man die aktuelle politische Entwicklung in Großbritannien nur am Rande verfolgt, kann man nicht umhin, die regelmäßig im Juli stattfindenden Paraden militanter Protestanten in Nordirland zur Kenntnis zu nehmen. Diese provokativen Demonstrationen sind stets von gewaltsamen Protesten der Katholiken begleitet und stellen eines der zentralen Hindernisse auf dem schwierigen Weg zu einer friedlichen Beilegung des Nordirlandkonflikts dar. Wie Neuheiser (2002) zeigt, setzt ein Verständnis der aktuellen Problemlage eine historische Kontextualisierung voraus. Die Paraden stellen damit ein Paradebeispiel für die Notwendigkeit einer kulturgeschichtlichen Perspektivierung historisch und landeskundlich relevanter Ereignisse dar.

Beispiel 1: Oranierorden

Die Paraden haben ihren Ursprung im Jahr 1690, als William III in der Folge der *Glorious Revolution* (vgl. Kap. 5.2) die Truppen von James II besiegte (*Battle of the Boyne*) und so die bis heute bestehende Vorherrschaft der englischen Protestanten in Nordirland sicherte. Über hundert Jahre später erinnerte der 1795 gegründete Oranierorden erstmals mit einer Parade an den historischen Sieg über die Katholiken. Die bis heute stattfindenden Paraden sind *„als rituelle Form der Erinnerung an die Ursprünge protestantischer Dominanz in Irland der heftig umkämpfte symbolische Ausdruck eines protestantischen kollektiven Gedächtnisses"* (Neuheiser 2002: 14).

Symbolische Paraden

Die ritualisierten Straßenumzüge dienen der Aufrechterhaltung einer kollektiven protestantischen Identität und erscheinen damit als ein Beispiel einer *invented tradition* im Sinne Hobsbawms (vgl.

Funktionalisierung

Kap. 5.1). Diese Tradition dient der symbolischen Abgrenzung von der katholischen Bevölkerungsmehrheit ebenso wie der Aufrechterhaltung der protestantischen Gruppenidentität. Die kulturgeschichtliche Analyse der Entstehung und Funktionalisierung des Oranierordens geht jedoch über diese allgemeine Feststellung der Ritualisierung von Erinnerung hinaus und klärt die spezifischen Umstände, Merkmale und Auswirkungen dieser Traditionsbegründung.

Kanonisierung und Erziehung von unten

Dabei sind zwei Aspekte besonders hervorzuheben: Erstens lässt sich im Einklang mit JAN ASSMANNS Gedächtnistheorie feststellen, dass die Paraden zu einer Monopolisierung und Kanonisierung der protestantischen Erinnerung an WILLIAM III führten – die Interpretation der Kriege des 17. Jahrhunderts durch die Oranier wird für die Protestanten zur dominanten Version der Geschichte. Zweitens lässt sich aber aufzeigen, dass die dadurch suggerierte Homogenität der Geschichtserinnerung der Protestanten selbst eine kulturelle Konstruktion ist. Denn die Paraden waren von Beginn an ein Ausdruck der *„Erinnerung von unten"* (ebd.: 101), die dazu diente, die Interessen der protestantischen Unterschicht gegenüber ihrer eigenen Führungselite durchzusetzen. Die Gruppenidentität wurde also nicht durch die Führung bestimmt und monopolisiert, sondern von der breiten Masse der Mitglieder geformt.

Revision der Theorie

Damit wird die häufig als zu statisch kritisierte Konzeption des kulturellen Gedächtnisses in Frage gestellt: Die Organisiertheit der Erinnerung, ihre Bindung an die ‚Wächter' und ‚Pfleger' bzw. ‚Erinnerungsexperten', muss angesichts der ‚Erinnerung von unten', die sich gegen die Führungselite richtet und somit auch als soziales Korrektiv des kulturellen Gedächtnisses fungiert, neu überdacht werden. Die Paraden des Oranierordens verweisen darauf, *„dass die Verankerung kollektiver Identitäten kein eindimensionaler Vorgang ist, in dem eine kleine Führungsschicht ihre Identität nach unten weitergibt; vielmehr müssen Wechselwirkungen zwischen sozialen Gegensätzen und heterogenen Strukturen innerhalb einer Gruppe stärker bei der Betrachtung der Entstehung kollektiver Vorstellungen berücksichtigt werden"* (NEUHEISER 2002: 100f.).

Aktuelle Situation

Die kulturgeschichtliche Rekonstruktion der Paraden des Oranierordens als Ausdruck einer kollektiven Erinnerung von unten bietet auch einen plausiblen Erklärungsansatz für die anhaltenden Unruhen im Nordirland der Gegenwart: Kompromissbereite Führer wie der designierte nordirische Premierminister DAVID TRIMBLE können sich mit ihrer versöhnlichen Haltung bei den einfachen Mitgliedern des Ordens nicht durchsetzen. Deren Paraden sind nicht nur Ausdruck des protestantischen Anspruchs auf Nordirland, sondern zugleich auch ein identitätsstiftendes Erinnerungsritual, das die

Führungsschicht kontrolliert und deren Verhandlungsspielraum einschränkt. Das kulturelle Gedächtnis wird also zu einem wesentlichen Faktor, der die aktuelle politische Situation bestimmt.

Der erste Weltkrieg war aus britischer Sicht das vielleicht einschneidendste Ereignis des 20. Jahrhunderts, denn obwohl der Krieg nicht auf britischem Boden stattfand, erschütterte er den Fortschrittsglauben des 19. Jahrhunderts so nachhaltig, dass aus mentalitätsgeschichtlicher Sicht nicht die Jahrhundertwende, sondern der Krieg den eigentlichen Beginn des 20. Jahrhunderts markiert (vgl. BROICH/BODE 1998: 15). Die Einschätzung vieler Zeitgenossen, eine epochale Wende mitzuerleben, revidiert die nostalgische Verklärung der ‚Roaring Twenties‘ als einem Jahrzehnt der ungezügelten Lebensfreude, des Jazz und der Dekadenz.

**Beispiel 2:
Der erste
Weltkrieg**

Die Zerissenheit, die viele Zeitgenossen, insbesondere natürlich die Kriegsrückkehrer, empfanden, charakterisiert auch die britischen Kriegsromane, die nach 1918 massenhaft erschienen, hohe Verkaufszahlen erreichten und äußerst kontrovers diskutiert wurden. In kaum einer Epoche war das Verhältnis von Literatur und kollektivem Gedächtnis so eng wie in den 1920er Jahren (vgl. ERLL 2003b). Der sog. *War Fiction Boom* ist aus funktions- und erinnerungshistorischer Sicht daher ein paradigmatisches Beispiel für den Einfluss fiktionaler Literatur auf den Prozess der Herausbildung und Transformation kollektiver Gedächtnisse.

*War Fiction
Boom*

Aus kulturwissenschaftlicher und erinnerungshistorischer Sicht lassen sich sowohl die englischen als auch die deutschen Kriegsromane der 1920er Jahre als Gedächtnisromane charakterisieren (ebd.), da sie als populäre Medien des kollektiven Gedächtnis die nationale Erinnerungskultur nachhaltig prägten. Sie wurden von der zeitgenössischen Leserschaft als ‚kollektive Texte‘ im Sinne ERLLS (ebd.) wahrgenommen und wirkten damit gedächtnisbildend bzw. -reflektierend: Die ‚Wiederkehr des Weltkriegs in der Literatur‘ ging einher mit der Verfestigung und Verbreitung zumeist negativer nationaler Fremdbilder.

**Gedächtnis-
romane als
kollektive
Texte**

Wie sich anhand eines Vergleichs englischer und deutscher Gedächtnisromane über den Ersten Weltkrieg zeigen lässt, wurden die literarisch inszenierten Kriegserfahrungen jeweils unterschiedlich funktionalisiert: Während der eher kriegskritische *War Fiction Boom* an die pastorale Tradition, das englische *gentleman*-Ideal oder positive Konzepte von *Englishness* anknüpfte, wurde in deutschen Kriegsromanen auf die Plotstrukturen der Tragödie, antike und germanische Mythen sowie die Bibel zurückgegriffen, die den Krieg und die Soldaten mythisch überhöhten und die Niederlage zum nationalen Trauma werden ließen. ERLLS komparative Analyse der Erinnerungsliteratur und -kultur der 1920er

**England und
Deutschland**

Jahre erklärt damit auch das Entstehen anschaulicher Erinnerungsfiguren in der deutschen Kriegsliteratur, die zentrale ideologische Positionen des Nationalismus präformierten.

Transfer

Theoriegestützte kulturgeschichtliche Studien zeichnen sich in der Regel durch einen hohen Grad an paradigmatischem Wissen bzw. an Transferierbarkeit der Erkenntnisse aus. Dabei kann es sich, wie in NEUHEISERs Analyse des Oranierordens im 19. Jahrhundert, um Erklärungsmodelle handeln, die die aktuelle politische Situation in einem neuen Licht erscheinen lassen. Eine andere Möglichkeit ist die Übertragung der Ergebnisse der Kulturanalyse auf einen anderen Kontext. So lassen sich die von ERLL (2003b) aufgezeigten kulturellen Erinnerungsmechanismen auf andere Bereiche der literarischen und kulturellen Verarbeitung der jüngeren Vergangenheit übertragen, wie den Zweiten Weltkrieg, den Holocaust, den Kalten Krieg, Vietnam oder die Golf-Kriege von 1991 bzw. 2003.

Paradigma Erinnerung

ERLLs paradigmatischer Ansatz der Analyse von Erinnerungskulturen erlaubt aber auch die Beschreibung weiter zurückliegender Entwicklungen und größerer kulturgeschichtlicher Zusammenhänge. Zu denken wäre hier insbesondere an die Geschichte des diskursiven Umgangs mit nationalen oder imperialen Traumata (z. B. Amerikanischer Unabhängigkeitskrieg 1775–1783, Waterloo 1815, Indian Mutiny 1857, Zulukrieg 1879). Aufgrund der zentralen Bedeutung kultureller Funktionalisierungen kollektiver Erinnerung eignet sich die Gedächtnistheorie zudem in besonderer Weise als Bezugsrahmen für die kulturwissenschaftliche Erforschung transnationaler Medienereignisse und ihrer textuellen bzw. medialen Repräsentationen.

3 Paradigma Identität und Alterität

Paradigma Identität

Dass die kollektive Identität neben dem kulturellen Gedächtnis zu Recht den Stellenwert eines zweiten Paradigmas der anglistischen Kulturwissenschaft beanspruchen darf, zeigt die Vielfalt der Diskurse und soziokulturellen Merkmale, die sich im Identitätsbegriff treffen: *„Above all, nationality is a question of identity and so is crossed by other kinds of identity, such as ethnicity, gender, sexuality, religion, age and occupation."* (STORRY/CHILDS 2002: 3) Kollektive Identität bzw. nationale, kulturelle, ethnische, geschlechtsspezifische und soziale Identitäten (ACHILLES/BIRKLE 1998) werden damit zu einem Leitmotiv der kulturwissenschaftlichen Frage nach dem Selbstverständnis von Menschen als Individuen und als Mitgliedern von Gemeinschaften.

Der Identitätsbegriff (lat. *idem*: der-, die-, dasselbe) wird seit JOHN LOCKES Abhandlung *An Essay Concerning Human Understanding* (1690) und DAVID HUMES *A Treatise of Human Nature* (1740) in der britischen Philosophie anti-essentialistisch konzipiert. Das bedeutet, dass man nicht von einem vorgegebenen ‚Wesen‘ der Persönlichkeit ausgeht, mit dem es ‚identisch‘ zu werden gilt. Vielmehr ist die Selbstfindung ein konstruktiver Prozeß, in dem das Individuum seine Identität selbst gestaltet.

Philosophie

Der Konstruktcharakter von Identitäten ist – innerhalb des wissenschaftlichen Diskurses – bis heute unbestritten. Allerdings sind sich die ‚Konstrukteure‘, seien es Individuen oder Kollektive, dessen meist nicht bewusst oder bedienen sich absichtlich der integrativen Funktion essentialistischer – sei es nationaler, ethnischer oder sozialer – Identitätskonstrukte. So lässt sich seit dem Ende des Kalten Krieges eine Renaissance ethnischer und nationaler Identitätskonzepte beobachten, z. B. in den Bürgerkriegen des ehemaligen Jugoslawien, aber auch in der Folge des ‚11. September‘ in den USA. In allen Fällen rekurrieren ideologische und politische Funktionalisierungen des Identitätsbegriffs (etwa durch den Oranierorden) auf eine angebliche Essenz des Eigenen (*die* protestantisch-englische Identität). Diese als unhintergehbar empfundene ‚Kernidentität‘ ist zentraler Bestandteil des eigenen kollektiven Selbstbilds.

Essentialistische Identitätskonstrukte

Dass kollektive Identitäten nicht vorgegeben sondern konstruiert sind, zeigt zum einen das Erfolgskonzept der *corporate identity* (Unternehmen lassen sich eine eigene ‚Identität‘ entwerfen bzw. ‚erfinden‘). Zum anderen verdeutlicht der Wandel der kulturellen Identität, dass es sich hierbei nicht um eine überzeitliche Konstante handelt: „*Fifty years ago, T.S. Eliot famously said that ‚culture‘ was something that included ‚all the characteristic activities and interests of a people‘. He thought that this meant for England: ‚Derby Day, Henley Regatta, Cowes, the twelfth of August, a cup final, the dog races, the pin table, the dart board, Wensleydale cheese, boiled cabbage cut into sections, beetroot in vinegar, nineteenth-century Gothic churches, and the music of Elgar.‘ Fifty years on, conceptions of British and English identity have changed enormously and, for example, few people would attribute any significance to the twelfth of August, the opening day of the grouse-shooting season.*“ (STORRY/CHILDS 2002: 3)

Kollektive Identität

Dieses anekdotische Zitat verdeutlicht, dass kollektive Identität nicht statisch ist. Eine Definition muss vielmehr den Prozeß der Identitätsbildung und -entwicklung in den Blick nehmen und seine Prinzipien formulieren. Daraus ergeben sich fünf charakteristische Merkmale kollektiver Identität: Sie ist erstens gedächtnisbezogen, d. h. im kulturellen bzw. kommunikativen Gedächt-

Merkmale

nis verankert, zweitens konstruktiv, d. h. ein nicht-essentielles Konstrukt, drittens dynamisch bzw. wandelbar (die historische Entwicklung kollektiver Identität kann auch zyklisch, anti-zyklisch oder sprunghaft verlaufen), viertens dialogisch, also immer in Auseinandersetzung mit einem Gegenüber konzipiert (Alterität), und fünftens ideologisch, d. h. auf bestimmten kollektiv geteilten Überzeugungen basierend: Mit verstärkten Bekundungen kollektiver Identität reagieren Nationen, Ethnien, Gewerkschaften und andere Kollektive auf Bedrohungen von außen. Die folgende Tabelle fasst die Merkmale kollektiver Identitäten zusammen.

gedächtnisbezogen	rekurriert auf Inhalte des kommunikativen und kulturellen Gedächtnisses
konstruktiv	keine essentielle Grundlage, sondern kollektive Konstruktion *(invention of tradition)*
wandelbar	unterliegt historischem Wandel (Historizität)
dialogisch	konstituiert sich in Auseinandersetzung mit und in Abgrenzung von dem ‚Nicht-Identischen‘, dem Anderen (Alterität)
ideologisch	bewusst (politische Funktionalsisierung) oder unbewusst an bestimmte weltanschauliche und ideologische Vorstellungen geknüpft

Abb. 8: Merkmale der kollektiven Identität

Beispiel 1: Nationale Identität

Die Prinzipien der Konstruktion kollektiver Identität lassen sich besonders gut am Beispiel der Herausbildung des Nationalgedankens veranschaulichen. Die Entstehung der Nation lässt sich aus historischer Perspektive als eine Abfolge institutioneller Entwicklungen darstellen (vgl. Kap. 5.2). Sie ist zugleich aber auch die Geschichte der Geburt und Durchsetzung einer identitätsstiftenden Idee: Wie wurde und wird ‚Nation‘ in Großbritannien *„gemacht, gedacht, vorgestellt und im Handeln der Menschen als Voraussetzung und Ergebnis zugleich immer wieder hergestellt"* (ENGEL 1998: 14)?

Ansätze

Diese Frage hat die anglistische Kulturwissenschaft in den vergangenen Jahren häufig beschäftigt. Unter dem Titel „The Discovery of Britain" widmet das *Journal for the Study of British Cultures* (4/1997) der Kartographierung, patriotischen Erkundung und touristischen Erschließung des Landes seit der Frühen Neuzeit ein eigenes Themenheft. Dass das Thema nationale Identität auch in den Ausgaben 5/1 (1998) und 9/1 (2002) aufgegriffen wird, zeugt von dem anhaltenden Diskussionsbedarf und der ungebrochenen Aktualität des Themas. Der Sammelband *Bilder der Nation* (BIELE-FELD/ENGEL 1998) beleuchtet neben der geographischen und karthographischen auch die geschlechtsspezifische und konfessionelle Konstruktion des nationalen Raums. Die Beiträge in GRABES (2001) schließlich untersuchen die Pamphletkultur im 16. und 17. Jahrhundert, die kulturwissenschaftliche Einblicke in die Entstehung des Mythos der englischen Nation und die konstitutive Bedeutung des Nationalen für das britische Selbstverständnis in der Frühen Neuzeit ermöglicht.

Was diese Forschungsbeiträge verbindet, ist die Konzentration auf den nationalen Konstruktionsprozess, der als *writing the nation* bzw. *narrating the nation* (BHABHA 1991) bezeichnet wird und unterschiedlichen (politischen, religiösen, sozialen und geschlechterorientierten) Einflüssen unterliegt. Seinen Ursprung hat der nationale Diskurs in der Frühen Neuzeit. Er manifestiert sich in der elisabethanischen Überzeugung von der göttlichen Auserwähltheit der ,*elect nation*' (GRABES 2001b) ebenso wie in dem Entwurf einer überwiegend territorial definierten Nation durch die Kartographie, durch die das Land selbst zum *„ideellen Identifikationsmoment nationaler Zugehörigkeit"* (KLEIN 1998: 41) avanciert.

writing the nation

Neben die Pamphlete und Karten des 16. und 17. Jahrunderts tritt seit dem 18. Jahrhundert die fiktionale Literatur (später gefolgt von Film und TV), die die nationale Rhetorik gleichsam in individuell nachempfindbare Erfahrung ,übersetzt' und so zu ihrer Popularisierung beiträgt (SCHLAEGER 1998). Zu den literarisch vermittelten Gründungsmythen des britischen Nationalstaats zählen neben DEFOES *Robinson Crusoe* (Kap. 5.3), der Lyrik ALEXANDER POPES und den historischen Romanen SIR WALTER SCOTTs auch die ,*reinvention*' des *Lake District* und dessen metonymische Gleichsetzung mit England im Zeitalter der Romantik (BODE 1997) sowie der englische Landschaftsgarten des 18. Jahrhunderts, eine nationalspezifische Entwicklung, die in Abgrenzung vom französischen Gartenbau einen eigenständigen Patriotismus und Liberalismus symbolisiert (LANGE 1992, EGBERT 2002).

Nation und Literatur

Der Diskurs der Nation bezieht sich nicht nur auf das politische System. Er ist vielmehr gekennzeichnet durch eine gegenseitige Durchdringung von politischer und kultureller Sphäre, von einer Verankerung der nationalen Identität im kulturellen Gedächtnis und der Prägung der kulturellen Identität durch Eigenschaftszuschreibungen, die den sog. Nationalcharakter (*Englishness*) ausmachen (EASTHOPE 1999, PAXMAN 1999). Der Begriff *Englishness* bezeichnet *„those distinctive aspects of national life that struck either outsiders or insiders or both as characteristic"* (LANGFORD 2000: 2). Er

Beispiel 2: *Englishness*

subsumiert nationale Eigenheiten wie Pragmatismus, Höflichkeit, die Fähigkeit, Haltung zu bewahren (die sog. *stiff upper lip*), sowie den Hang zum Exzentrischen. Aus der Außenperspektive wird ‚den' Briten zudem häufig ein besonderer Sinn für Gerechtigkeit (*fair play*) und Humor attestiert (vgl. GELFERT 1995, 1998). Bei Zuschreibungen dieser Art handelt es sich natürlich nicht um statische Eigenschaften, denn wie alle Identitätskonstruktionen ist auch der sog. Nationalcharakter erstens eine nicht auf alle Individuen zutreffende Verallgemeinerung und zweitens historisch wandelbar und dynamisch. Zudem ist in Bezug auf Großbritannien auch zwischen *Englishness* bzw. *Britishness*, *Scottishness* und *Welshness* zu differenzieren (vgl. SCHWEND 2000 und MCCRONE 2000).

England- und Deutschlandbild

Die Liste der ‚typisch britischen' Eigenschaften lässt sich natürlich erweitern und im Rahmen einer komparativen, imagologischen Landeskunde (vgl. HUSEMANN 2000) den als ‚typisch deutsch' erachteten Charakteristika kontrastiv gegenüberstellen: *John Bull*, *Britannia* sowie der archetypische *Gentleman* mit *Bowler Hat* und *umbrella* stehen den deutschen *Krauts* mit ihren Lederhosen und Bierkrügen gegenüber. Ziel der Imagologie ist die kritische Analyse der Funktionalisierung solcher nationenbezogener Eigenschaftszuschreibungen. Es geht weniger darum, in positivistischem Sammeleifer möglichst komplette Listen von Charakteristika anzulegen, sondern vielmehr darum, die Funktionalisierung und Wirkung medialer Repräsentationen nationaler Auto- und Heterostereotypen im Identitätsdiskurs zu untersuchen. Besonders in Krisenzeiten haben solche Darstellungen Hochkonjunktur und werden damit zu wichtigen mentalitätsgeschichtlichen Quellen.

Quellen

Die komparatistische Imagologie bzw. Bildfeldforschung kann bei der Untersuchung nationaler Auto- und Heterostereotypen auf eine Vielzahl von Quellen zurückgreifen. Dazu zählen erstens satirische Karikaturen und *Cartoons* (vgl. HERRMANN/HUSEMANN/MOYLE 1995), die besonders in der britischen *popular culture* seit der Einführung des Buchdrucks weite Verbreitung fanden (und auch beim sog. ‚Kampf um die Herzen' im britisch besetzten Irak als altbewährtes Mittel der Propaganda zum Einsatz kamen). Sie finden sich in Tageszeitungen oder Zeitschriften wie dem legendären Satiremagazin *Punch* und geben Einblicke in die kollektive Selbst- und Fremdwahrnehmung (vgl. SAMUEL 1989b). Ein zweiter Bereich ist die populäre Musik mit patriotischen Songs wie „Greensleeves" (ebd.), dem sog. *Britpop* (vgl. BENNETT 1998) oder ELTON JOHNS „Candle in the Wind" (1997), dem offiziellen Abschiedslied für LADY DI, das die Tote als ‚England's rose' und ‚our nation's golden child' zur nationalen Ikone erhob, wochenlang die *charts* anführte und vorübergehend zur inoffiziellen Nationalhymne avancierte (vgl. MERGENTHAL 1998). Eine dritte äußerst ergiebige Fundgrube ist die Literatur: Sowohl *popular fictions* wie Kriegsromane (vgl. ERLL 2003) als auch die sog. Höhenkammliteratur erweisen sich als eine schier unerschöpfliche Quelle für nationale Selbst- und Fremdbilder und damit für kollektive Identitäten.

Die Mentalitätengeschichte nutzt diese und weitere Quellen (Kino, Fernsehen, Werbung etc.) zur Erforschung der Entstehung, des Wandels und der Funktionalisierung kollektiver Vorstellungen von *Englishness*. Im Vordergrund stehen dabei die dynamischen Prozesse der Stereotypisierung, also die Historizität und Dialogizität nationaler Selbst- und Fremdbilder (vgl. A. NÜNNING 2002, GOMILLE/STIERSTORFER 2003). Wie A. NÜNNINGs (2002) Studie zum Zusammenhang zwischen patriotischer Fremdenfeindlichkeit (Xenophobie) und nationaler Rhetorik im 18. Jahrhundert zeigt, wird das ‚typisch Englische' im nationalen Diskurs systematisch instrumentalisiert: *Englishness* bzw. *Britishness* wird aus didaktischen und ästhetischen Gründen inszeniert, dient der Komplexitätsreduktion und patriotischen Propaganda, fungiert als kritisches Korrektiv für (vermeintliche) kulturelle Fehlentwicklungen, stärkt das nationale Zusammengehörigkeits- und Überlegenheitsgefühl (beides Voraussetzungen für den Erfolg des *British Empire*) und bündelt Ideen, Glaubensvorstellungen und Überzeugungen. Dabei gehen kollektive Identitätsentwürfe mit der Ausgrenzung des nationalen und kulturellen Anderen einher: Wechselseitige Eigenschaftszuschreibungen, *„cross-mirrorings of alterity"* (FLUDERNIK 1999), erweisen sich als strukturbildendes Prinzip bei der Konstitution nicht nur von individueller, sondern auch von kollektiver Identität. Patriotismus und Xenophobie stellen somit zwei Seiten derselben Medaille, sprich: der nationalen Identität, dar.

Xenophobischer Patriotismus

Die Produktivität dieses mentalitäts- und funktionsgeschichtlichen Ansatzes zur Erforschung von nationaler und kultureller Identität liegt in seiner Transferierbarkeit vom 18. Jahrhundert auf andere Epochen: Ähnliche Tendenzen zu einer patriotischen Xenophobie lassen sich in Großbritannien immer dann nachweisen, wenn sich die Nation von außen unter Druck gesetzt fühlt und die politische Führung an kollektive englische oder britische Werte appelliert: Ob im Falkland- oder im Irakkrieg, die nationale Rhetorik vereint die Mehrheit der Bevölkerung, wenngleich nur für kurze Zeit, in einem europaskeptischen, transatlantisch ausgerichteten, dabei aber immer an eigene imperiale und kulturelle Traditionen anknüpfenden Wir-Gefühl, das LENZ (2002) treffend als *„Britain's Insular Mentality"* bezeichnet.

Transferierbarkeit

Beispiel 3: Ethnische Identität	Neben der nationalen und kulturellen Identität gewinnen in den vergangenen Jahren auch Entwürfe ethnischer Identität zunehmend an Bedeutung (SOMMER 2001, REICHL 2002). Die Geschichte ethnischer Minoritäten beginnt nicht erst mit der Ankunft karibischer Einwanderer im Jahr 1956, sondern lässt sich mittlerweile bis in die St. Dionis Kirche in London zurückverfolgen: Dort wurde im Jahr 1616 im Beisein von Mitgliedern des *Privy Council* erstmals ein mit der *East India Company* nach England gekommener Inder getauft – auf den Namen Peter (VISRAM 2002: 1). In den folgenden Jahrhunderten kamen immer wieder Sklaven, Kaufleute oder Seeleute wie der Afrikaner Eloudah Equiano (Kap. 5.3) aus den Kolonien nach Großbritannien. Seit den großen Immigrationswellen ab dem Ende der 1950er Jahre gewinnen die ethnischen Minoritäten auch für die britische Nationalkultur zunehmend an Bedeutung.
Fictions of migration	Die ethnischen Minoritäten haben in den vergangenen Jahrzehnten die britische Kultur nachhaltig geprägt. Ihr Einfluss lässt sich nicht zuletzt an dem Erfolg interkultureller Literatur ablesen: Die zahlreichen Migrationsromane, Bildungsromane, Geschichtsromane und kosmopolitischen Hybridfiktionen, die seit der Veröffentlichung von Sam Selvons bahnbrechendem Migrationsroman *The Lonely Londoners* (1956) erschienen sind, verlassen zunehmend die für *Black and Asian Fiction* reservierten Regale der Buchläden und beeinflussen als Trendsetter den Literaturmarkt. Neben den Werken des Drehbuch- und Romanautors HANIF KUREISHI ist hier insbesondere ZADIE SMITHS Erstlingswerk *White Teeth* (2000) zu nennen, das in kürzester Zeit vom Geheimtipp zum internationalen Bestseller avanciert und mittlerweile erfolgreich verfilmt worden ist (Drehbuch: SIMON BURKE, Regie: JULIAN JARROLD). Die *Fictions of Migration* (SOMMER 2001) lassen sich je nach ihrer Haltung zur Interkulturalitätsdebatte als dominant multikulturell bzw. transkulturell charakterisieren: Während multikulturelle Migrationsfiktionen – die überwiegende Mehrheit der publizierten interkulturellen Werke – ethnische Identitäten zu bewahren suchten, stellt die transkulturelle, kosmopolitische Weltliteratur im Einklang mit dem postmodernen Hybriditätsdiskurs das Konzept der Identität an sich in Frage. Die zeitgenössische Literatur reflektiert damit das breite Spektrum politischer Haltungen innerhalb der Interkulturalitätsdebatte.
‚Black'	Am ethnischen Identitätsdiskurs lassen sich alle Merkmale kollektiver Selbstbilder (vgl. Abb. 8) beispielhaft aufzeigen: die Verankerung im kulturellen Gedächtnis bzw. die Suche nach den eigenen Wurzeln (*roots*); die Konstruiertheit und Dialogizität, die deutlich sichtbar werden, wenn rassistische Eigenschaftszuschreibungen, ethnische Selbstbilder und individualistische Stimmen,

die sich weder von der einen, noch von der anderen Seite repräsentiert sehen wollen, unvermittelt aufeinanderprallen; die historische Dynamik, die selbst in den vergangenen zwanzig Jahren unübersehbar ist: von der rassistischen Ausgrenzung (*No Coloureds!*') über die Forderung nach Anerkennung hin zur subversiven Bekräftigung von Differenz (*black is beautiful*') und weiter zur kosmopolitischen Auflösung regionaler oder ethnischer Identitäten, für die die postkoloniale Kritik den Begriff der kulturellen Hybridität geprägt hat (vgl. FLUDERNIK 1998).

Englishnesses

Während vielerorts von einer Pluralisierung des Englischen (*Englishnesses* bzw. *Britishness*) die Rede ist, beharren die Vertreter einer konservativen Auffassung von *Englishness* unbeirrt auf der kulturellen Assimilation der ethnischen Minoritäten. Als unmittelbare Reaktion auf Ausschreitungen wurde im Jahr 2001 der sog. *Cantle Report* vorgelegt, der Immigranten vor der Einbürgerung u. a. einen Treueeid auf die Queen abverlangen will (REICHL 2002: 10). Doch alle Versuche, eine einheitliche kulturelle Identität zu (re)konstruieren, sind in einer prinzipiell pluralistischen Gesellschaft wohl zum Scheitern verurteilt: *„Today it is widely accepted that Britain is in the process of re-defining itself along flexible terms that derive from modern and contemporary identity concepts, concepts of a pluralized self"* (KORTE/MÜLLER 1998: 16). Die von manchen Kritikern prognostizierte transkulturelle Auflösung kultureller Identitäten in einer kosmopolitischen Hybridkultur erscheint daher ebenso utopisch wie das Konstrukt eines unveränderlichen Nationalcharakters: Die Frage nach dem ‚typisch Englischen' und seiner Funktion im nationalen Diskurs wird der anglistischen Kulturwissenschaft auch weiterhin erhalten bleiben.

4 Weitere Themenbereiche

Neue Horizonte für Forschung und Lehre

Die in den letzten beiden Teilkapiteln angeführten Beispiele umreissen natürlich nur einen kleinen Teil der aktuellen kulturwissenschaftlichen Forschungsprojekte in der Anglistik. Wissenschaftliche Paradigmenwechsel eröffnen Forschenden, Lehrenden und Studierenden neue Horizonte. Das neue Teilgebiet der anglistischen Kulturwissenschaft, das sich seit Mitte der 1990er Jahre im Spannungsfeld zwischen Erinnerung und Identität formiert, ist hier keine Ausnahme: Die große Bandbreite der Themen, die alleine in den Ausgaben des zweimal im Jahr erscheinenden *Journal for the Study of British Cultures* verhandelt werden, belegt die rege Forschungsaktivität und die Vielfalt der Erkenntnisinteressen in diesem Bereich, angesichts derer der folgende Überblick zwangsläufig sehr selektiv ist: Anstatt die Vollständigkeit eines

Forschungsberichts anzustreben, geht es in erster Linie darum, Studierenden gezielt Anregungen für eigene Projekte in Diplom-, Magister- und Staatsarbeiten in neuen und damit noch nicht ‚abgegrasten' Bereichen von kulturanthropologischen bis hin zu kulturpolitischen Fragestellungen zu geben.

Gefühls-kultur

Die Kulturanthropologie beschäftigt sich sich in erster Linie mit Kulturen und Traditionen, Verwandschaftssystemen, Religionen und Mythologien sowie Ritualen und Machtstrukturen. Hinzu kommen – im Zuge der Abkehr von einem essentialistischen Kulturverständnis – auch geschlechtsspezifische Differenzierungen sowie mentale Prozesse (z. B. Emotionen und Erinnerungen) und ihre medialen Repräsentationen (vgl. BACHMANN-MEDICK 2003). Hier ergeben sich zahlreiche Anknüpfungspunkte für die anglistische Kulturwissenschaft. Aus anglistischer Perspektive erweist sich z. B. die viktorianische Gefühlskultur als ein besonders ergiebiges Untersuchungsfeld für kulturanthropologisch orientierte Studien (vgl. STEDMAN 2002).

Repräsenta-tion von Emotionen

Die vielfältigen Repräsentationsformen und Funktionen von Emotionen ermöglichen Einblicke in die mentale Dimension von Kultur. Ausgangspunkt der kulturwissenschaftlichen Gefühlsanalyse ist die These, dass die kulturelle Wirksamkeit emotionaler Situationen auf ihrer Transformation in überindividuelle, konventionalisierte Emotionsstrukturen (Geschichten, Rituale, Gesten etc.) beruht. Die Grundlagen einer Kulturgeschichte des inszenierten Gefühls finden sich in dem von SCHLAEGER/STEDMAN (1999) herausgegebenen Sammelband zur literarischen Repräsentation von Emotionen seit dem 17. Jahrhundert. Die Beiträge umfassen ein breites Spektrum von der Kultur der Empfindsamkeit im 18. Jahrhundert (GÖBEL 1999) bis zur ‚post-emotionalen' Kultur des ausgehenden 20. Jahrhunderts, die auch die Gefühle durch Prozesse der Intellektualisierung, Simulation, Rationalisierung und ‚McDonaldisierung' standardisiert und schematisiert (VESTER 1999).

History of laughter

Einer speziellen Emotion widmen sich die Beiträge in dem Band von PFISTER (2002) – sie skizzieren die Grundzüge einer Geschichte des Lachens: *„The history of laughter is the history of the – often conflicting – norms circumscribing, and giving a social shape to, the anthropological impulse of laughter in a particular society. And these norms change significantly from one period and one society to another."* (ebd.: v) Am Beispiel der historischen Rekonstruktion der sozialen Diskurse, Repräsentationen und Praktiken, die natürliche Impulse wie das Lachen zum Gegenstand haben, lässt sich zum einen zeigen, dass Humor kultur- und nationalspezifisch ist: Die Unterschiede zwischen den Archetypen des deutschen und britischem Humors, zwischen MAX und MORITZ oder RÜDIGER HOFFMANN auf der einen, und MONTY PYTHON oder MISTER BEAN auf der anderen Seite sind Ausdruck gewachsener Lachkulturen, die viel über die jeweilige Mentalität aussagen (vgl. GELFERT 1998). Zum anderen wird deutlich, dass die Geschichte von Emotionen immer auch eine Geschichte der Auffassungen von *political correctness* und Normalität (vgl. LINK 1996) ist. Denn Gefühle wie das Lachen loten beständig die Grenzen dessen aus, was in einer Gesellschaft als schicklich und zulässig gilt.

Die Kulturgeschichte der Emotionen weist also zahlreiche Berührungspunkte mit einem anderen zentralen Bereich der Kulturanthropologie auf: der Frage nach gesellschaftlichen Werten und Normen. Denn welche Emotionen noch als zulässig und welche, wie etwa die Ekstase in westlichen Kulturen, als übertrieben angesehen werden, ist immer eine Frage dominanter Vorstellungen von Normalität (vgl. SCHLAEGER 2000). Repräsentationen des Gefühls fungieren daher nicht zuletzt auch als *„strategies to set up efficient paradigm scenarios with which cultures channel and regulate their collective emotional needs"* (ebd.: 3). Die kulturspezifische Darstellung von Emotionen und ihre soziale Bewertung sind damit aus kulturwissenschaftlicher Sicht insofern ein paradigmatisches Studienobjekt, als sie wertvolle Indikatoren für das Normensystem einer Gesellschaft liefern.

Übertreibung

Ebenso aufschlussreich ist der diskursive Umgang mit anderen Abweichungen vom Normalen, mit Krankeiten und Krankheitsbildern. Ein Beispiel hierfür ist die kulturelle Konstruktion und Deutung der Hysterie in medizinischen, psychologischen und literarischen Diskursen der Moderne sowie ihrer Funktionalisierung als ‚hysterischer Protest' im Kontext der bürgerlichen Familie (vgl. BRONFEN 1998). Der Umgang mit dem Phänomen der Hysterie vermittelt einen Eindruck von den vielfältigen und historisch wandelbaren Zusammenhängen zwischen körperlichen Symptomen, Krankheitszuschreibungen und kulturellen Wertungen abweichenden Verhaltens.

Hysterie

Wie der Hysteriediskurs ist auch die diskursive Konstruktion der Familie als Kernstück des sozialen Systems bzw. ihrer Bedrohung durch anti-autoritären Ungehorsam (patriarchalische Familie) oder Zersplitterung (postmoderne *Patchwork*-Familie) ein lohnenswertes Untersuchungsfeld für Studien zu kulturellen Idealvorstellungen: *„Discursive constructions of the family tend to privilege its failure to conform to an implicit ideal of familial harmony."* (MAASSEN 2002: 159) Die viel beschworene Krise der Familie konkurriert mit dem ebenso weit verbreiteten idealisierenden Familienideal, so dass sich ein breites Spektrum denkbarer Funktionalisierungen ergibt. Dieses reicht von der ideologischen Funk-

Familie

tionalisierung der Familie als (bedrohtes) Ideal in den Erziehungsbüchern (*conduct books*) der Frühen Neuzeit (vgl. Maassen 2002) über die imperialistische Verwendung der Familienmetapher im Kolonialdiskurs (vgl. A. Nünning 2002) bis hin zur sozialen Funktionalisierung kollektiv geteilter Vorstellungen von Glück und Zufriedenheit im 19. Jahrhundert (vgl. Gohrisch 2002). Wie die Geschichte der Emotionen ist auch der Bereich der Familie von der anglistischen Kulturwissenschaft bislang nur am Rande untersucht worden und bietet zahlreiche Anschlussmöglichkeiten für weitere Studien.

Alltagskultur

Neben anthropologischen Fragestellungen beschäftigt sich die anglistische Kulturwissenschaft auch mit Aspekten der Alltagskultur, denen das *JSBC* kürzlich das Themenheft *Anything Shows: Victorian Material Culture* (VIII/2 2001) gewidmet hat. Im Gegensatz zu archäologischen Studien werden Alltagsgegenstände hier nicht um ihrer selbst willen, als authentische Objekte, untersucht. Vielmehr konzentriert sich die anglistische Kulturwissenschaft als Textwissenschaft auf die Darstellung und Funktionalisierung von Gegenständen, d. h. auf *„historically, culturally variable representations of singular or mass-produced objects, in private or public assemblages on mantelpieces or in exhibitions, in advertisements or in fantasy-literature"* (Tetzeli v. Rosador 2001: 118).

Tourismus

Dieser Fokus auf textuelle Repräsentationen charakterisiert auch anglistische Beiträge zu anderen Phänomenen der britischen Alltagskultur. So verweist bereits der Titel des von Hartmut Berghoff, Barbara Korte, Ralf Schneider und Christopher Harvie (2002) herausgegebenen Bandes *The Making of Modern Tourism: The Cultural History of the British Experience, 1600–2000* darauf, dass es hier weniger um die ökonomischen und sozialen Begleiterscheinungen des Tourismus geht als um die semiotische Analyse der Inszenierung Großbritanniens in der Werbung der Reisebranche sowie um die Geschichte der ,*invention of Britain*' im Sinne Pfisters (1997: 5): *„,discovering' Britain also means exploring Britain, mapping Britain, constructing Britain, making Britain – indeed, inventing Britain."*

Britain's scenery

Die kulturelle Vermarktung von Großbritannien als Reiseziel, die mit der romantischen Stilisierung des Lake District als Gegenpol zur fortschreitenden Urbanisierung im 19. Jahrhundert ihren ersten Höhepunkt erreicht (vgl. Bode 1997), hat der britische Roman- und Reiseautor Jonathan Raban (1986: 212) ironisch kommentiert: *„In Arabic, Britian is a Moslem country with a famously well-stocked souk. A poster designed for exhibition in Europe takes an altogether different line. Beneath an improbably cloudless sky, a dozen friendly Britons, young and old, are taking refreshment on the greensward outside a thatched and timbered pub. [...] Both posters make an*

important splash of what the Tourist Authority calls 'Britain's scenery.'
[...] The dramatis personae of Britain are types and humours – figures
like the genial Mine Host, the Old Salt, the Apple-Cheeked Old Lady At
The Village Shop, the Country Squire, and a complete fairy story set of
Princes, Queens, Princesses, Duchesses and Dukes."

Der Umgang mit dem kulturellen Erbe *(heritage)*, das sich für eine
ganze Branche, die sog. *,heritage industry'* (HEWISON 1987), als Ver-
kaufsschlager erweist, ist in den vergangenen Jahren von einem
Randbereich kulturwissenschaftlicher Pionierstudien (vgl. z. B.
SAMUEL 1994) zu einem zentralen Thema der Cultural Studies
avanciert (vgl. MORLEY/ROBINS 2001). Dessen kulturpolitische
Bedeutung lässt sich nicht zuletzt daran ablesen, dass nach dem
Wahlsieg der *Labour Party* im Jahr 1997 das Department of National Heritage in Department of Culture, Media and Sport umbe-
nannt wurde – eine Namensänderung, die programmatisch auch
eine inhaltliche Neuorientierung ankündigen sollte, *„from the*
cultural politics of conservation to the cultural politics of modernity"
(WORPOLE 2001: 235).

Heritage industry

Die von TONY BLAIR mit Schlagworten wie *,the new Britain', ,this Bri-*
tish success story' oder *,selling Britain'* initiierte Marketingkam-
pagne, die sich mit der Erbauung des Millenium Dome in London
ein umstrittenes Denkmal setzte, offenbart die tiefe Kluft zwischen
der politisch links angesiedelten akademischen Kulturkritik in der
Tradition der Cultural Studies auf der einen und der liberalen Kulturpolitik von *New Labour* auf der anderen Seite. Die Bilanz fällt
ernüchternd aus: *„The many new ways in which we are now required*
to think about identity, about lifestyles, about media impacts, about
ethnic and gender relations, and all the nuances of Gramscian and post-
modern cultural relations of power in modern post-industrial societies,
often informed by work in cultural studies, has produced very little in
the way of new public policy imperatives. The imbalance between the
rich, theoretical world of cultural theory and the impoverished world of
cultural policy has never been clearer." (WORPOLE 2001: 242)

Cultural Studies und Kulturpolitik

5 Ausblick: Anglistische Kulturwissenschaft im 21. Jahrhundert

Die Zeiten, in denen sich kulturwissenschaftliches Arbeiten in der
Anglistik lediglich darauf beschränkte, in literaturwissenschaftlichen Seminaren den sog. soziokulturellen Hintergrund summa-
risch zu erfassen und in die Interpretation eines Gedichts, eines
Dramas oder eines Romans einzubeziehen, sind längst vorüber.

Cultural turn in der Anglistik

Unter dem Einfluss der deutschen Diskussion um den Sinn und die Zukunft der Geisteswissenschaften sowie der Rezeption der britischen Cultural Studies und anglo-amerikanischer Ansätze der *Gender Studies* und *Postcolonial Studies* hat die Anglistik einen tiefgreifenden Wandel eingeleitet *(cultural turn)*. Obwohl ein Ende der gegenwärtigen Umbruchphase des Faches, das dabei ist, sich von einer traditionellen Fremdsprachenphilologie zu einer modernen Medienkulturwissenschaft zu entwickeln, derzeit noch nicht abzusehen ist, lassen sich vier wesentliche Merkmale der anglistischen Kulturwissenschaft bereits heute benennen: ihre Pluralisierung, Historisierung, Interdisziplinarität und Internationalisierung.

Plurali-sierung

Die Pluralisierung ihrer Erkenntnisinteressen, Fragestellungen und Forschungsansätze führt dazu, dass die anglistische Kulturwissenschaft keine homogene (Sub)Disziplin der Anglistik, sondern ein netzwerkartiger Verbund unterschiedlicher Forschungsansätze ist. Zu diesen zählen

1. eine konsequent kulturwissenschaftlich ausgerichtete, d. h. kontextorientierte und nicht auf einen bestimmten Kanon klassischer Werke festgelegte **Literaturwissenschaft**,
2. eine literatur- und kulturwissenschaftlich fundierte **Medienwissenschaft**, die der Entwicklung und Verbreitung neuer hybrider Formen im Bereich der literarischen und audiovisuellen Medien sowie dem Internet Rechnung trägt,
3. eine reformierte **Landeskunde**,
4. die British Cultural Studies als eigenständiges, klar profiliertes Teilgebiet,
5. die **Gender Studies** und **Postcolonial Studies**, die zunehmend ein ‚Eigenleben‘ jenseits der Literaturwissenschaft entwickeln, und
6. die neuen Formen von häufig wirtschafts- und politikzentrierten Regionalstudien bzw. *Area Studies* oder **Großbritannienstudien**, wie sie in den neuen Großbritannienzentren bzw. innovativen Diplom- oder B.A./M.A.-Studiengängen erprobt werden.

Zu hoffen ist, dass die integrative Funktion der Netzwerkmetapher nicht nur nach außen zur kulturwissenschaftlichen Profilbildung, sondern auch zur Überwindung alter inneranglistischer Differenzen zwischen Positionen der Literatur- und Sprachwissenschaft, Landeskunde und Cultural Studies beiträgt.

Histori-sierung

Das zweite wesentliche Merkmal der neuen Entwicklungen in der anglistischen Kulturwissenschaft ist die konsequente Einbeziehung der historischen Dimension. Wie die zeitgenössische Gedächtnisforschung beispielhaft zeigt, spielt die kulturelle Erinnerung eine zentrale Rolle bei der Entwicklung kollektiver Identitäten.

Will man das Verhältnis Großbritanniens zu seinen ehemaligen Kolonien, die *special relationship* zwischen Großbritannien und den USA oder den Nordirlandkonflikt kulturwissenschaftlich analysieren, kommt man an einer historischen Konzeption von Kulturen als Erinnerungskulturen nicht vorbei. Dass kulturgeschichtliche Aspekte und die Mechanismen der Erfindung und Konstruktion kollektiv geteilter Vergangenheiten auch und gerade für ein Verständnis aktueller kultureller und politischer Entwicklungen von großer Bedeutung sind, wird mittlerweile auch von den in der Tradition des *Centre for Contemporary Cultural Studies* eher gegenwartsorientierten Kulturstudien in Großbritannien erkannt (MORLEY/ROBINS 2001: 1f.). Die anglistische Kulturwissenschaft trägt dieser Notwendigkeit zu einer verstärkten Historisierung der Kulturanalyse bereits seit geraumer Zeit verstärkt Rechnung, wie sich in den neuesten Jahrgängen des *JSBC* (z. B. *Non-thematic Issue* 9/1 2002, Themenheft *Literature and Memory*) zeigt.

Mit der Historisierung der anglistischen Kulturwissenschaft und der damit verbundenen Kooperation zwischen Geschichtswissenschaft und Anglistik ist bereits ein dritter Aspekt angesprochen: die Interdisziplinarität. Kulturwissenschaftliche Problemfelder liegen häufig zwischen den Erkenntnisinteressen und Disziplinengrenzen der Geschichts-, Literatur- und Sozialwissenschaften. Die Zukunft der Kulturwissenschaften wird daher von neuen produktiven Grenzüberschreitungen und innovativen Formen der transdisziplinären Zusammenarbeit geprägt sein. Für Studierende bedeutet dies, dass die im Studium durch die Kombination mehrerer Fächer ohnehin fest verankerte Inter- und Transdisziplinarität künftig verstärkt die Chance bieten wird, die jeweils erworbenen unterschiedlichen disziplinären Kompetenzen in eigenen Forschungsprojekten (Diplom-, Magister- oder Staatsarbeiten) produktiv zu kombinieren.

Interdisziplinarität

Die Abkehr von früheren ideologischen (marxistischen) Positionen sowie die Hinwendung zu Formen und Wirkungen kultureller Traditionen (*invented traditions* und *national/cultural heritage*) kennzeichnen die aktuelle Entwicklung der britischen Cultural Studies, die als erfolgreiches ‚Exportmodell' maßgeblich zur derzeitigen Internationalisierung der Kulturwissenschaften beigetragen haben. Diese Internationalisierung ist auch in der Anglistik zu beobachten, die sich selbst verstärkt nach außen hin öffnet. Zu den Aktivitäten in diesem Bereich zählen neben der Rezeption und Institutionalisierung internationaler Ansätze wie der Cultural Studies und *Postcolonial Studies* vor allem die verstärkte Publikation anglistischer Forschungsbeiträge in englischer Sprache, die Einrichtung internationaler Studiengänge sowie die Vernetzung mit

Internationalisierung

britischen Institutionen wie dem *British Council*. Besonders deutlich wird die Tendenz zur Internationalisierung im Bereich der Theoriebildung (vgl. Nünning/Nünning 2003): Die Rezeption französischer Ansätze der Kulturtheorie in Großbritannien und den USA und die anglistische Auseinandersetzung mit der amerikanischen Ethnographie und Kulturanthropologie im Zuge der *writing-culture*-Debatte sind nur einige Beispiele für die regen transnationalen Austauschaktivitäten zwischen den unterschiedlichen Wissens- und Fächerkulturen.

**Globali-
sierung**

Die Zukunft der kulturwissenschaftlichen Anglistik wird aber über diese Ansätze zu einer Internationalisierung hinaus in viel stärkerem Maße als bisher von einer transnationalen Konzeption der Gegenstandsbereiche und Wissenschaftskulturen geprägt sein. Das bisher vorherrschende Selbstverständnis der Anglistik als einer Fremdsprachen- bzw. Fremdkulturwissenschaft, die sich aus der deutschen (Außen)Perspektive mit der Zielsprache bzw. -kultur beschäftigt, geht nach wie vor von einem raum- und ortsgebundenen, nationenorientierten und auf traditionellen Zeitkonzeptionen basierenden Kulturverständnis aus. Die Kultur des 21. Jahrhunderts wird dagegen, darf man den Zukunftsforschern Glauben schenken, von *„transnationalen ‚ethnoscapes'"* (Bachmann-Medick 2003: 99), d. h. von länder- und kulturenübergreifenden Netzwerken zwischen ethnischen und religiösen Gruppen, von postnationalen Regionalisierungstendenzen sowie der Virtualität und Aktualität des Internets geprägt sein. Die fortschreitende Globalisierung führt zu immer neuen Formen der interkulturellen Vernetzung von Staaten, aber auch von nicht-staatlichen Gruppen und Organisationen, von den Globalisierungsgegnern auf der einen bis zu den kosmopolitischen Wirtschaftskulturen der *global enterprises* auf der anderen Seite. Diese Entwicklungen erfordern auf lange Sicht nicht nur neue Konzeptionen von Kultur, sondern auch von Kulturwissenschaft. Die Anglistik ist durch ihre gegenwärtige kulturwissenschaftliche Neuorientierung auf diese Herausforderungen bestens vorbereitet.

Anhang

1 Kulturwissenschaftliche Studiengänge in der Anglistik

Nach den kontroversen Debatten der vergangenen Jahre um die kulturwissenschaftliche Neuorientierung der Anglistik beginnt sich mittlerweile das Profil der anglistischen Kulturwissenschaft deutlich abzuzeichnen. Allerdings unterscheiden sich die vielerorts neu eingeführten oder entsprechend neu bestimmten Professuren, Studiengänge und Zentren bei genauerem Hinsehen doch erheblich voneinander, so dass KRAMERS Anregung, *„eine ‚Karte' zu erstellen, auf der verzeichnet ist, wo die kulturwissenschaftliche Dimension unseres Faches von wem mit welchen Ansätzen in Lehre und Forschung vertreten wird"* (in KORTE/MÜLLER 1995: 122), an Aktualität nichts eingebüßt hat.

‚Karte'

Als eine solche ‚Karte' durch das unübersichtliche Terrain der Cultural Studies fungiert mittlerweile das *German Web Portal to British Studies* des *British Council*. Diese außerordentlich nützliche Informationsbörse, die fortlaufend aktualisiert wird, bietet u.a. eine Übersicht über einschlägige Magisterarbeiten, Promotions- und Habilitationsprojekte, Buchveröffentlichungen und Studiengänge. Darüber hinaus informiert das *Web Portal* über kulturwissenschaftliche Institutionen sowie das Studienangebot im Bereich der anglistischen Kulturwissenschaft.

Internet-Portal des British Council

Eine inzwischen recht große und weiter wachsende Zahl von neuen Studiengängen zeugt von der zunehmenden Institutionalisierung der Kulturwissenschaft innerhalb der Anglistik. Studierende haben die Qual der Wahl: Neben der stetig wachsenden Zahl der anglistischen Institute mit kulturwissenschaftlichen Seminaren gibt es mittlerweile auch auch speziell konzipierte, international kompatible Studiengänge nach dem B.A./M.A.-Modell. Der folgende Überblick kann – schon aufgrund der gegenwärtigen Umbruchsituation des Faches – keinen Anspruch auf Vollständigkeit erheben. Er soll vielmehr interessierten Studierenden einen ersten Einblick in entsprechende Studienangebote und Anregungen für die eigene Recherche geben. Aktuelle Informationen finden sich unter den jeweils mit angegebenen Internetadressen.

Studien-angebot

Am Institut Anglistik/Amerikanistik (Abschlüsse: MA, Staatsexamen) der Otto-Friedrich Universität Bamberg gibt es einen eigenen Lehrstuhl für Britische Kultur. Das Teilgebiet ‚Britische Kultur' ist neben den Englischen und Amerikanischen Sprach- und Lite-

Bamberg

raturwissenschaften, der Britischen Landeswissenschaft, der Didaktik und der Sprachpraxis einer von fünf gleichberechtigten Bereichen des Studiums. Zusätzlich wurde im Jahr 2000 in Bamberg mit dem Centre for British Studies eine neue Lehr- und Forschungseinrichtung eröffnet. Ein im Aufbau befindlicher Studiengang (Abschluß: MA, angegliedertes Promotionsprogramm) wird künftig ein interdisziplinäres Studienprogramm mit speziellem Großbritannienbezug anbieten.

> *Weitere Informationen:* www.uni-bamberg.de/split/britkult; Centre for British Studies, Kapuzinerstr. 25, 96045 Bamberg, www.uni-bamberg.de/split/cbs

Großbritannienzentrum

An der Humboldt Universität Berlin ist mit dem Großbritannienzentrum (Centre for British Studies) seit dem Jahr 1995 eine innovative Lehr- und Forschungseinrichtung angesiedelt, die im Rahmen eines auf 18 Monate angelegten postgradualen Aufbaustudiengangs die Möglichkeit bietet, einen „Master in British Studies" zu erwerben. Der Aufbaustudiengang „British Studies", der jährlich zum Wintersemester angeboten wird, besteht aus einer zwölfmonatigen Zertifikatphase (Lehrveranstaltungen) und einer sechsmonatigen Masterphase (dreimonatiges Praktikum in Großbritannien und schriftliche Abschlußarbeit).

> *Weitere Informationen:* Großbritannienzentrum, Jägerstr. 10–11, 10117 Berlin, www2.rz.hu-berlin.de/gbz, email: gbz@gbz.hu-berlin.de

Bochum

Die Ruhr-Universität Bochum bietet ein zweistufiges Studium nach dem B.A./M.A.-Modell an, das nach 6 Semestern mit einem ersten berufsqualifizierenden Abschluss (B.A.) in den Geistes- und Sozialwissenschaften abgeschlossen werden kann. Nach weiteren vier Semestern können zudem der „Master of Arts" sowie der „Master of Education" für das Lehramt an Gymnasien, Gesamtschulen und Berufskollegs erworben werden. Die zwei Hauptfächer in diesem Studienmodell werden durch drei Ergänzungsfächer erweitert, die der Vermittlung weiterer berufsqualifizierender Schlüsselqualifikationen dienen, z. B. Fremdsprachen, Informationstechnologie, Präsentation, Praktika.

> *Weitere Informationen*: www.ruhr-uni-bochum.de/studienbuero/bachelor.htm

Chemnitz

Das Studium der „British and American Studies" an der TU Chemnitz schließt neben den Teilbereichen Literaturwissenschaft und Linguistik auch „British and American Social and Cultural Studies" ein (Abschluß: MA). Angeboten werden u. a. Überblicksvorlesungen zur Einführung in die Großbritannienstudien und verschiedene Veranstaltungen zum Studienschwerpunkt Kultur- und Länderstudien, darunter auch experimentelle Unterrichtsformen (Seminarwerkstatt).

> *Weitere Informationen:*
> www.tu-chemnitz.de/phil/english/chairs/cultstud/

Dortmund

Das Institut für Anglistik und Amerikanistik der Universität Dortmund bietet neben der Sprach- und Literaturwissenschaft sowie der Fachdidaktik einen eigenständigen Teilbereich Anglistische Kulturwissenschaft. Eine Besonderheit ist der neue B.A./M.A.-Studiengang „Angewandte Literatur- und Kulturwissenschaft" (Beginn im WS), der in sieben Semestern (inkl. Auslandssemester und Praktikum) zum ersten berufsbefähigenden Abschluß (Bachelor) hinführt und auf sprachintensive oder kulturspezifische Berufe vorbereitet. Der bilinguale Studiengang kombiniert germanistische und anglistische bzw. amerikanistische Kerneinheiten mit komplementären Studieneinheiten aus anderen Fächern (u. a. Ingenieurwissenschaften, Journalistik und Betriebswirtschaft).

> *Weitere Informationen:* www.bama.fb15.uni-dortmund.de

Dresden

Am Institut für Anglistik und Amerikanistik (Abschlüsse: MA oder Staatsexamen) der TU Dresden gibt es neben den Studienbereichen Literatur, Linguistik, Didaktik und Sprachpraxis im Rahmen des Anglistikstudiums (Abschlüsse: Staatsexamen, M.A.) auch einen Teilbereich ‚Großbritannienstudien' mit eigener Professur. Der Lehr- und Forschungsbereich umfasst neben den Kulturen der britischen Inseln auch die der postkolonialen englischsprachigen Länder.

> *Weitere Informationen:* www.tu-dresden.de/suliaa/angl0.htm

Duisburg-Essen

Mit einem Bachelor bzw. Master of Arts schließt der neue Studiengang Kulturwirt der Universität Duisburg-Essen ab. Ein Studium der Kultur- und Sprachwissenschaft Englisch (Großbritannien inkl. ehem. Commonwealth, Nordamerika) wird hier mit Philosophie und/oder Wirtschaftswissenschaft verknüpft. Ziel ist es, den Studierenden neben Fremdsprachenkenntnissen die wirtschaftlichen, sozialen, technischen und kulturellen Verhältnisse des anglophonen Kulturraums zu vermitteln. Bereits im Rahmen des Bachelorstudiums müssen berufspraktische Studien absolviert werden. Der Aufbaustudiengang zum Masterabschluss erfordert zudem ein Auslandssemester.

Frankfurt a. Main

Innerhalb des Instituts für Anglistik und Amerikanistik der Johann-Wolfgang-Goethe Universität in Frankfurt am Main (Abschlüsse: Staatsexamen, MA) gibt es zwei kulturwissenschaftliche Schwerpunkte. Dies sind zum einen die „Englische Kultur-, Ideen und Sozialgeschichte einschließlich Irlandstudien" und zum anderen „Die neuen englischsprachigen Literaturen und Kulturen".

Weitere Informationen:
www.uni-frankfurt.de/fb10/ieas/abt/nelk/nelk.html

Frankfurt/ Oder

Die Europa-Universität Viadrina in Frankfurt an der Oder beschreitet einen eigenständigen Weg in der Institutionalisierung der Kulturwissenschaften. Statt der Einbettung eines neuen Teilbereichs oder Schwerpunkts in bestehende anglistisch-amerikanistische Institute wird – ähnlich wie an der Universität Lüneburg – ein interdisziplinärer Studiengang „Kulturwissenschaften" angeboten. Dieser beinhaltet ein obligatorisches Auslandssemester und wird mit einem B.A. bzw. M.A. abgeschlossen.

Weitere Informationen: www.euv-frankfurt-o.de

Gießen

Die Justus-Liebig-Universität Gießen, an der es eine Professur für anglistische und amerikanistische Literatur- und Kulturwissenschaft gibt, bietet eine kulturwissenschaftliche Ausrichtung nicht als separaten Teilbereich, sondern als integralen Bestandteil des Anglistikstudiums. Neben Magister und Staatsexamen kann hier in einem speziellen Diplomstudiengang Neuere Fremdsprachen, der Englisch und eine weitere Fremdsprache mit einem zusätzlichen Fach (z. B. BWL) verbindet, auch ein Diplomabschluss erworben werden. Das besondere kulturwissenschaftliche Profil der JLU ergibt sich aus der engen Verzahnung des grundständigen Studiums mit der Doktorandenausbildung, die im Rahmen des interdisziplinären Gießener Graduiertenzentrum Kulturwissenschaften (GGK) fachbereichsübergreifend institutionalisiert ist.

Weitere Informationen: www.uni-giessen.de/studium/studienangebot/diplom, www.uni-giessen.de/graduiertenzentrum

Die „British Cultural Studies" sind am Institut für Anglistik und Amerikanistik der Universität Leipzig durch eine Professur für „Kulturstudien Großbritanniens" vertreten (Abschlüsse: Staatsexamen, MA). Die Kulturstudien sind neben der Literaturwissenschaft, Linguistik und Fachdidaktik die vierte ‚Säule' der Anglistik. Die kulturwissenschaftlichen Lehrveranstaltungen wiederholen sich in einem Zyklus, der acht Semester umfasst (Einstieg jederzeit möglich).

Leipzig

> *Weitere Informationen:* www.uni-leipzig.de/~angl/cult/

Die Universität Passau hat mit einem B.A.-Studiengang „European Studies" und dem interdisziplinären Studiengang „Sprachen, Wirtschafts- und Kulturraumstudien" (Abschluß: Diplomkulturwirt/in) als eine der ersten deutschen Universitäten ein eigenständiges kulturwissenschaftliches Profil entwickelt. Auch innerhalb der Anglistik gibt es einen kulturwissenschaftlichen Forschungsschwerpunkt „British cultural studies", der mit einer eigenen Professur vertreten ist.

Passau

> *Weitere Informationen:*
> www.kuwi.de/, www.phil.uni-passau.de/anglistik/

An das Seminar für Englische Philologie ist das Tübinger Großbritannienzentrum (Tübingen Centre for Interdisciplinary British Studies, TCIBS) angeschlossen, das die Universität Tübingen in Kooperation mit dem British Council im Jahr 1999 gegründet hat. In den ersten drei Jahren seines Bestehens hat das TCIBS ein breites Spektrum von Veranstaltungen (Symposien, interdisziplinäre Hauptseminare, Gastvorträge, Exkursionen) angeboten. Bisherige Schwerpunktthemen waren ‚The Making of Modern Tourism', ‚War and Britishness', ‚Britain and its Cultural and Political Institutions' sowie ‚Victorian Morals'.

Tübingen

> *Weitere Informationen:* Tübingen Centre for Interdisciplinary British Studies, Seminar für Englische Philologie, Universität Tübingen, Wilhelmstr. 50, 72074 Tübingen, http://homepages.uni-tuebingen.de/tcibs/

Innerhalb des Instituts für Anglistik/Amerikanistik der Julius-Maximilians-Universität Würzburg gibt es neben den Lehrstühlen für „Amerikanistik" und für „Englische Sprachwissenschaft" auch einen Lehrstuhl für „Englische Kultur- und Literaturwissenschaft" sowie einen Lehrstuhl für „Kulturwissenschaft der englischsprachigen Länder und Didaktik der englischen Sprache und Literatur".

Würzburg

Neue Länder

Da hier aus Platzgründen nicht alle kulturwissenschaftlichen Studiengänge aufgeführt werden können, sei abschließend auf einige Überblicksdarstellungen verwiesen. Besondere Beachtung verdient die Institutionalisierung der British/Cultural Studies in den neuen Bundesländern. Hier wurde die Situation nach der Wende genutzt, um eine konsequente Hinwendung zur Kulturwissenschaft in den Studien- und Prüfungsordnungen zu verankern (vgl. Gohrisch/Kastendiek 1999). Zur Verankerung der Cultural Studies haben Gremien wie der Arbeitskreis „British Cultural Studies in den Neuen Bundesländern" (s.u.) wesentlich beigetragen. Hierbei handelt es sich um eine Kooperation der Universitäten Berlin (Humboldt-Universität), Chemnitz, Dresden, Greifswald, Halle, Ilmenau, Jena, Magdeburg, Potsdam und Rostock.

Weitere Studienangebote

Innovative Studienangebote, z.T. mit explizit kulturwissenschaftlicher Orientierung, bzw. eine stärkere kulturwissenschaftliche Profilbildung in Forschung und Lehre gibt es darüber hinaus auch an den anglistischen Instituten bzw. Seminaren der Heinrich Heine Universität Düsseldorf (Bachelor Integrationsstudiengang „Kulturwissenschaft und Medien"), der Universitäten Braunschweig und Mannheim sowie der Friedrich-Alexander-Universität Erlangen-Nürnberg, der Ruprecht-Karls-Universität Heidelberg und der Johannes-Gutenberg-Universität Mainz.

Tipps

Da sich das Angebot an entsprechenden Studiengängen laufend erhöht, die Informationen im Internet nicht immer auf dem neuesten Stand sind und sich die Studienangebote teilweise erheblich unterscheiden, ist Studierenden eine gründliche Recherche zu empfehlen: Wenn Sie sich für das Studium der anglistischen Kulturwissenschaft bzw. Cultural Studies interessieren oder Ihr bereits begonnenes Studium an einer anderen Universität mit stärkerer kulturwissenschaftlicher Ausrichtung fortsetzen wollen, informieren Sie sich nach der Lektüre der Studien- und Prüfungsordnungen sowie der Vorlesungsverzeichnisse der letzten Semester am besten in einem persönlichen Gespräch umfassend über die Schwerpunkte der jeweiligen LehrstuhlinhaberInnen und darüber, welche Form des kulturwissenschaftlichen Studiums Sie Ihrem Berufsziel näher bringt.

Auslandsstudium

In der Regel sind ein oder mehrere Auslandssemester integraler Bestandteil des Anglistikstudiums. Detaillierte Informationen über akademische Abschlüsse, Zulassungsvoraussetzungen und Studiengebühren für deutsche Studierende bietet Ihnen der (auch sonst äußerst empfehlenswerte) Anhang in dem von ENGELMANN (1999) herausgegebenen Cultural-Studies-Reader. Informationen erhalten Sie auch beim British Council (www.britishcouncil.de) sowie bei den Auslandsämtern der Universitäten. Darüber hinaus unterhalten viele Institute Partnerschaften mit Hochschulen in Großbritannien und den USA. Um Ihnen den Einstieg in die eigene Recherche zu erleichtern, werden im folgenden einige britische Universitäten mit Schwerpunkten im Bereich der Cultural Studies kurz vorgestellt.

Der interdisziplinäre B.A.-Studiengang „English and Cultural Studies" an der Universität Birmingham, der die kulturwissenschaftliche Tradition des CCCS (vgl. Kap. 2) fortführt, legt den Fokus auf die kulturellen Entwicklungen in sowie Beziehungen zwischen Sprache und Literatur, Medien und Gesellschaft von 1800 bis in die Gegenwart. Neben wissenschaftlichen Theorien und Methoden werden praxisnahe Fragestellungen wie das „Phänomen der Massenmedien", „Literatur und Film im Kontext" sowie „Kultur, Literatur und Gesellschaft" behandelt. Das Studium schließt mit einer schriftlichen Arbeit ab, in der die Studierenden Aspekte von Sprache, Literatur, Kultur und Medien integrieren sollen.

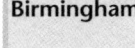
Birmingham

Weitere Informationen: www.culturalstudies.bham.ac.uk/

Die Cardiff School of Journalism, Media and Cultural Studies (JOMEC) unterrichtet schwerpunktmäßig Journalismus und Medien, insbesondere Film, Fernsehen, Öffentlichkeits- und Medienarbeit sowie Neue Medien, Medientechnologien und -entwicklungen.

Cardiff

Weitere Informationen: www.cf.ac.uk/jomec

Das Trinity and All Saints College in Leeds war eine der ersten Hochschulen in Großbritannien, die einen Studiengang Cultural Studies ins Programm aufnahm. Heute wird ein grundständiges Studium „Communication and Cultural Studies" angeboten. Dieses bildet die Grundlage dür einen postgradualen Master-Abschluss in „Cultural Analysis". Der interdisziplinäre Masterstudiengang zielt darauf ab, die Studierenden zur kritischen Kulturanalyse zu befähigen. Neben Theorien und Methoden werden vertiefte Kenntnisse in Themengebieten wie *„visual culture"*, *„identity"* oder *„globalisation"* vermittelt. Das Aufbaustudium schließt mit einer schriftlichen wissenschaftlichen Arbeit ab.

Leeds

Weitere Informationen:
www.tasc.ac.uk/depart/MEDIA/CCS/ccs-intro.htm

2 Kulturwissenschaftliche Institutionen

AK „British Cultural Studies in den Neuen Bundesländern"

Seit 1997 finden zweimal jährlich Treffen des Arbeitskreises „British Cultural Studies in den Neuen Bundesländern" statt, der sich mit Prüfungsordnungen, neuen Studiengängen und Curricula im Bereich der Cultural Studies beschäftigt. Teilnehmerkreis: HochschullehrerInnen und -dozentInnen, Promovierende und LektorInnen der Universitäten Berlin (Humboldt), Chemnitz, Dresden, Jena, Leipzig, Magdeburg, Potsdam und Rostock.

Weitere Informationen: www.britishstudies.de/britgate7.htm

AK Deutsche Englandforschung

Der relativ festgefügte Arbeitskreis von über 150 aktiven Mitgliedern hält regelmäßig Jahrestagungen ab und gibt eine eigene Schriftenreihe heraus. Im Mittelpunkt der Jahrestagungen steht eine wissenschaftliche Konferenz zu wechselnden Themen aus dem Bereich der deutsch-britischen Beziehungen sowie der Geschichte bzw. Politik Großbritanniens und des *Commonwealth*. Schwerpunkte sind historische und politologische Fragestellungen, die auch für die kulturwissenschaftliche Landeskunde zahlreiche Anknüpfungspunkte bieten. Die Mitgliedschaft im Arbeitskreis Deutsche England-Forschung kann durch formlosen Antrag beim Vorsitzenden beantragt werden und steht auch Studierenden offen.

Weitere Informationen: www.rz.uni-frankfurt.de/~jansen/

British Council

Der British Council bietet eine Vielzahl von Informationen sowie Zugang zu weiterführenden Informationsquellen zu Kultur, Bildung und Gesellschaft in Großbritannien an. In Deutschland unterhält der British Council ein vielseitiges InfoCentre in Berlin sowie InfoPoints in Düsseldorf, Leipzig und München. Für Fragen zu Studium und Ausbildung in Großbritannien steht außerdem eine gebührenpflichtige InfoLine zur Verfügung. Unbedingt empfehlenswert ist der Besuch der äußerst informationsreichen, regelmäßig aktualisierten Homepage mit dem *German Web Portal to British Studies*.

Weitere Informationen: www.britishcouncil.de, www.britishstudies.de

Die Deutsche Gesellschaft für das Studium Britischer Kulturen fördert die wissenschaftliche Beschäftigung mit den Kulturen Großbritanniens und mit anderen englischsprachigen Kulturen. Vor allem geht es ihr darum, die Inhalte und Perspektiven der deutschen Anglistik und des Schulfaches Englisch um eine kulturwissenschaftliche Dimension zu erweitern bzw. diese Dimension konzeptionell zu vertiefen, thematisch zu differenzieren und institutionell zu stärken. Neben der Veranstaltung wissenschaftlicher Tagungen, der Herausgabe und Förderung wissenschaftlicher und didaktischer Veröffentlichungen und dem Austausch von Forschungsergebnissen zählt die Förderung des wissenschaftlichen Nachwuchses zu den satzungsgemäßen Zielen der Gesellschaft, die neuen Mitgliedern offen steht.

Deutsche Gesellschaft für das Studium Britischer Kulturen

Weitere Informationen: www.britcult.de

3 Kulturwissenschaftliche Zeitschriften

Cultural Studies Journal: Die von Lawrence Grossberg und Della Pollock herausgegebene internationale Zeitschrift erscheint sechsmal im Jahr und ist auch als online-Ausgabe verfügbar. (www.tandf.co.uk/journals/routledge/09502386.html)

Erfurt Electronic Studies in English (EESE): Online-Zeitschrift, herausgegeben von der Niedersächsischen Staats- und Universitätsbibliothek Göttingen (http://webdoc.gwdg.de/edoc/ia/eese/eese.html)

Hard Times. Deutsch-englische Zeitschrift: Die von Jürgen Enkemann herausgegebene Zeitschrift erscheint seit 1978 drei- bis viermal im Jahr in Berlin. Viele Artikel sind auch online verfügbar. (www.erzwiss.uni-hamburg.de/sonstiges/hardtimes/hth.htm)

Journal for the Study of British Cultures (JSBC): Das seit 1994 erscheinende Journal ist das bedeutendste anglistische Forum für Cultural Studies in Deutschland. Es erscheint zweimal im Jahr. Die *Editorials* und Inhaltsangaben aller Ausgaben sind online verfügbar. (www.englisch.fb15.uni-dortmund.de/research/pub/jsbc/index.htm)

Journal of Material Culture: Die von Viktor Buchli und Nicholas Thomas herausgegebene interdisziplinäre Zeitschrift erscheint dreimal im Jahr. Voraussetzung für den Zugang zur online-Ausgabe ist eine Subskription der *Print*-Version. (www.sagepub.co.uk/journals/details/j0101.html)

KulturPoetik – Zeitschrift für kulturgeschichtliche Literaturwissenschaft: Die seit dem Jahr 2001 erscheinende Zeitschrift wird zweimal jährlich von Bernard Dieterle, Manfred Engel, Dieter Lamping und Monika Ritzer herausgegeben. Die Zeitschrift, deren erste Bände als (äußerst empfehlenswerte) Themenhefte konzipiert sind, versteht sich als Forum für alle Bereiche kulturgeschichtlicher Literaturwissenschaft. *Abstracts* aller Beiträge und ausgewählte Volltexte sind online verfügbar. (www.kulturpoetik.de)

Postmodern Culture: Die von Lisa Brawley und James F. English herausgegebene online-Zeitschrift fungiert seit 1990 als innovative Plattform für interdisziplinäre Cultural Studies. Alle Artikel (inkl. back issues) sind kostenlos online verfügbar. (http://jefferson.village.virginia.edu/pmc/contents.all.html)

Public Culture: Die interdisziplinäre Zeitschrift mit Fokus auf Cultural Studies erscheint dreimal im Jahr. Die online-Ausgabe ist kostenpflichtig. (www.uchicago.edu/research/jnl-pub-cult/)

Stencilled Papers from the Centre for Contemporary Cultural Studies Hierbei handelt es sich um die vom CCCS (vgl. Kap. 2) in den 1970er und 1980er Jahren herausgegebenen Themenhefte, die nach wie vor als Print-Ausgaben verfügbar sind. (http://www.bham.ac.uk/socsci/cultural_studies/publications.htm)

Theory, Culture & Society (TCS): Diese seit 1982 von Mike Featherstone herausgegebene Zeitschrift veröffentlicht Interviews mit Leitfiguren der internationalen Cultural Studies sowie kulturwissenschaftliche Beiträge mit zumeist sozialwissenschaftlichem Schwerpunkt. Eine online-Ausgabe ist nicht verfügbar. (http://tcs.ntu.ac.uk/tcs/)

Literatur

1. Kultur und Kulturwissenschaften

BACHMANN-MEDICK, Doris: „Kulturanthropologie." In: NÜNNING/NÜNNING 2003. S. 86–107.

BÖHME, Hartmut: „Vom Cultus zur Kultur(wissenschaft). Zur historischen Semantik des Kulturbegriffs." In: GLASER/LUSERKE 1996. S. 48–68.

BÖHME, Hartmut, Peter MATUSSEK & Lothar MÜLLER: Orientierung Kulturwissenschaft. Was sie kann, was sie will. Reinbek bei Hamburg: Rowohlt 2000.

BROCKER, Manfred & Heino NAU (Hgg.): Ethnozentrismus. Möglichkeiten und Grenzen des interkulturellen Dialogs. Darmstadt: Primus 1997.

BROICH, Ulrich: „Gegenstands- und Zielbestimmungen der anglistischen Literaturwissenschaft im Lichte fachinterner Entwicklungen." In: KORTE/MÜLLER 1995. S. 75–109.

DANIEL, Ute: Kompendium Kulturgeschichte. Theorien, Praxis, Schlüsselwörter. FfM.: Suhrkamp 2002.

EAGLETON, Terry: The Idea of Culture. Oxford: Blackwell 2000.

EASTHOPE, Anthony: Literary into Cultural Studies. Ldn. & New York: Routledge 1991.

ERLL, Astrid: „Kollektives Gedächtnis und Erinnerungskulturen." In: NÜNNING/NÜNNING 2003 (2003a). S. 156–185.

FINKE, Peter: „Kulturökologie." In: NÜNNING/NÜNNING 2003. S. 248–279.

GLASER, Renate & Matthias LUSERKE (Hgg.): Literaturwissenschaft – Kulturwissenschaft. Positionen, Themen, Perspektiven. Opladen: Westdeutscher Verlag 1996.

GRABES, Herbert: „Literaturwissenschaft – Kulturwissenschaft – Anglistik." In: Anglia 114.3 (1996a), S. 376–395.

GRABES, Herbert: „Textwissenschaftlich fundierte Kulturwissenschaft/Landeskunde." In: Anglistik 7.1 (1996b), S. 35–40.

GRABES, Herbert: „Zur Reform des Traditionellen und zu den Schwierigkeiten der Alternativen." In: Anglistik 9.1 (1998), S. 42–47.

HANSEN, Klaus P.: Kultur und Kulturwissenschaft. Eine Einführung. 2., überarb. und erw. Aufl., Tüb.: Francke 2000 [1995].

HUNTINGTON, Samuel: The Clash of Civilizations and the Remaking of World Order. New York: Free 2002 [1996].

KITTLER, Friedrich: Eine Kulturgeschichte der Kulturwissenschaft. Mchn.: Fink 2000.

KORTE, Barbara: „Kulturwissenschaft in der Literaturwissenschaft. Am Beispiel von Marina Warners Roman Indigo." In: Anglia 114.3 (1996), S. 425–445.

KORTE, Barbara & Klaus Peter MÜLLER (Hgg.): Anglistische Lehre aktuell. Probleme, Perspektiven, Praxis. Trier: WVT 1995.

LINDNER, Rolf: „,Lived Experience'. Über die kulturale Wende in den Kulturwissenschaften." In: Cultural Turn. Zur Geschichte der Kulturwissenschaften. Hgg.: Lutz MUSNER, Gotthart WUNBERG & Christina LUTTER. Wien: Turia und Kant 2001. S. 11–19.

MERGENTHAL, Silvia: „,Goodbye England's Rose'. Princess Diana, the Monarchy, and Englishness." In: EESE 4 (1998), http://webdoc.gwdg.de/edoc/ia/eese/eese.html.

MÜLLER-FUNK, Wolfgang & Hans-Ulrich RECK (Hgg.): Inszenierte Imagination. Beiträge zu einer historischen Anthropologie der Medien. Wien: Springer 1996.

MÜLLER-FUNK, Wolfgang: Die Kultur und ihre Narrative. Eine Einführung. Wien/New York: Springer 2002.

MÜLLER-FUNK, Wolfgang: Junos Pfau. Studien zur Anthropologie des inszenierten Menschen. Wien: WUV 1999.

MUSNER, Lutz & Gotthart WUNBERG (Hgg.): Kulturwissenschaften. Forschung – Praxis – Positionen. Wien: WUV 2002.

NÜNNING, Ansgar: „Literatur, Mentalitäten und kulturelles Gedächtnis: Grundriß, Leitbegriffe und Perspektiven einer anglistischen Kulturwissenschaft." In: DERS. (Hg.) 1998, S. 173–197.

NÜNNING, Ansgar (Hg.): Metzler Lexikon Literatur- und Kulturtheorie. Ansätze – Personen – Grundbegriffe. 2., überarb. und erw. Aufl., Stuttgart/Weimar: Metzler 2001 [1998].

NÜNNING, Ansgar & Vera NÜNNING (Hgg.): Konzepte der Kulturwissenschaften. Theoretische Grundlagen – Ansätze – Perspektiven. Stuttgart/Weimar: Metzler 2003.

ORT, Claus-Michael: „Kulturbegriffe und Kulturtheorien." In: NÜNNING/NÜNNING 2003, S. 19–38.

PAYNE, Michael (Hg.): A Dictionary of Cultural and Critical Theory. Oxford: Blackwell 1996.

POSNER, Roland: „Kultur als Zeichensystem. Zur semiotischen Explikation kulturwissenschaftlicher Grundbegriffe." In: *Mnemosyne. Formen und Funktionen der kulturellen Erinnerung.* Hgg.: Aleida ASSMANN & Dietrich HARTH. FfM.: Fischer 1991, S. 37–74.

POSNER, Roland: „Kultursemiotik." In: NÜNNING/NÜNNING 2003, S. 39–72.

RECKWITZ, Andreas: *Die Transformation der Kulturtheorien. Zur Entwicklung eines Theorieprogramms.* Weilerswist: Velbrück 2000.

RICKERT, Heinrich: *Kulturwissenschaft und Naturwissenschaft.* Stuttgart: Reclam 1986 [1926].

SAMUEL, Raphael (Hg.): *Patriotism. The Making and Unmaking of British National Identity. Volume II: Minorities and Outsiders.* Ldn./New York: Routledge 1989a.

SAMUEL, Raphael (Hg.): *Patriotism. The Making and Unmaking of British National Identity. Volume III: National Fictions.* Ldn./New York: Routledge 1989b.

SAMUEL, Raphael: *Theatres of Memory. Volume I: Past and Present in Contemporary Culture.* Ldn./New York: Verso 1994.

SAMUEL, Raphael: *Theatres of Memory. Volume II: Island Stories. Unravelling Britain.* Ldn./New York: Verso 1998.

SCHLAEGER, Jürgen: „Cultures and Value." In: *JSBC* 9.1 (2002), S. 95–107.

SCHMIDT, Siegfried J.: *Kalte Faszination. Medien, Kultur, Wissenschaft in der Mediengesellschaft.* Weilerswist: Velbrück 2000.

SCHMIDT, Siegfried J.: „Medienkulturwissenschaft." In: NÜNNING/NÜNNING 2003. S. 351–370.

SEEBER, Ulrich: „Literatur und/oder Kulturwissenschaft. Vorwort." In: *Anglia* 114.3 (1996), S. 307–309.

WIMMER, Andreas: „Die Pragmatik der kulturellen Produktion. Anmerkungen zur Ethnozentrismusproblematik aus ethnologischer Sicht." In: BROCKER/NAU 1997. S. 120–140.

ZAPF, Hubert: *Literatur als kulturelle Ökologie. Zur kulturellen Funktion imaginativer Texte an Beispielen des amerikanischen Romans.* Tüb.: Niemeyer 2002.

2. (British) Cultural Studies/ Landeskunde

BASSNETT, Susan: *Studying British Cultures.* Ldn.: Routledge 2003.

BODE, Christoph: „Anglistische Kulturwissenschaft und/oder *Cultural Studies?*" In: *Anglia* 114.3 (1996), S. 396–424.

BÖKER, Uwe & Christoph HOUSWITSCHKA (Hgg.): *Einführung in das Studium der Anglistik und Amerikanistik.* Mchn.: Beck 2000.

BRANTLINGER, Patrick: *Crusoe's Footprints. Cultural Studies in Britain and America.* New York/ Ldn.: Routledge 1990.

BROICH, Ulrich: „British Cultural Studies as a Challenge to Eng. Lit." In: *JSBC* 1/1 (1994), S. 21–34.

BROMLEY, Roger, Udo GÖTTLICH & Carsten WINTER (Hgg.): *Cultural Studies. Grundlagentexte zur Einführung.* Lüneburg: zu Klampen 1999.

DIRSCHERL, Klaus: „Das Passauer Modell des Diplomkulturwirts." In: *Anglistik* 9.1 (1998), S. 37–42.

DU GAY, Paul, Stuart HALL, Linda JANES, Hugh MACKAY & Keith NEGUS (Hgg.): *Doing Cultural Studies. The Story of the Sony Walkman.* Ldn./Thousand Oaks/New Delhi: Sage Publications 1997.

ENGELMANN, Jan (Hg.): *Die kleinen Unterschiede. Ein Cultural-Studies-Reader.* FfM./New York: Campus Verlag 1999.

GOHRISCH, Jana & Hans KASTENDIEK: „British/ Cultural Studies in den Studien- und Prüfungsordnungen der neuen Bundesländer." In: *Anglistik* 10.1 (1999), S. 113–131.

GÖTTLICH, Udo, Lothar MIKOS & Rainer WINTER (Hgg.): *Die Werkzeugkiste der Cultural Studies. Perspektiven, Anschlüsse und Interventionen.* Bielefeld: Transcript 2001.

GREEN, Michael: „The Centre for Contemporary Cultural Studies." In: STOREY 1996. S. 49–60.

GROSSBERG, Lawrence (Hg.): *Cultural Studies.* New York: Routledge 1992.

HALL, Stuart: *Cultural Studies. Ein politisches Theorieprojekt.* Hamburg: Argument Verlag 2000.

HÄNDEL, Heinrich & Daniel A. GOSSEL: *Großbritannien.* Mchn.: Beck 2002.

HEPP, Andreas & Rainer WINTER (Hgg.): *Kultur – Medien – Macht. Cultural Studies und Medienanalyse.* Opladen: Westdeutscher Verlag 1999.

Hepp, Andreas: *Cultural Studies und Medienanalyse. Eine Einführung*. Opladen: Westdeutscher Verlag 1999.

Hoggart, Richard: *The Uses of Literacy. Aspects of Working Class Life with Special Reference to Publications and Entertainments*. Harmondsworth: Penguin 1957.

Hörning, Karl H. & Rainer Winter (Hgg.): *Widerspenstige Kulturen. Cultural Studies als Herausforderung*. FfM.: Suhrkamp 1999.

Inglis, Fred: *Cultural Studies*. Oxford/Cambridge, MA: Blackwell 1993.

Kamm, Jürgen: „Cultural Studies und Anglistikstudium: Die curriculare Realisierung kulturwissenschaftlicher Lehre." In: *Anglistik* 7.1 (1996), S. 45–49.

Kamm, Jürgen: „Großbritannienstudien." In: Böker/Houswitschka 2000. S. 17–47.

Kamm, Jürgen & Bernd Lenz: *Großbritannien verstehen*. Darmstadt: Wissenschaftliche Buchgesellschaft 2003.

Kastendiek, Hans & Sebastian Berg: „Zu welchem Zweck betreiben und propagieren wir Cultural Studies." www.ruhr-uni-bochum.de/britcult/debatten_de.htm

Kastendiek, Hans, Karl Rohe & Angelika Volle (Hgg.): *Länderbericht Großbritannien. Geschichte – Politik – Wirtschaft – Gesellschaft*. 2., akt. und erw. Aufl., FfM.: Campus Verlag 1998 [1994].

Kastendiek, Hans: „British and American Studies. Proposals for a Comparative *Landeskunde* Approach." In: *JSBC* 1.1 (1994), S. 9–19.

Kielinger, Thomas: *Die Kreuzung und der Kreisverkehr. Deutsche und Briten im Zentrum der europäischen Geschichte*. Bonn: Bouvier 1997.

Korte, Barbara & Klaus Peter Müller (Hgg.): *Anglistische Lehre aktuell. Probleme, Perspektiven, Praxis*. Trier: WVT 1995.

Kramer, Jürgen: *British Cultural Studies*. Mchn.: Fink 1997.

Krewani, Angela: „‚Mind the Gap': Die Londoner U-Bahn in Film, Literatur, Malerei und Design." In: *KulturPoetik* 2/2 (2002), S. 184–197.

Lenz, Bernd: „*British/Cultural Studies*: Landeskunde im neuen Gewand." In: Korte/Müller 1995. S. 221–230.

Lewis, Jeff: *Cultural Studies: The Basics*. Ldn.: Sage 2002.

Lindner, Rolf: *Die Stunde der Cultural Studies*. Wien: WUV 2000.

Lutter, Christina & Markus Reisenleitner: *Cultural Studies. Eine Einführung*. Wien: Turia und Kant 2001.

Morley, David & Kevin Robins (Hgg.): *British Cultural Studies. Geography, Nationality, and Identity*. Oxford: Oxford UP 2001.

Munt, Sally R. (Hg.): *Cultural Studies and the Working Class. Subject to Change*. Ldn./New York: Cassell 2000.

Paxman, Jeremy: *The English. A Portrait of a People*. Ldn.: Penguin 1999.

Schaefer, Ursula: „Umetikettierung oder Reform? Anmerkungen zur Einführung des B.A.-Abschlusses." In: *Anglistik* 9.1 (1998), S. 31–34.

Schlaeger, Jürgen: „Geplante Studiengänge am Großbritannien-Zentrum Berlin." In: *Anglistik* 9.1 (1998), S. 34–37.

Sieper, Roswitha: *The Student's Companion to Britain. British History, Geography, Life, Institutions, Arts and Thought*. Ismaning: Hueber 2000.

Storey, John (Hg.): *What is Cultural Studies? A Reader*. Ldn./New York: Arnold 1996.

Storry, Mike & Peter Childs (Hgg.): *British Cultural Identities*. Ldn.: Routledge 2002 [1997].

Teske, Doris: *Cultural Studies: GB*. Berlin: Cornelsen 2002.

Turner, Graeme: *British Cultural Studies. An Introduction*. 3. Aufl., Ldn./New York: Routledge 2003 [1990].

Williams, Raymond: *Marxism and Literature*. Oxford: Oxford UP 1977.

Williams, Raymond: *Culture*. Ldn.: Fontana. 1989 [1981].

Winter, Rainer: „Cultural Studies als kritische Medienanalyse. Vom ‚encoding/decoding'-Modell zur Diskursanalyse." In: Hepp/Winter 1999. S. 49–65.

Winter, Rainer: *Die Kunst des Eigensinns. Cultural Studies als Kritik der Macht*. Weilerswist: Velbrück 2001.

3. Anglistische Kulturwissenschaft I: Theoretische und methodische Grundlagen

Assmann, Aleida: *Erinnerungsräume. Formen und Wandlungen des kulturellen Gedächtnisses.* Mchn.: Beck.

Assmann, Aleida: „Vier Formen des Gedächtnisses." In: *Erwägen – Wissen – Ethik (EWE)* 13.2 (2002), S. 183–190.

Assmann, Jan: „Das kulturelle Gedächtnis." In: *Erwägen – Wissen – Ethik (EWE)* 13.2 (2002), S. 239–247.

Assmann, Jan: *Das kulturelle Gedächtnis. Schrift, Erinnerung und politische Identität in frühen Hochkulturen.* Mchn.: Beck 1997.

Bachmann-Medick, Doris: *Kultur als Text. Die anthropologische Wende in der Literaturwissenschaft.* 2., unveränd. Aufl., FfM.: Fischer 1998 [1996].

Barthes, Roland: *Mythen des Alltags.* 22. Aufl., FfM.: Suhrkamp 2003 [1964].

Bäßler, Moritz (Hg.): *New Historicism. Literaturgeschichte als Poetik der Kultur.* 2., aktual. Aufl., Tüb.: Francke 2001 [1995].

Behschnitt, Wolfgang: „Die Macht des Kunstwerks und das Gespräch mit den Toten. Über Stephen Greenblatts Konzept der ‚social energy'." In: Glauser/Heitmann 1999. S. 157–169.

Berg, Eberhard & Martin Fuchs (Hgg.): *Kultur, soziale Praxis, Text. Die Krise der ethnographischen Repräsentation.* FfM.: Suhrkamp 1995.

Bhabha, Homi (Hg.): *Nation and Narration.* Ldn.: Routledge 1991.

Blumenberg, Hans: *Paradigmen zu einer Metaphorologie.* FfM.: Suhrkamp 1998 [1960].

Bogdal, Klaus-Michael (Hg.): *Neue Literaturtheorien. Eine Einführung.* Opladen: Westdeutscher Verlag 1997.

Bourdieu, Pierre: *Die feinen Unterschiede. Kritik der gesellschaftlichen Urteilskraft.* FfM.: Suhrkamp 1987.

Cassirer, Ernst: *Philosophie der symbolischen Formen.* Hamburg: Meiner 1998ff. [1923–1929].

Cassirer, Ernst: *Versuch über den Menschen. Einführung in eine Philosophie der Kultur.* FfM.: Fischer 1992 [1944].

Danneberg, Lutz: „Beschreibungen in den textinterpretierenden Wissenschaften." In: *Beschreibungen in den Kultur- und Naturwissenschaften.* Hgg.: Rüdiger Inhetveen & Rudolf Kötter. Mchn.: Fink 1996. S. 193–224.

Dörner, Andreas & Ludgera Vogt: „Kultursoziologie. Bourdieu – Mentalitätengeschichte – Zivilisationstheorie." In: Bogdal 1997. S. 134–158.

Eco, Umberto: *Einführung in die Semiotik.* 9., unveränd. Aufl., Mchn.: Fink 2002 [1972].

Fechner-Smarsly, Thomas: „Clifford Geertz' ‚Dichte Beschreibung' – ein Modell für die Literaturwissenschaft als Kulturwissenschaft?" In: Glauser/Heitmann 1999. S. 81–101.

Foucault, Michel: *Archäologie des Wissens.* FfM.: Suhrkamp 1997a [1969].

Foucault, Michel: *Die Ordnung des Diskurses.* FfM.: Fischer 1997b [1972].

Geertz, Clifford. *The Interpretation of Cultures. Selected Essays.* 43. Aufl., New York: Basic Books 2001 [1973].

Glaser, Renate & Matthias Luserke (Hgg.): *Literaturwissenschaft – Kulturwissenschaft. Positionen, Themen, Perspektiven.* Opladen: Westdeutscher Verlag 1996.

Glauser, Jürg & Annegret Heitmann (Hgg.): *Verhandlungen mit dem New Historicism. Das Text-Kontext-Problem in der Literaturwissenschaft.* Würzburg: Königshausen & Neumann 1999.

Gottowik, Volker: *Konstruktionen des Anderen. Clifford Geertz und die Krise der ethnographischen Repräsentation.* Berlin: Dietrich Reimer Verlag 1997.

Jahn, Manfred: „Narratologie. Methoden und Modelle der Erzähltheorie." In: Nünning 1998. S. 29–50.

Kammler, Clemens: „Historische Diskursanalyse (Michel Foucault)." In: Bogdal 1997, S. 32–56.

Kramer, Jürgen: „Geertz im Kontext. Anmerkungen zur interpretativen Anthropologie eines *Merchant of Astonishment*." In: *Anglistik* 11.1 (2000), S. 97–127.

Kreutzer, Eberhard: „Theoretische Grundlagen postkolonialer Literaturkritik." In: Nünning 1998, S. 199–213.

Lenk, Carsten: „Kultur als Text. Überlegungen zu einer Interpretationsfigur." In: Glaser/Luserke 1996. S. 116–128.

Link, Jürgen: *Versuch über den Normalismus. Wie Normalität produziert wird.* Opladen: Westdeutscher Verlag 1996.

Link, Jürgen & Rolf Parr: „Semiotik und Interdiskursanalyse." In: Bogdal 1997. S. 108–133.

NEUMANN, Gerhard: „Roland Barthes. Literatur als Ethnographie. Zum Konzept einer Semiologie der Kultur." In: GLAUSER/HEITMANN 1999. S. 23–48.

NÜNNING, Ansgar & Vera NÜNNING (Hgg.): *Neue Ansätze in der Erzähltheorie*. Trier: WVT 2002a.

NÜNNING, Vera & Ansgar NÜNNING (Hgg.): *Erzähltheorie transgenerisch, intermedial, interdisziplinär*. Trier: WVT 2002b.

NÜNNING, Ansgar (Hg.): *Literaturwissenschaftliche Theorien, Modelle und Methoden. Eine Einführung*. 3., verb. und erweit. Aufl., Trier: WVT 1998a [1995].

NÜNNING, Ansgar: „‚Verbal Fictions?' Kritische Überlegungen und narratologische Alternativen zu Hayden Whites Einebnung des Gegensatzes zwischen Historiographie und Literatur." In: *Literaturwissenschaftliches Jahrbuch* 40 (1999), S. 351–380.

NÜNNING, Ansgar: „Metaphors the British Thought, Felt and Ruled by, or: Modest Proposals for Historicizing Cognitive Metaphor Theory and for Exploring Metaphors of Empire as a Cultural Phenomenon." In: *Literature and Linguistics. Approaches, Models, and Applications*. Hgg.: Marion GYMNICH, Ansgar NÜNNING & Vera NÜNNING. Trier: WVT 2002, S. 101–127.

NÜNNING, Ansgar (Hg.): *Metzler Lexikon Literatur- und Kulturtheorie. Ansätze – Personen – Grundbegriffe*. 2., überarb. und erw. Aufl., Stuttgart/Weimar: Metzler 2001 [1998].

NÜNNING, Ansgar: „Towards a Cultural and Historical Narratology: A Survey of Diachronic Approaches, Concepts, and Research Projects." In: *Anglistentag 1999 Mainz. Proceedings*. Hgg.: Bernhard REITZ & Sigrid RIEUWERTS. Trier: WVT 2002, S. 345–373.

NÜNNING, Vera: „*A Revolution in Sentiments, Manners, and Moral Opinions'. Catherine Macaulay und die politische Kultur des englischen Radikalismus, 1760–1790*. Heidelberg: Winter 1998.

NÜNNING, Vera: „New Cultural History/Kulturgeschichte." In: NÜNNING 2001, S. 473–475.

PETHES, Nicolas & Jens RUCHATZ (Hgg.): *Gedächtnis und Erinnerung. Ein interdisziplinäres Lexikon*. Reinbek bei Hamburg: Rowohlt 2001.

RICHTER, Rudolf: *Soziologische Paradigmen. Eine Einführung in klassische und moderne Konzepte*. Wien: WUV 2001.

SIMONIS, Annette: „New Historicism und Poetics of Culture: Renaissance Studies und Shakespeare in neuem Licht." In: A. NÜNNING 1998a. S. 153–172.

WHITE, Hayden: *Metahistory. The Historical Imagination in Nineteenth-Century Europe*. 9. Aufl., Baltimore: Johns Hopkins UP 1997 [1973].

WHITE, Hayden: *The Content of the Form. Narrative Discourse and Historical Representation*. Baltimore: Johns Hopkins UP 1997 [1987].

4. (Kultur)Geschichte Großbritanniens

BELANGER, Terry: „Publishers and Writers in Eighteenth-Century England." In: *Books and Their Readers in Eighteenth Century England*. Hg.: Isabel RIVERS. Ldn.: St. Martin's Press 1982. S. 5–25.

BLACK, Jeremy: *Modern British History Since 1900*. Ldn.: Macmillan.

BODE, Christoph & Ulrich BROICH: „Die Zwanziger Jahre. Ein Jahrzehnt voller Gegensätze." In: *Die Zwanziger Jahre in Grossbritannien: Literatur und Gesellschaft einer spannungsreichen Dekade*. Hgg.: DIESS. Tüb.: Narr 1998. S. 9–27.

BREWER, John: *The Pleasures of the Imagination. English Culture in the Eighteenth Century*. 2. Aufl., Chicago: University of Chicago Press 2000 [1997].

ENGEL, Manfred: „Kulturwissenschaft/en – Literaturwissenschaft als Kulturwissenschaft – kulturgeschichtliche Literaturwissenschaft." In: *KulturPoetik* 1/1 (2001), S. 8–36.

EVANS, Eric J.: *Foundations of Modern Britain. Volume 5: The Forging of the Modern State. Early Industrial Britain, 1783–1870*. Ldn.: Longman 1996 [1983].

GYMNICH, Marion: *Entwürfe weiblicher Identität im englischen Frauenroman des 20. Jahrhunderts*. Trier: WVT 2000.

HITCHCOCK, Tim & Michéle COHEN (Hgg.): *English Masculinities 1660–1800*. Harlow: Longman 1999.

HOBSBAWM, Eric: „Introduction: Inventing Traditions." In: HOBSBAWM/RANGER 2002, S. 1–14.

HOBSBAWM, Eric & Terence RANGER: *The Invention of Tradition*. Cambridge: Cambridge UP 2002 [1983].

Hof, Renate: „Kulturwissenschaften und Geschlechterforschung." In: Nünning/Nünning 2003, S. 329–350.

Holmes, Geoffrey: *Foundations of Modern Britain. Volume 3: The Making of Great Power. Late Stuart and Early Georgian Britain, 1660–1722.* Ldn.: Longman 1993.

Holmes, Geoffrey & Daniel Szechi: *Foundations of Modern Britain. Volume 4: The Age of Oligarchy. Pre-industrial Britain, 1722–1783.* Ldn.: Longman 1993.

Hyam, Ronald: *Britain's Imperial Century, 1815–1914.* Lanham: Barnes & Noble 1993.

McKeon, Michael: *The Origins of the English Novel 1600–1740.* Baltimore: Johns Hopkins UP 1987.

Kernan, Alvin: *Samuel Johnson and the Impact of Print.* Princeton: Princeton UP 1989.

Kilian, Eveline: „*New Women* und *Modern Girls*: Weiblichkeitsentwürfe und Geschlechterdiskurs." In: Bode/Broich 1998. S. 107–131.

Klein, Bernhard: „Constructing the Space of the Nation: Geography, Maps, and the Discovery of Britain in the Early Modern Period." In: *JSBC* 4/1–2 (1997), S. 11–29.

Morgan, Kenneth O. (Hg.): *The Oxford History of Britain.* Oxford: Oxford UP 1988.

Musner, Lutz: „Kulturwissenschaften und Cultural Studies: Zwei ungleiche Geschwister?" In: *KulturPoetik* 1/2 (2001), S. 261–271.

Myers, Sylvia H.: *The Bluestocking Circle. Women, Friendship, and the Life of the Mind in Eighteenth-Century England.* Oxford: Clarendon 1990.

Nünning, Ansgar (Hg.): *Eine andere Geschichte der englischen Literatur. Epochen, Gattungen und Teilgebiete im Überblick.* 2., verb. und erw. Aufl., Trier: WVT 1998b [1996].

Nünning, Ansgar & Vera Nünning (Hgg.): *Konzepte der Kulturwissenschaften. Theoretische Grundlagen – Ansätze – Perspektiven.* Stuttgart/Weimar: Metzler 2003.

Nünning, Vera: „From ‚Honour' to ‚Honest'. The Invention of the (Superiority of the) Middling Ranks in Eighteenth-Century England." In: *JSBC* 2.1 (1995), S. 19–41.

Nünning, Vera: „Die Kultur der Empfindsamkeit: Eine mentalitätsgeschichtliche Skizze." In: A. Nünning 1998b, S. 107–126.

Nünning, Vera: *A Revolution in Sentiments, Manners, and Moral Opinions. Catherine Macaulay und die politische Kultur des englischen Radikalismus, 1760–1790.* Heidelberg: Winter 1998.

Nünning, Vera: „Die Inszenierung der Macht und die Macht der Inszenierung: Elisabeth I." (im Druck)

Nünning, Vera: „Männliche ‚Amazons of the Pen' und empfindsame ‚Men of Feeling': Eine thesenhafte Skizze zum Wandel der Geschlechterdifferenz im England des 18. Jahrhundert." (im Druck)

Nünning, Vera: *Der englische Roman des 19. Jahrhunderts.* Stuttgart: Klett 2000.

Pakenham, Thomas: *The Scramble for Africa 1876–1912.* Ldn.: Weidenfeld & Nicholson 1991.

Robbins, Keith: *Foundations of Modern Britain. Volume 6: The Eclipse of Great Power – Modern Britain, 1870–1992.* Ldn.: Longman 1994 [1983].

Schabert, Ina: *Englische Literaturgeschichte aus der Sicht der Geschlechterforschung.* Stuttgart: Kröner 1997.

Schwanitz, Dietrich: *Englische Kulturgeschichte von 1500 bis 1914.* FfM.: Eichborn 1996.

Seeber, Ulrich (Hg.): *Englische Literaturgeschichte.* 3., erw. Aufl., Stuttgart: Metzler 1999 [1991].

Smith, Alan G.R.: *Foundations of Modern Britain. Volume 2: The Emergence of a Nation State. The Commonwealth of England, 1529–1660.* Ldn.: Longman 1984.

Stratmann, Silke: *Myths of Speculation: The South Sea Bubble and Eighteenth Century English Literature.* Mchn.: Fink 2000.

Strong, Roy: *The Spirit of Britain. A Narrative History of the Arts.* Ldn.: Pimlico 2000.

Suerbaum, Ulrich: *Das elisabethanische Zeitalter.* Stuttgart: Reclam 1999.

Thomson, John A.F.: *Foundations of Modern Britain. Volume 1: Transformation of Medieval England 1370–1529.* Ldn.: Longman 1983.

Trevor-Roper, Hugh: „The Invention of Tradition: The Highland Tradition of Scotland." In: Hobsbawm/Ranger 2002 [1983], S. 15–41.

Wende, Peter: *Großbritannien 1500–2000.* Mchn.: Oldenbourg 2001.

5. Anglistische Kulturwissenschaft II: Forschungsbeiträge

ACHILLES, Jochen & Carmen BIRKLE (Hgg.): (Trans)Formations of Cultural Identity in the English-Speaking World. Heidelberg: Winter 1998.

ACKROYD, Peter: London. The Biography. Ldn.: Vintage 2001.

BASSNETT, Susan: Elizabeth I. A Feminist Perspective. Oxford: Berg 1988.

BENNETT, Peter: „Britpop and National Identity." In: JSBC 5.1 (1998), S. 13–26.

BIELEFELD, Ulrich & Gisela ENGEL (Hgg.): Bilder der Nation. Kulturelle und politische Konstruktionen des Nationalen am Beginn der Europäischen Moderne. Hamburg: Hamburger Edition 1998.

BODE, Christoph (Hg): West Meets East. Klassiker der britischen Orient-Reiseliteratur. Heidelberg: Winter 1997.

BODE, Christoph: „Putting the Lake District on the (Mental) Map. William Wordsworth's Guide to the Lakes." In: JSBC 4/1–2 (1997), S. 95–111.

BRONFEN, Elisabeth: The Knotted Subjekt: Hysteria and its Discontents. (dt.: Das verknotete Subjekt. Hysterie in der Moderne). Princeton: Princeton UP 1998.

CHANEY, David: "The Mediated Monarchy." In: MORLEY/ROBINS 2001, S. 207–219.

DAVID, Deirdre: Rule Britannia. Women, Empire, and Victorian Writing. Ithaca/Ldn.: Cornell UP 1995.

DILLER, Hans-Jürgen et. al. (Hgg.): Englishness. Heidelberg: Winter 1992.

EGBERT, Marie-Luise: „Patriotic Islands. The Politics of the English Landscape Garden." In: EESE 5 (2002), http://webdoc.gwdg.de/edoc/ia/eese/eese.html.

ENGEL, Gisela: „Einleitung." In: BIELEFELD/ENGEL 1998, S. 10–39.

ERLL, Astrid: Gedächtnisromane. Literatur und kollektive Erinnerung an den Ersten Weltkrieg in England und Deutschland Ende der 1920er Jahre. Trier: WVT 2003b.

FLUDERNIK, Monika (Hg.): Hybridity and Postcolonialism. Twentieth-Century Indian Literature. Tüb.: Stauffenburg 1998.

GELFERT, Hans-Dieter: Typisch englisch. Wie die Briten wurden, was sie sind. Mchn.: Beck 1995.

GELFERT, Hans-Dieter: Max und Monty. Kleine Geschichte des deutschen und englischen Humors. Mchn.: Beck 1998.

GLAUSER, Jürg & Annegret HEITMANN (Hgg.): Verhandlungen mit dem New Historicism. Das Text-Kontext-Problem in der Literaturwissenschaft. Würzburg: Königshausen & Neumann 1999.

GOHRISCH, Jana: "The Cultural Construction of Happiness and Contentment in Mid-19th-Century Non-Fiction." In: JSBC 9/2 (2002), S. 173–184.

GOMILLE, Monika & Klaus STIERSTORFER (Hgg.): Xenophobic Memories. Otherness in Postcolonial Constructions of the Past. Heidelberg: Winter 2003.

GRABES, Herbert (Hg.): Writing the Early Modern English Nation. The Transformation of National Identity in Sixteenth- and Seventeenth-Century England. Amsterdam: Rodopi, 2001a.

GRABES, Herbert: „Elect Nation. The Founding Myth of National Identity in Early Modern England." In: GRABES 2001a. S. 173–189.

GYMNICH, Marion: Entwürfe weiblicher Identität im englischen Frauenroman des 20. Jahrhunderts. Trier: WVT 2000.

HERRMANN, Karin; HUSEMANN, Harald und Lachlan MOYLE: Coping with the Relations: Anglo-German Cartoons From the Fifties to the Nineties. Osnabrück: Secolo 1995.

HEWISON, Robert: The Heritage Industry; Britain in a Climate of Decline. London: Methuen 1987.

HUSEMANN, Harald: „Cartooning the Krauts." In: Der Fremdsprachliche Unterricht 43/1 (2000), S. 34–37.

KAMM, Jürgen (Hg.): The City and the Country. Proceedings from the Sixth British and Cultural Studies Conference Dresden 1995. Essen: Verlag Die Blaue Eule 1997.

KAMM, Jürgen: „Architextural Readings. Victorian Controversies about Building, Meaning and the Nation." In: JSBC 9.1 (2002), S. 5–25.

KLEIN, Bernhard: „The Whole Empire of Great Britain. Zur Konstruktion des nationalen Raums in Kartographie und Geographie." In: BIELEFELD/ENGEL 1998. S. 40–75.

KORTE, Barbara & Klaus Peter MÜLLER (Hgg.): Unity in Diversity Revisited? British Literature and Culture in the 1990s. Tüb.: Narr 1998.

KREWANI, Angela: Hybride Formen. New British Cinema – Television Drama – Hypermedia. Trier: WVT 2001.

LANGE, Bernd-Peter: „The English Garden and the Patriotic Discourse." In: DILLER et al. 1992, S. 49–69.

LANGFORD, Paul: *Englishness Identified. Manners and Character 1650–1850.* Oxford: Oxford UP 2000.

LENZ, Bernd: „This Scept'red Isle: Britain's Insular Mentality, Interculture and the Channel Tunnel." In: *JSBC* 9.1 (2002), S. 51–67.

MAASSEN, Irmgard: "Whoring, Scolding, Gadding About: Threats to Family Order in Early Modern Conduct Literature." In: *JSBC* 9/2 (2002), S. 159–171.

McCRONE, David: „Being British: Changing National and State Identities in Scotland and Wales." In: JSBC 7/1 (2000), S. 39–49.

MERGENTHAL, Silvia: *A Fast-Forward Version of England. Constructions of Englishness in Contemporary Fiction.* Heidelberg: Winter 2003.

MERSMANN, Arndt: ‚A true test and a living picture': Repräsentationen der Londoner Weltausstellung von 1851. Trier: WVT 2001.

MORLEY, David & Kevin ROBINS (Hgg.): *British Cultural Studies. Geography, Nationality, and Identity.* Oxford: Oxford UP 2001.

NEUHEISER, Jörg: *Erinnerung von unten: Die Paraden des Oranierordens in Irland (1796–1846) aus kulturgeschichtlicher Sicht.* Trier: WVT 2002.

NÜNNING, Ansgar: „Das Britische Weltreich als Familie. Empire-Metaphern in der spätviktorianischen Literatur als Denkmodelle und als Mittel der historisch-politischen Sinnstiftung." In: NÜNNING/NÜNNING 1996a. S. 91–120.

NÜNNING, Ansgar: „Patriotic Xenophobia and the Rhetoric of National Character in Eighteenth-Century British Literature." In: *JSBC* 9.1 (2002), S. 69–93.

NÜNNING, Ansgar & Vera NÜNNING (Hgg.): *Intercultural Studies: Fictions of Empire.* Heidelberg: Winter 1996a. (Anglistik & Englischunterricht, Bd. 58)

NÜNNING, Ansgar & Vera NÜNNING: „Fictions of Empire and the Making of Imperialist Mentalities. Colonial Criticism as a Paradigm for Intercultural Studies." 1996b. In: DIESS. 1996a. S. 7–31.

OUSBY, Ian: *The Englishman's England. Taste, Travel and the Rise of Tourism.* Cambridge: Cambridge UP 1990.

PETZOLD, Jochen: *Re-imagining White Identity by Exploring the Past. History in South African Novels of the 1990s.* Trier: WVT 2002.

PFISTER, Manfred (Hg.): „The Discovery of Britain". In: *JSBC* 4/1–2 (1997), S. 1–29.

PFISTER, Manfred (Hg.): *A History of English Laughter. Laughter from Beowulf to Beckett and Beyond.* Amsterdam/New York: Rodopi 2002.

RABAN, Jonathan: *Coasting.* London: Picador 1986.

REICHL, Susanne: *Cultures in the Contact Zone. Ethnic Semiosis in Black British Literature.* Trier: WVT 2002.

REITZ, BERNHARD: „Der *Christian Gentleman* als imperiales Konstrukt in den Afrika-Romanen Henry Rider Haggards." In: NÜNNING/NÜNNING 1996a, S. 73–90.

SAUERBERG, Lars Ole: *Intercultural Voices in Contemporary British Literature.* Hampshire/New York: Palgrave 2001.

SCHLAEGER, Jürgen & Gisa STEDMAN (Hgg.): *Representations of Emotions.* Tüb.: Narr 1999.

SCHLAEGER, Jürgen (Hg.): *Representations of Emotional Excess.* Tüb.: Narr 2000.

SCHLAEGER, Jürgen: „Literature and National Identity." In: *JSBC* 5.1 (1998), S. 67–80.

SCHOLZ, Susanne: „Tales of Origin and Destination. The Uses of History in the Narrative of the Nation." In: *JSBC* 2.1 (1995), S. 5–17.

SCHÜLTING, Sabine: „Poisoning the Blood of the Nation. Viktorianische Verhandlungen urbaner Prostitution." In: GLAUSER/HEITMANN 1999. S. 225–246.

SCHÜLTING, Sabine: *Wilde Frauen, Fremde Welten. Kolonisierungsgeschichten aus Amerika.* Hamburg: rororo 1997.

SCHWEND, Joachim: „Scottishness: The Representation of a Frame of Mind." In: *JSBC* 7/1 (2000), S. 29–38.

SOMMER, Roy: *Fictions of Migration. Ein Beitrag zur Theorie und Gattungstypologie des zeitgenössischen interkulturellen Romans in Großbritannien.* Trier: WVT 2001.

STEDMAN, Gesa: *Stemming the Torrent: Expression and Control in the Victorian Discourses on Emotions, 1830–1872.* Aldershot: Ashgate 2002.

STEFFEN, Therese (Hg.): *Masculinities – Maskulinitäten. Mythos – Realität – Repräsentation – Rollendruck.* Stuttgart/Weimar: Metzler 2002.

TESKE, Doris: *Die Vertextung der Megalopolis. London im Spiel postmoderner Texte.* Trier: WVT 1999.

VISRAM, Rosina: *Asians in Britain. 400 Years of History.* Ldn.: Pluto Press 2002.

WORPOLE, Ken: „Cartels and Lotteries: Heritage

and Cultural Policy in Britain." In: Mor-
ley/Robins 2001, S. 235–248.

6. Sonstige zitierte Literatur

Baumann, Uwe: *Shakespeare und seine Zeit*.
Stuttgart: Klett 1998.

Böker, Uwe & Christoph Houswitschka (Hgg.):
*Einführung in das Studium der Anglistik und
Amerikanistik*. Mchn.: Beck 2000.

Gelfert, Hans-Dieter: *Einführung in das Studium
Anglistik/Amerikanistik*. Berlin: Cornelsen
1998.

Heideking, Jürgen: *Geschichte der USA*. 2., überarb. und erw. Aufl., Tüb.: Francke 1999
[1996].

Korte, Barbara & Klaus Peter Müller (Hgg.):
*Anglistische Lehre aktuell. Probleme, Perspek-
tiven, Praxis*. Trier: WVT 1995.

Korte, Barbara, Klaus Peter Müller & Josef
Schmied: *Einführung in die Anglistik*. Stutt-
gart/Weimar: Metzler 1997.

Kreutzer, Eberhard & Ansgar Nünning (Hgg.):
*Metzler Lexikon englischsprachiger Autorinnen
und Autoren*. Stuttgart/Weimar: Metzler
2002.

Nünning, Ansgar & Andreas H. Jucker: *Orientierung Anglistik/Amerikanistik – Was sie kann,
was sie will*. Reinbek bei Hamburg: Rowohlt
1999.